准则阐释

会计准则疑难问题的理解与应用

陈文新 著

书名题签：罗晖

法律出版社
LAW PRESS·CHINA

认识与应对会计准则复杂化
（代前言）

一、我国会计准则体系的形成与发展

我国现行会计准则体系发布于2006年，当时由1项基本准则、38项具体准则和应用指南组成，自2007年1月1日开始在所有上市公司实施。由于会计准则体系的原则化导向，为指导实务界高质量执行会计准则，准则制定部门组织编写了《企业会计准则讲解》（先后出版了2006年版、2008年版与2010年版）。此后，针对准则在实务执行中的各种问题，为进一步规范相关事项的会计处理，并保持与国际财务报告准则的持续趋同，准则制定部门先后在2014年、2017年以及2019年对基本准则以及长期股权投资、合并财务报表、收入、金融工具确认和计量、非货币性资产交换、债务重组等多个具体准则进行了修订，并制定发布了公允价值计量，合营安排，在其他主体中权益的披露，持有待售的非流动资产、处置组和终止经营等新的具体准则。

在此期间，准则制定部门还通过发布企业会计准则解释、企业会计准则实施问题专家组意见、补充单行规定、实施问答等对部分准则规定进行细化、补充与完善。2018年以来，准则制定部门通过发布应用案例的方式，对收入、股份支付、租赁等准则中部分规定在实务中如何理解与执行进行指导与示范。

需要说明的是，企业会计准则实施问题专家组意见在发布3期以后

未再持续发布。对 2014 年以后新修订或发布的具体准则，准则制定部门通过单行本的应用指南进行了详细讲解，不再对《企业会计准则讲解》进行更新。因此，如 2014 年以后准则制定部门有发布单行本准则应用指南的，则视同为对《企业会计准则讲解》相应章节内容的替代与更新，如果尚未发布相关准则单行本应用指南的，则继续按《企业会计准则讲解》的规定执行。

由此，因企业会计准则实施问题专家组意见与企业会计准则讲解不再更新，未来我国将形成由基本准则、具体准则、企业会计准则解释、应用指南、其他单行规定、实施问答以及应用案例组成的会计准则体系。

与此同时，我国证券监管部门发布的《会计监管风险提示》（截至 2021 年发布了第 1 号至第 9 号文件）以及《监管规则适用指引——会计类第 1 号》等规定，也是上市公司在执行企业会计准则过程中需要一并遵守的监管规则。

二、认识会计准则复杂化

近年来，实务界人士普遍有一种感受，会计准则变得复杂化，实务界理解与执行准则日益困难。有观点认为，会计准则越来越复杂，除了抬高会计职业门槛，维护某些会计职业团体的地位与利益外，并未给社会带来额外的收益，反而增加了实务界理解与执行会计准则的难度。同时，由于报表信息使用者理解财务报表的难度增加，也损害了会计信息的决策有用性。也有观点对我国与国际财务报告准则趋同的方向提出了质疑，认为国际财务报告准则逐渐成为服务于资本市场行业研究员、基金经理等从业人员的证券分析规则，某些会计准则的理论基础并不完善，缺乏内在一致性与逻辑性，导致会计准则的可理解性降低。甚至有极端观点认为，因为参与准则制定的专家缺乏实务经验且翻译水平不高，在与国际财务报告准则趋同的背景下，制定的准则晦涩难懂，部分规定明显与会计实务脱节。

对于上述各种观点，我们应该全面、客观、理性地分析和看待。在早期准则起草时，由于当年为了尽快形成完整的会计准则体系，可能存在较为仓促的情况，对国际财务报告准则以及我国实务环境的研究与理解可能未能尽善尽美，对此我们应该以历史和发展的眼光看待。随着会计准则体系在我国逐步实施落地，在后续起草与修改会计准则时，准则制定部门会成立专门的准则项目组，起草与修订过程也会按照前期准备、研究、起草、公开征求意见等严谨的流程进行。在起草与修订过程中，准则项目组会通过座谈会、实地调研、征求意见等各种方式，全面听取监管部门、会计职业团体、企业以及学术界的意见，保持与国际准则制定机构的充分沟通，也会组织部分企业开展准则正式实施前的实地测试工作，充分了解准则实施对实务的影响。因此，对准则制定部门制定准则的专业水准，我们必须给予高度的认可与信赖。

笔者认为，现行会计准则复杂化的一个重要因素其实是商业活动与经济业务本身的复杂化，各种新业态、新经济、新模式以及复杂的商业交易层出不穷。会计准则为了能够恰当处理与反映日益复杂的商业活动与经济业务，其体系和内容必然日益庞大和精细化。换言之，会计准则的诸多复杂规定其实都有其具体的实务环境，如果相关人员并未深入了解具体的实务环境，对涉及的商业活动与经济业务缺乏认识，则通常难以理解对应的会计准则。在会计准则体系日益庞大和精细化的趋势下，为精简准则体系并提升会计准则的普适性以应对不断出现的新情况，会计准则的制定逐渐转向原则导向，准则的表述日益抽象化，这也增加了会计准则的理解难度。

此外，对认为现行会计准则理论存在问题的观点，笔者认为，现行准则的理论基础本身就处于不断发展完善之中，本书无意对相关理论的优劣进行评判，因此对该问题不作深入探讨。

三、应对会计准则复杂化

如上所述，随着经济的发展和社会的进步，会计准则作为反映人类商业活动与经济业务的通用商业语言，必然日益精细化与复杂化，我们必须接受并积极应对由此带来的挑战。正如准则制定部门发布的《中国企业会计准则与国际财务报告准则持续趋同路线图》（财会〔2010〕10号）中所言，会计准则国际趋同是一个国家经济发展和适应经济全球化的必然选择。会计准则作为国际通用的商业语言，在我国已实现与国际财务报告准则趋同之后，是不能再走回头路的。

在与国际财务报告准则趋同的大背景下，一方面，需要我们在趋同过程中充分考虑我国实务环境与发展阶段特点，增强与我国其他规则体系的协调性，把握好会计准则技术中立与监管需求的平衡，提升会计准则的权威性、科学性与实用性。另一方面，需要进一步增强我国在国际准则制定机构的话语权，积极参与国际财务报告准则的制定过程，使相关国际财务报告准则能充分反映以我国为代表的新兴国家的具体情况，则既有利于增强国际财务报告准则的普适性和公认性，也有利于在会计准则持续趋同的过程中更好地维护我国国家利益。

针对目前会计准则复杂化的情况，各相关方都已经在积极采取行动。准则制定部门及时收集实务中重大会计问题，积极跟进国际财务报告准则进展，对于我国实务中存在而国际财务报告准则缺乏相应规定的交易与业务，主动研究并出台了相关规定（如限制性股票股权激励计划的会计处理）。近年来，还通过实施问答与应用案例及时回应准则实施过程中的实务疑难问题，并定期组织会计准则实施技术联络小组会议讨论准则实施过程中的实务问题。此外，准则制定部门还持续举办各类培训，深入讲解分析准则执行中的重难点问题；证券监管部门持续发布上市公司年报会计监管报告，每年组织召开多次会计监管协调会，及时讨论资本市场一线监管中遇到的复杂会计实务问题，通过出版相关书籍系统向市场传递监管理念；相关会计职业团体，包括注册会计师协会、会计师事务所等，也通过各类会议研讨、专家提示、专业书籍、分析文章、培训课程、在线答疑等，积极跟进讨论会计准则中的疑难问题。可以发现，准则制定部门、证券监管部门以及相关会计职业团体，都为应对会计准则复杂化，促进会计准则高质量实施作出了重要贡献。

为应对会计准则复杂化，持续提升我国会计准则实施质量，笔者提出以下三点建议，仅供各方参考：

（一）在现行会计准则中增加结论基础相关内容，提升会计准则具体规定的可理解性

考虑到我国会计准则与国际财务报告准则持续趋同的安排，我国现行会计准则及其应用指南是在学习研究国际财务报告准则基础上，充分借鉴国际财务报告准则并考虑我国实际情况后起草的，最终形成的会计准则及其应用指南与国际财务报告准则会保持实质趋同。具体而言，准则制定部门在会计准则及其应用指南起草与修订过程中，会组织翻译出版对应的国际财务报告准则，包括准则正文、实施指南、示例以及结论基础等，为后续相关准则的起草与修订奠定基础。为了尽量还原国际财务报告准则原意，在翻译对应国际财务报告准则时，通常以直译为主，相关表述方式可能并未充分本土化。但在起草与修订我国相关具体准则及其应用指南时，准则制定部门会以国际财务报告准则为基础，从符合中文表述习

惯与体例要求的角度出发，在意译的基础上对会计准则与应用指南的具体内容与表述方式进行重新调整编排，使会计准则及其应用指南更加本土化和实用化，从而更具有可读性和可理解性。

但是，目前我国会计准则尚未系统形成准则结论基础相关内容，由此产生的结果是，对于部分规定，特别是较为特殊或复杂的规定，实务界难以理解其制定的依据与考虑因素，进而对高质量执行该准则造成一定影响。建议可以考虑将国际财务报告准则结论基础部分，参照会计准则与应用指南的起草方式，在意译法的基础上进行本土化转换后，与相关会计准则及其应用指南一并发布，使我国会计准则也具有完整的结论基础相关内容，提升会计准则具体规定的可理解性。

就具体操作而言，如我国会计准则相关规定与国际财务报告准则相同的，相关结论基础内容可以在本土化转换的基础上使用国际财务报告准则结论基础的内容。如我国会计准则相关规定存在一定特殊性的，可以将我国会计准则维持特殊性的原因与考虑因素写入结论基础。同时，参照国际财务报告准则结论基础的形成方式，我们也可以将我国会计准则在研究起草与征求意见阶段搜集的主要反馈意见、对相关反馈意见的吸收采纳情况以及采纳与否所考虑的因素等纳入我国会计准则的结论基础，从而形成与国际财务报告准则结论基础主体内容一致但又具有中国特色的我国会计准则结论基础。这将非常有利于实务界深入理解相关准则的制定依据与考虑因素，从而更好地执行会计准则。

（二）公开会计准则起草与修订中涉及的过程性文件，提升会计准则制定过程的可追溯性

国际准则制定机构在其官网公开了整个准则制定过程涉及的所有重要文件，包括相关会议文件，有利于相关方追溯准则的形成过程。对会计准则制定过程的追溯除了能够加深对准则具体规定的理解外，相关文件本身也是宝贵的文献资料，有利于会计准则知识的积累与沉淀。

我国会计准则在起草与修订过程中，通常会在公开征求意见阶段面向公众公开征求意见稿，对于整个准则起草与修订中涉及的其他过程性文件并未成体系向公众公开。以我国 2017 年新修订的金融工具确认和计量准则为例，其修订过程包括前期准备阶段、研究阶段、起草阶段、公开征求意见阶段以及修改完善阶段，在前述过程中也会产生大量的文件，且相关文件是我国新金融工具确认和计量准

则形成的重要历史沿革资料，对于实务界深入理解准则有较大的帮助。

就具体操作而言，建议先组织翻译相关国际财务报告准则起草与修订中涉及的过程性文件，保持对国际财务报告准则起草与修订过程的全流程跟踪。在国际财务报告准则正式形成后，将我国准则起草与修订中涉及的过程性文件也以时间为序即时对公众公开，从而形成完整的准则历史沿革资料库，提升会计准则制定过程的可追溯性。

（三）建立健全我国会计准则在线查询系统，提升会计准则资源的可获得性

例如，在我国现行会计准则体系基础上，新增结论基础以及准则起草与修订中的过程性文件，将产生数量庞大的资料，因此非常有必要建立健全我国会计准则在线查询系统，将包括现行准则体系、结论基础以及准则起草与修订中过程性文件的全部会计准则资源纳入在线查询系统，既方便相关方查阅，也有利于准则制定部门对会计准则资料库的管理。

需要说明的是，前述建议所涉及的具体工作需要投入大量人力、物力，经费的支持以及专业人才的储备都是完成前述工作必不可少的条件，因此也需取得各个方面的大力支持。

四、本书的内容与初衷

会计准则体系是庞大、复杂且精细的，本书无意于成为一本“摊大饼”式的准则解读书籍，此类书籍可能难以对真正的疑难问题进行深入分析。基于笔者对会计准则疑难问题的认知与理解，本书聚焦于股份支付，企业合并、合并财务报表与商誉，收入，金融工具相关准则中的疑难问题，从理解准则的制定依据与考虑因素出发，结合案例对具体操作方式进行阐释，希望能为应对会计准则复杂化贡献绵薄之力。

本书仅代表笔者个人观点，与所任职单位无关。由于本人学识与精力有限，对部分复杂会计问题的理解难免会存在不到位的地方，也恳请广大读者批评指正，以期后续不断改正完善，共同为会计准则的高质量实施添砖加瓦。

陈文新

2021 年 6 月于深圳

目 录

第一编 股份支付准则 PART I

第二编 企业合并、合并财务报表与商誉相关准则 PART II

第三编 新收入准则 PART III

第四编 新金融工具准则 PART IV

第一编

股份支付准则

第一章
取消股份支付计划疑难问题

第一节　取消股份支付计划会计处理规定的特殊性

在实务中，部分企业基于各种原因，会取消正在实施的股权激励计划（股权激励计划在会计准则中又称为股份支付计划）。根据《企业会计准则第 11 号——股份支付》《企业会计准则解释第 3 号》《关于取消股份支付计划会计处理问题的复函》（财办会〔2012〕11 号）（以下统称股份支付准则）的相关规定，企业在等待期内如果取消了授予的权益工具，应当对取消所授予的权益性工具作为加速行权处理，将剩余等待期内应确认的金额立即计入当期损益，同时确认资本公积。即需要视同剩余等待期内的股份支付计划已经全部满足可行权条件，在取消所授予权益工具的当期确认剩余等待期内的所有成本费用。

由此，一个让诸多企业不理解的财务后果产生，即股份支付计划虽然被取消了，但尚未确认的激励成本费用却需要在取消当期立即全额确认，导致相关企业在当期确认巨额成本费用，对利润表冲击通常较大，也导致该规定在实务中引起不少争议。

为何股份支付准则这么规定呢？实务中有一种观点认为，这是一种惩罚性规定，为了防止企业随意取消股份支付计划，而要求企业在取消的时候确认额外的成本费用。但实际上，形成该规定的逻辑较为复杂，是一个准则技术逻辑和监管逻辑的混合体，并不仅仅是为了“惩罚”取消股份支付计划的行为。

理论上，会计准则作为一项技术标准，其任务是以尽量中立的态度反映相关交易和事项，而在具体实践中也确实存在兼顾防止操纵报表或减少盈余管理空间的需要，但会计准则不会简单以“奖励”或“惩罚”为动机作出某项规定，也不应给某项交易“有利”或者“不利”的会计处理要求来鼓励或者阻止企业从事某些具体交易，因为这么做会影响财务报告的质量，违背会计准则制定的目标。

考虑到我国股份支付准则与国际财务报告准则实质趋同，如果要从准则技术层面解释清楚为何股份支付计划被取消后要继续确认激励成本费用，需要回到国际准则制定机构起草股份支付准则的逻辑原点，依托整个股份支付准则起草的逻辑体系进行解释。本章的目的，即基于对国际准则制定机构起草股份支付准则结论基础的梳理分析，结合我国的具体实务背景，系统介绍与阐明相关规定制定的内在逻辑与考虑因素。

需要说明的是,本章讨论的是权益结算的股份支付而非现金结算的股份支付。同时，考虑实务中股份支付交易一般在企业与员工之间发生，本章也是以企业与员工之间发生的权益结算的股份支付为背景，不涉及企业与其他方之间发生的权益结算的股份支付（企业与其他方之间发生的权益结算的股份支付，由于其特殊性，在准则内在逻辑上有个别差异化考虑）。本章提及的股份支付计划中所授予的权益工具，不作专门说明的情况下，均指股票期权而非限制性股票，但权益工具类型不会影响论证过程与结论。

第二节　股份支付会计处理规定内在逻辑分析

股份支付会计处理的基本方式为，在股份支付行为发生并满足相关条件后，企业借方需要确认一笔成本费用，同时贷方计入权益，对于该处理方式实务界已经很熟悉，但是却并不一定清楚其背后的逻辑。当年股份支付准则起草时，对于要求企业就股份支付确认成本费用的处理方式，其实也存在很大争议。例如，有观点就认为，企业在股份支付交易中并没有付出代价，因为企业没有支付任何货币或者非货币资产作为对价，事实上是由企业的股东以其股权被稀释的形式承担了股权激励成本，企业不应该确认成本费用。

那么，企业到底为什么需要确认成本费用？如何理解股份支付准则会计处理规定呢？我们需要回到国际准则制定机构制定股份支付准则的逻辑原点，从股份支付的本质开始讨论。

一、股份支付本质解析的第一维度：劳务资产投入

在一般交易中，如果企业收到了相关商品与服务作为发行权益工具（包括股票或期权）的对价，则应该在报表中确认资源的流入以及所有者权益的增加。在随后对这些资源的消耗过程中，企业应该计量并确认资源的消耗所产生的成本费用。国际准则制定机构认为，股份支付的本质，就是员工以劳务资产对企业进行的资本性投入，因此企业处理股份支付条件下的权益发行与其他情况没有任何本质差异。

在其他情况下，企业收到现金、固定资产等资产投入时，需要确认相关资产并增加所有者权益。国际准则制定机构指出，在股份支付交易中，企业也应当确认收到的资源投入（员工的服务，即劳务资产），并确认所有者权益增加。但企业收到资源投入应该反映为资产的增加以及所有者权益的增加，为何股份支付借方却为成本费用，而并非资产呢？

二、股份支付本质解析的第二维度：劳务资产消耗特性

在一般资产投入中（如固定资产），企业的处理为，先借记固定资产，贷记所有者权益，在以后期间通过计提折旧的形式，将资产的消耗转化为成本费用（借记成本费用，贷记固定资产——累计折旧）。因此，发行权益工具收到的所有资源最终都会转化为成本费用在财务报表中进行确认。股份支付的特殊性就在于资源的取得与消耗是即时发生的，而非像固定资产一样可以资本化，从而导致资产取得与消耗存在时差。即员工投入的劳务资产，在投入当时被立即消耗，无法资本化确认为资产。国际准则制定机构认为，资源消耗的时间长短不应该改变会计处理原则，即使资源的取得与消耗同时发生，财务报表中也应该确认相关资源的取得与消耗。

因此，假设不考虑资源消耗方式是否具有即时性，按照内在逻辑，股份支付会计处理应该分为两步：借记劳务资产（为了体现跟固定资产处理原则的一致性，假设员工劳务资产可资本化），贷记所有者权益；当劳务资产消耗时：借记成本费用，贷记劳务资产。由于劳务资产消耗方式具有即时性，因此会计处理直接反映了资产消耗产生的成本费用，并增加了所有者权益。由于等待期内尚未行权，尚不能直接增加实收资本，先计入资本公积——其他资本公积，待行权后相应增加实收资本以及资本溢价。

综上所述，股份支付的本质就是员工以投入的服务资源即劳务资产取得企业权益。由于劳务资产取得与消耗具有即时性和同步性，最终反映在财务报表上即体现为成本费用与所有者权益同时增加。

第三节　如何计量员工提供的劳务资产

一、替代计量

如前所述，股份支付的本质是员工以投入的劳务资产取得企业权益。根据企业增资的一般核算原则，应该以收到对方投入资产的公允价值入账，在借方确认发行权益工具所收到的对价，同时在贷方确认权益（股本与资本溢价）。因此，国际准则制定机构认为，权益作为一种剩余利益，其金额取决于资产或者负债的计量，资产减去负债就是权益，权益变化的根源是资产或者负债的变化。权益确认后自身的变化，企业不得进行重新计量。例如，企业增发股份收到 1 亿元后，借方货币资金与贷方权益均增加 1 亿元，后续企业股价无论如何波动，企业均不能以股价波动作为对 1 亿元权益重新计量的依据，除非企业自身的资产或负债发生变动，权益才会变动。

按此原则，股份支付交易的核算，也应该是以收到的劳务资产在当天的公允价值入账，同时贷方确认权益，与货币资产增资处理一致。但问题在于，不同于一般商品或者服务，员工提供的劳务资产，特别是员工由于激励后产生的超额劳务投入，如何直接计量其公允价值面临现实的难题。为了解决这个难题，国际准则制定机构采取的措施为，在企业与员工的股份支付交易中，不再按一般原则去计量所收到的服务的公允价值，而是改为计量贷方，即将授予的权益工具的公允价值，作为收到的劳务资产公允价值的替代计量。

那么，后续的问题就是，对于企业与员工之间发生的股份支付交易，选择所授予权益工具在哪天的公允价值，作为劳务资产公允价值恰当的替代计量值呢？也即，所授予权益工具哪天的公允价值，才是员工预期提供劳务资产公允价值的最佳等值替代。

二、选择恰当的计量日

股份支付准则规定，对于权益结算的股份支付，应当按照授予日权益工具的公允价值计入成本费用和资本公积，不确认其后续公允价值变动。可以发现，国际准则制定机构认为，授予日权益工具的公允价值是员工预期提供的劳务资产的最佳等值替代。那么为什么不是可行权日、行权日或者具体提供服务的日期呢？

（一）采用可行权日或者行权日权益工具公允价值计量面临的问题

如前所述，直接计量员工预期提供的劳务资产的公允价值非常困难，国际准则制定机构引入了替代计量的方法，使用所授予权益工具的公允价值来作为员工劳务资产公允价值的替代值。国际准则制定机构认为，如果使用可行权日或者行权日权益工具的公允价值来计量，则在一定会计期间内接受的劳务资产的公允价值，将会受到权益工具后续公允价值变动的影响，而事实上这种影响并不存在。例如，企业授予员工股票期权，要求员工提供 2 年服务，但是该股票期权第三年末才可行权，提供服务的这 2 年员工投入的劳务资产的公允价值，与第三年股票期权的公允价值波动没有关系，也即这种波动并不会对前两年员工提供的劳务资产的公允价值产生影响。

同时，国际准则制定机构认为，无论是采用可行权日或者行权日权益工具公允价值进行计量，都将使权益工具在初始确认后，对其进行重新计量。权益工具属于所有者权益项目，并非负债项目，如前所述，根据权益工具的市价波动，对企业自身净资产进行重新计量，是违反会计准则基本要求的。

（二）采用具体提供服务日期权益工具公允价值计量面临的问题

有观点认为，在员工具体提供服务日收到劳务资产的同时，计量所授予权益工具的公允价值，能够反映劳务资产的公允价值。国际准则制定机构指出，员工提供的服务通常不是时点完成的，而是在一定期间完成的，该种处理使得在股份支付计划的等待期内，权益工具公允价值的波动将会影响劳务资产的公允价值。国际准则制定机构指出，权益工具公允价值的波动与员工提供的劳务资产的公允价值之间并不具备显著相关性。例如，在明确可行权条件并授予员工一定数量股票期权后，由于整个股市行情转牛，股票期权公允价值大幅增加了10倍，员工也并不可能给企业提供10倍价值的劳务资产，或者10倍的努力工作，或者同意企业降低其工资奖金。虽然随着股票期权公允价值的上涨，该部分报酬得到大幅上升，但是，这种上升与员工提供的劳务资产公允价值明显没有必然关系。

（三）采用授予日权益工具公允价值计量的考虑

在整体考虑了前述问题之后，国际准则制定机构认为，在授予权益工具那天，即授予日，企业和员工事实上均预期，双方交换的资产与权益工具公允价值是等值的。从企业角度而言，其之所以在授予日那天愿意授予一定数量权益工具给员工，就是其预期能够从员工处收到等值的劳务资产作为对价。从员工角度而言，其之所以愿意接受股份支付计划，也是预期其提供的劳务资产获得的权益工具的公允价值是合理的。而且，采用授予日权益工具公允价值作为劳务资产公允价值的替代计量值，不会导致对权益的重新计量。因此，国际准则制定机构认为授予日是合适的计量权益工具公允价值的日期。

三、修正的授予日法

（一）现行准则规定及其分析

1. 涉及的部分基本概念

在后续分析中，将会涉及股份支付计划的可行权条件、非可行权条件、服务期限条件、业绩条件、市场业绩条件、非市场业绩条件等概念，准则对前述概念的界定如下：

可行权条件是指能够确定企业是否得到员工或其他方提供的服务、且该服务使员工或其他方具有获取股份支付协议规定的权益工具或现金等权利的条件；反之，为非可行权条件。可行权条件包括服务期限条件或业绩条件。服务期限条件是指员工或其他方完成规定服务期限才可行权的条件（如工作满5年）。业绩条件是指员工或其他方完成规定服务期限且企业已经达到特定业绩目标才可行权的条件，具体包括市场业绩条件（以下简称市场条件）和非市场业绩条件（以下简称非市场条件）。

市场条件是指行权价格、可行权条件以及行权可能性与权益工具的市场价格相关的业绩条件，如股份支付协议中关于股价至少上升至何种水平员工可相应取得多少股份的规定。企业在确定权益工具授予日公允价值时，应考虑股份支付协议规定的可行权条件中的市场条件和非可行权条件的影响，而不考虑非市场条件的影响。但市场条件是否得到满足，不影响企业对预计可行权权益工具数量的估计。

非市场条件是指除市场条件之外的其他业绩条件，如股份支付协议中关于达到最低盈利目标或销售目标才可行权的规定。企业在确定权益工具授予日公允价值时，不考虑非市场条件的影响。但非市场条件是否得到满足，影响企业对预计可行权权益工具数量的估计。对于可行权条件为业绩条件的股份支付，只要员工满足了其他所有非市场条件（如利润增长率、服务期限等），企业就应当确认与取得服务相对应的成本费用。

实务中典型的非可行权条件包括：①行权后的“竞业禁止协议”和对行权后的股权转让的限制。②基于商品价格指数、股票指数的条件。③按照行权价格支付权益工具购买对价。股份支付存在非可行权条件的，只要员工或其地方满足了所有可行权条件中的非市场条件，企业就应当确认与取得服务相对应的成本费用。

对以上提及的诸多概念之间的关系如图 1-1-1 所示：

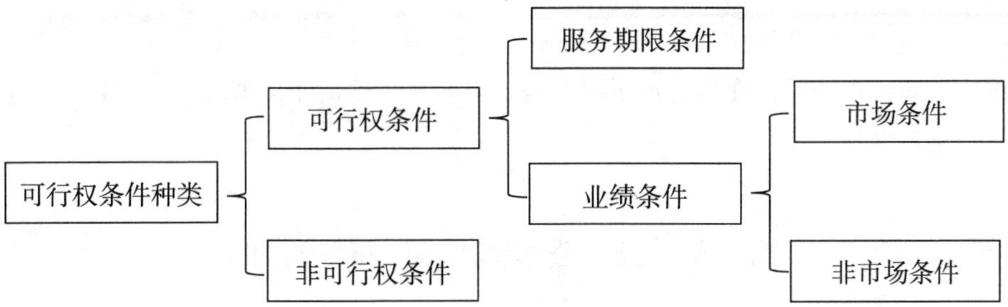

图 1-1-1　可行权条件种类

2. 现行准则规定主要内容及其解析

现行准则对权益结算的股份支付的会计处理方法是修正的授予日法。具体要求如下：

企业应当在等待期内的每个资产负债表日，将取得员工提供的服务计入成本费用，同时确认所有者权益，计入成本费用的金额应当按照权益工具的公允价值计量。对于附有市场条件的股份支付，只要员工满足了其他所有非市场条件与服务期限条件（后续非市场条件均包括服务期限条件，不再赘述），企业就应当确认已取得的服务。

等待期长度确定后，业绩条件为非市场条件的，如果后续信息表明需要调整对可行权情况的估计的，应对前期估计进行修改。也即，在等待期内每个资产负债表日，企业应当根据最新取得的可行权员工人数变动等后续信息作出最佳估计，修正预计可行权的权益工具数量。在可行权日，最终预计可行权权益工具的数量应当与实际可行权权益工具的数量一致。

根据上述权益工具的公允价值和预计可行权的权益工具数量，计算截至当期累计应确认的成本费用金额，再减去前期累计已确认的成本费用金额，作为当期应确认的成本费用金额。

这种根据后续信息及时修正预计可行权权益工具数量，从而使在可行权日，最终预计可行权权益工具数量与实际可行权权益工具数量一致的方法，即修正的授予日法。

（二）现行准则采用修正的授予日法的原因

对于准则采用修正的授予日法，将市场条件与非市场条件加以区别对待的原因［非市场条件在预计可行权权益工具（包括限制性股票、股权期权等）数量时进行考虑，市场条件在确定授予日权益工具公允价值时予以考虑］，将在本编第二章进行详细阐述。

第四节　技术逻辑与监管逻辑混合体

一、技术逻辑下取消股份支付计划的会计处理：股份支付准则两个重要设定及其推论

如前所述，修正的授予日法内含的逻辑为，企业在授予日这天，通过授予员工等值的权益工具，换取员工等值的劳务资产。同时，只要员工满足了可行权条

件的非市场条件，即表明企业取得了预期从员工处获取的劳务资产并已经即时消耗，也即需要确认成本费用。如果员工没有满足可行权条件的非市场条件，则企业无须确认相关成本费用。该逻辑存在两个设定：

第一个设定为，企业与员工之间股份支付交易为等价交换，员工提供的劳务资产被企业以权益工具的形式进行定价衡量。企业与员工作为理性经济人，原则上其均以自身利益行事。因此，如果企业修订股份支付计划，且修订后的股份支付计划对员工有利，则企业应该是相信新增授予权益工具价值能够得到员工等值的劳务资产补偿。

第二个设定为，考虑到企业与员工之间存在实力落差，员工通常处于弱势地位，有可能在员工满足相关可行权条件后（如完成了业绩增长率要求），企业却基于各种动机（包括盈余管理）取消了股份支付计划，但事实上企业已经取得并消耗了员工提供的劳务资产。

因此，如果是对员工不利的修订（包括取消股份支付计划），除非有证据表明，员工未能提供相关劳务资产（该等证据必须为非市场条件未能满足），否则即表明企业取得并消耗了相关员工提供的劳务资产，企业必须按初始授予的权益工具数量和确定的权益工具公允价值继续进行会计处理，如同相关修订从未发生。

总之，无论企业是否减少或者取消原本拟授予员工的权益工具，均不会改变原来的交易事实，即企业由于已经取得并消耗了员工提供的劳务资产，因此其需要确认由此产生的费用。同时，基于第一个设定，如果企业不滥用优势地位，在员工能够满足非市场条件时，企业在取消原股份支付计划后通常会给予员工其他补偿，可能是一个新的股份支付计划或者现金。

技术逻辑推演下，取消股份支付计划的处理规定应该为：在等待期内如果企业取消了授予的权益工具，企业应当对取消所授予的权益工具作为加速行权处理，将剩余等待期内应确认的金额立即计入当期损益，同时确认资本公积。前述规定也确实是现行准则对取消股份支付处理的规定。

同时，从股份支付准则起草逻辑而言，“剩余等待期内应确认的金额”应反映如果不取消股份支付计划，预期在未来期间将会确认的成本费用金额，也即应该考虑未来是否能够满足可行权条件，根据这一估计对预期将行权的权益工具数量进行调整后再计算应该确认的成本费用金额。那么，为何现行准则并不允许企业采用这种估计，去预期未来将行权的权益工具数量呢？这就需要考虑准则的监管逻辑。

二、监管逻辑下取消股份支付计划的会计处理：防止企业通过构造交易与滥用会计估计操纵报表

站在技术逻辑角度，被取消的股份支付计划，仍然需要预估假定不取消情况下，未来可行权的权益工具数量并继续确认相应的成本费用，但是并未强制要求，需要视同剩余等待期内的股份支付计划已经全部满足可行权条件，在取消所授予权益工具的当期确认剩余等待期内的所有成本费用。该规定的出台，应该更多的是监管逻辑的产物。

（一）防止企业通过构造交易操纵报表

1. 重新确定行权价格与取消旧股份支付计划并授予新股份支付计划的商业实质

在我国资本市场实务中，上市公司取消股份支付计划，很多时候是考虑到当时的股价下跌过多，之前授予的权益工具其行权价格已经没有激励作用，为了更好地激励管理团队，只好取消原来的股份支付计划，并按规定推出一份新股份支付计划。那么，为什么不直接对原股份支付计划重新确定行权价格，即降低行权价格呢？这也跟我国股权激励相关监管规定有关。

我国股权激励相关监管规定要求，上市公司在股东大会审议通过股份支付计划之前可对其进行变更，变更需经董事会审议通过。上市公司对已通过股东大会审议的股份支付计划进行变更的，应当及时公告并提交股东大会审议，且不得降低行权价格。因此，在我国对股份支付计划进行重定价面临制度障碍，就算是取消原股份支付计划之后新推出股份支付计划，相关规定也有一定限制：上市公司股东大会或董事会审议通过终止实施股份支付计划决议，或者股东大会审议未通过股份支付计划的，自决议公告之日起 3 个月内，上市公司不得再次审议股份支付计划。由此可见，监管部门对股份支付计划的变更与终止是非常慎重的。

国际准则制定机构认为，就商业实质而言，根据实际情况对原来的股份支付计划重新确定行权价格，与取消旧股份支付计划并按新的行权价格重新提出股份支付计划，二者没有区别。例如，在重新确定行权价格方案中，原来股份支付计划行权价为 20 元，现在由于股价降低到 15 元，企业将行权价调整为 10 元。

在取消旧股份支付计划并授予新股份支付计划的方案中，企业取消原来行权价为20元的股份支付计划，新授予行权价为10元的股份支付计划，二者经济效果等同。

因此，站在准则制定的角度，需要关注的问题实际仍然是，重新确定行权价格的股份支付计划应该如何处理？厘清该问题后，取消股份支付计划的处理也就迎刃而解。

2. 重新确定行权价格会计处理的考虑

如前所述，股份支付交易为企业与员工之间的等价交换，如果企业对股份支付计划行权价格重新定价以降低原行权价格，则其实质上是用一个更具有价值的股份支付计划替代了原来的股份支付计划，企业之所以愿意这么做，基于交换等价性，是因为其认为可能会取得等价的利益。

国际准则制定机构认为，站在员工角度，权益工具被授予后，员工作为权益持有者需要自行承担其所持有权益工具的市价波动风险，而不是由企业来承担。但是，在权益工具市价出现不利变动时，企业主动通过重新确定行权价的形式，帮员工承担了损失（恢复了权益工具的价值），企业此时给员工实质提供了增量价值。国际准则制定机构指出，从该角度出发，该增量价值也就是企业预期将取得的额外劳务资产的价值，从而导致需要确认额外的成本费用。因此，在企业对股份支付计划重新确定行权价格后，除继续确认原来初始的股权激励成本费用外，还需要确认由于重新确定行权价格产生的增量价值所带来的额外成本费用。

3. 取消旧股份支付计划并授予新股份支付计划会计处理的考虑

如前所述，根据实际情况对原来的股份支付计划重新确定行权价格，与取消旧股份支付计划并按新的行权价格重新提出股份支付计划，二者没有区别。

在重新确定行权价格的情况下，企业不仅需要继续确认原来的成本费用，还需确认增量成本费用。国际准则制定机构认为，如果准则规定，取消的股份支付计划无须再确认成本费用，则企业在股价下跌时，可以先取消原股份支付计划，再推出一个新的行权价格更低的股份支付计划，从而只需要确认新的股份支付计划的成本费用，原股份支付计划的成本费用无须再确认。但在重新确定行权价的方式下，却需要继续确认原股份支付计划的成本费用，并确认由于重新确定行权价导致的新增成本费用。相比而言，取消原股份支付计划并推出新股份支付计划，实质上就减少了成本费用确认金额。

国际准则制定机构认为，通过这种方式，企业实际上可以在股价下跌时减少确认激励成本费用，而在股价上升时又不必增加其成本费用（因为在这种情形下，企业没有必要重新确定行权价，也没有必要取消原股份支付计划并推出新股份支付计划）。由此，企业可以通过构造交易，在股价下跌时，突破授予日计量的规定，实质是改变了计量基准日（新的基准日为新股份支付计划授予日），降低了需要确认的成本费用。但在股价上升时，却继续保持按原授予日计量（因为没有新的股份支付计划推出），无须因为改变计量基准日而增加费用。由此也导致，企业对股价的变化采用了不一致的处理方式。

为了防止出现该情况，当企业取消原股份支付计划时，应该要求企业视同原股份支付计划没有取消，继续确认原本应该确认的成本费用，从而保持跟重新确定行权价时的处理口径一致。

4. 股份支付计划失效时的会计处理

需要特别说明的另一种情况为，如果在行权期间由于股价低于行权价，且企业没有对股份支付计划的行权价格进行调整，也没有以新股份支付计划替代旧股份支付计划，则员工实际上并不会行权，最后所授予的期权也就失效了。同样，根据前述提及的第二个设定，由于股价波动导致所授予权益工具实质失效，员工虽未主动行权，但也不会改变原来的交易事实，即企业由于已经取得并消耗了员工提供的劳务资产，因此需要确认由此产生的成本费用。之后由于员工并未行权，企业无须确认新取得的股本，仅仅是员工作为期权持有人与其他股东之间权益利益的让渡，企业需要将原计入资本公积——其他资本公积的金额转入资本公积——资本溢价，以体现权益内部的转换。

（二）防止企业滥用会计估计操纵报表

如前所述，“剩余等待期内应确认的金额”应反映如果不取消股份支付计划，预期在未来期间将会确认的成本费用金额，也即应该考虑未来是否能够满足可行权条件，根据这一估计对预期将行权的权益工具数量进行调整后再计算应该确认的成本费用。那么，为何现行准则并不允许企业采用这种估计，去预期未来将行权的权益工具数量呢？这也是基于监管逻辑，防止操纵报表的考虑。

在企业取消股份支付计划的时点，如果允许企业去估计未来可以行权的权益工具数量，有观点担心，几乎不会有企业去“合理估计”，几乎均会直接将可行权的权益工具数量预估为 0，从而无须确认任何成本费用。由此，国际准则制定机构要求继续确认原股份支付计划成本费用的规定，在实务中将得不到有效落实。笔者认为，应该是基于上述谨慎性的考虑，准则制定部门要求企业在该等情况下不得再自行预估未来可行权的权益工具数量，均视同剩余等待期内的股份支付计划已经全部满足可行权条件，在取消所授予权益工具的当期确认剩余等待期内的所有成本费用。

需要强调的是，根据证券监管部门的最新观点，已经更加倾向于接受纯技术逻辑的推演结果，即“原本应在剩余等待期内确认的激励成本费用金额”应被理解为，在假定没有终止股份支付计划的情况下，剩余等待期内预计能够满足可行权条件的权益工具对应的激励成本费用金额。上市公司可在取消股份支付计划当日，估计未来能够满足可行权条件的权益工具数量（在假定没有终止股份支付计划的情况下），并将相关股权激励成本费用金额一次性计入当期损益。

综上所述，股份支付计划被取消后要全额确认剩余所有成本费用的原因可以总结为：企业在授予日与员工达成的股份支付安排为预期等价交换，由于股份支付准则替代计量与修正的授予日法的引入，只有当员工未能满足可行权条件的非市场条件时，才能认为员工未能投入预期的劳务资产，才能冲回原确认的激励成本费用并无须再新确认激励成本费用。基于谨慎性，防止企业通过构造交易以及滥用会计估计操纵报表，在取消股份支付计划后，也必须继续对取消的股份支付计划进行处理，且如果没有证据表明可行权条件的非市场条件未能满足的，则直接认为企业实质已经取得预期员工投入的劳务资产，企业不得自行预估未来可行权的权益工具数量，即假定被取消的权益工具未来均可行权。

第二章
上市公司股权激励中限制性股票定价疑难问题

第一节　限制性股票常见定价方式

我国资本市场目前盛行限制性股票股权激励，市场案例繁多。在这些过往的案例中，对限制性股票的公允价值定价却普遍存在错误，即在确定股权激励中限制性股票的公允价值时，采用期权定价模型或者其他估值模型对所授予的限制性股票的限制性因素进行了剔除，也即考虑了限制性股票的限制性因素对公允价值的影响。虽然《企业会计准则讲解》已经明确该问题，且证券监管部门也多次提示该错误，但因上市公司与中介机构在设计方案时习惯性参考过往案例，导致该错误处理方式越来越普遍。

希望本章能够将限制性股票定价方式错误的原因与规范处理的方式分析透彻，从而有利于实务界真正理解，现行处理方式错误的原因、规范处理方式应该是怎样的以及为何是这样的。笔者随机选取了三家实施限制性股禀股权激励的上市公司作为示例，其披露的定价方式如表 1–2–1 所示：

表 1-2-1　限制性股票公允价值定价案例

公司名称	限制性股票公允价值定价方式披露
A 公司	根据《企业会计准则第 11 号——股份支付》及《企业会计准则第 22 号——金融工具确认和计量》的相关规定，公司以 Black-Scholes 模型（BS 模型）作为定价模型，扣除限制性因素带来的成本后作为限制性股票的公允价值。公司于董事会当日运用该模型以 2020 年 11 月 17 日为计算的基准日，对授予的限制性股票的公允价值进行了预测算（授予时进行正式测算）。
B 公司	根据《企业会计准则第 11 号——股份支付》及《企业会计准则第 22 号——金融工具确认和计量》的相关规定，公司以 Black-Scholes 模型（BS 模型）作为定价模型，扣除限制性因素带来的成本后作为限制性股票的公允价值。公司于董事会当日运用该模型以 2020 年 11 月 14 日为计算基准日，对授予的限制性股票的公允价值进行了预测算（授予时进行正式测算）。
C 公司	根据《企业会计准则第 11 号——股份支付》及《企业会计准则第 22 号——金融工具确认和计量》的相关规定，公司以 Black-Scholes 模型（BS 模型）作为定价模型，扣除限制性因素带来的成本后作为限制性股票的公允价值。公司对首次授予的限制性股票的公允价值进行了预测算（授予时进行正式测算）。

可以发现，其在确定限制性股票公允价值时，均采用 BS 模型考虑了限制性股票的限制性因素并进行了剔除。为什么上市公司会普遍采用此种错误的处理方式呢？

第二节　错误定价方式的内在逻辑以及产生的原因

如果我国资本市场股权激励中的限制性股票是“普通限制性股票”，上市公司现行的定价方式其实并无不妥。问题的根源就在于，我国资本市场股权激励中的限制性股票并不是“普通限制性股票”。

那么，“普通限制性股票”具有哪些特征？“普通限制性股票”定价逻辑又是怎样的？我国上市公司股权激励中限制性股票有何特殊性？本节将对以上三个问题详细展开分析。

一、“普通限制性股票”特征

普通限制性股票，是指由于法律法规或者协议安排等约束，现股票持有人无法立即按市场价格出售股票而只能持有在手（限制性一般体现为对正常转让的限制），但是股票所有权已经明确为现持有者所有，并不会因为该限制性因素的存在，导致现股票持有人未来有被动失去股票所有权的可能（不包括通过交易主动卖出股票而失去所有权）。

就法律法规约束而产生的限制性股票而言，各个层级法律、法规以及部门规章中均有关于股票限售的要求。例如，《公司法》规定：公司公开发行股份前已发行的股份，自公司股票在证券交易所上市交易之日起1年内不得转让。本章将由于法律法规限制产生的“普通限制性股票”称为“法定限制性股票”。

就协议安排而产生的限制性股票而言，股份支付安排就是典型，例如：

【案例1】

A公司授予公司5名高级管理人员（以下简称高管）每人100股股票，授予价格8元（公司股票市价22元），8年后该股票才能正常交易流通。无论后续相关高管是否在公司任职、业绩完成情况如何，授予的股票都不会再被要求回购注销，即此次授予的股票所有权已经正式归属于相关高管而无论此后出现何种情况。此案例即是典型的因协议安排而产生的限制性股票。

本节将由于股份支付协议安排产生的“普通限制性股票”称为“股份支付限制性股票”。

需要说明的是，因为法律法规通常对高管持有的股票具有限售规定，“股份支付限制性股票”与“法定限制性股票”通常会转换并相互交织。例如，案例1中，8年后协议安排规定的限售期解除，但是该高管仍然要继续遵循法律法规对高管持股的限售规定，此时，就由“股份支付限制性股票”转换为“法定限制性股票”。

“法定限制性股票”与“股份支付限制性股票”这两种不同类型的“普通限制性股票”均具有的共同关键特征是，股票所有权完整地归属于现股票持有人，并不会因为股票限制性因素的存在，导致现股票持有人未来有被动失去股票所有权的可能。相关限制性通常只限制此类股票在未来一段时间的流通转让，并无特定条件下剥夺现股票持有人股票所有权的安排。

二、“普通限制性股票”定价

（一）是否需要考虑“普通限制性股票”的限制性

股份支付准则规定，对于“普通限制性股票”存在的限制性因素，在定价方面需要考虑，因为该转让在可行权日后受到限制（对可行权日后限制与等待期内限制的内涵与区分，后续会详述）。

在案例 1 中，由于被激励对象取得此类限制性股票时通常折价较大，理论上如果是授予的非限制性股票，其本可以立即变现锁定收益（22 元减去 8 元），但由于限制性因素的存在导致持有人丧失了立即对外出售股票的权利。同时，由于限售期较长（长达 8 年），导致被激励对象在未来较长时间内丧失了变现收益的权利。此外，如果限售期内股票价格上涨而不能及时卖出获利，或者股票价格下跌而不能及时卖出止损，也都将带来损失。因此，相比授予高管无限售期的流通股而言，授予此种有较长限售期的股票，对被激励对象的价值明显较低。

因此，对于此类“股份支付限制性股票”，不建议直接使用授予日公司流通股的收盘价（22 元）作为公允价值，而需要以流通股的公允价值扣减限制性因素的影响后，作为此类限制性股票的公允价值。那么，具体如何扣减限制性因素的影响呢?

（二）“普通限制性股票”定价方式

1. 非限制性股票定价方式

为准确理解限制性股票定价方式，需先分析非限制性股票定价问题并厘清一个误区。

所谓非限制性股票，是指员工按照授予价格取得公司股票后可以立即出售而不存在锁定期的股票。非限制性股票的公允价值通常就是公司二级市场股价，以此类非限制性股票为基础的股权激励，其公允价值等于公司股票的公允价值减去授予价格。

【案例2】

甲公司为拟上市公司，采用授予员工非限制性股票的形式实施股权激励计划。2020年1月1日，公司以非公开发行方式向5名管理人员每人授予100股自身股票(每股面值为 1 元），授予价格为每股 8 元，授予后可立即出售。当日，5 名管理人员出资认购，甲公司履行了相关增资手续。公司股票当天收盘价为 22 元。

【案例解析】

在案例 2 中，此非限制性股票股权激励的公允价值为 22 元 -8 元 =14 元，即计算股权激励成本费用的基数为 14 元。这里需要区分两个概念：“股票本身”的公允价值与“授予员工按 8 元价格购买价值 22 元股票股权激励”的公允价值。由于股票的非限制性，该股票的公允价值即是公司二级市场股价 22 元。同时，授予员工的股权激励为“以 8 元价格购买 22 元股票的权利”，而不是非限制性股票本身。“以 8 元价格购买 22 元股票”这项股权激励本身的公允价值为 14 元，该金额才是计算股权激励成本费用的基数。如果甲公司授予被激励对象股票而不要求被激励对象付出任何对价（授予激励对象以 0 元价格购买 22 元股票的权利），则该股票的公允价值与股权激励本身的公允价值才相等，即均为 22 元。

因此，公司股票的公允价值只是确定所授予股权激励公允价值的基础，非极端情况下并不能以公司股票的公允价值直接作为计算股权激励成本费用的公允价值（极端情况即前述被激励对象可以 0 元价格购买股票时），否则将导致计量错误。后部分分析限制性股票公允价值定价时，逻辑也是一致的，即我们先需要计算出授予的限制性股票的公允价值，再以该金额减去授予价格，才是股权激励本身的公允价值，也即计算股权激励成本费用的基数。

2.“普通限制性股票”定价方式

相对于非限制性股票而言,限制性股票按授予价格取得后无法立即卖出获利，收益无法锁定，激励价值暂时无法实现，同时未来的自由出售权也被限制。非限制性股票的持有人可以马上卖出锁定收益，从而实现激励价值，还同时拥有未来自由出售权。限制性股票与非限制性股票的差异如表 1–2–2 所示：

表 1–2–2　限制性股票与非限制性股票的差异

对比项目	限制性股票	非限制性股票
授予价格	相同	相同
授予日股票公允价值	相同	相同
是否可以立即出售锁定收益	不可以	可以
是否可以在未来自由出售	不可以，有限售期	可以

可以发现，相比非限制性股票，限制性股票的公允价值之所以明显要低，因为其在即时出售锁定收益与未来自由出售这两项权利上是不完整的。根据案例 2，非限制性股票公允价值为 22 元，以授予非限制性股票为基础而实施的股权激励

的公允价值为 22-8=14 元。那么，对于授予以限制性股票为基础而实施的股权激励的公允价值，就应该等于限制性股票的公允价值减去授予价格，并以此作为基础计算限制性股票股权激励成本费用。例如，假设限制性股票的公允价值计算后为 18 元（对应非限制性股票公允价值为 22 元），那么以限制性股票为基础而实施的股权激励的公允价值为 18-8=10 元。因此，问题的关键是限制性股票公允价值定价问题。目前主流的定价模型如下：

（1）Chaffee 模型

在该模型下，限制性股票的公允价值 = 公司股票授予日的收盘价 - 欧式看跌期权价格。该模型假设，限制性股票持股人通过购买欧式看跌期权来抵销限制性股票价格的下行风险，也即无论限制性股票在未来股价如何变动，由于持股人同时持有欧式看跌期权，其到期均可按限制性股票在授予日的价格对外出售股票，从而实现对风险的规避和收益的锁定。相关欧式期权对应的底层资产为与限制性股票相同的股票，且欧式看跌期权的期限与限制性股票限售期相同。

然而，限制性股票限制的是持股人在未来特定期间对外出售股票的权利，而欧式看跌期权只是将持股人未来出售股票的价格锁定为授予日股价，仍然不能规避限制性股票限制性因素带来的所有风险。例如，如果限制性股票在限售期内股价大幅上涨，之后股价又下跌时，持股人由于限制性因素的影响无法及时出售股票，也将带来损失。也即，持股人只能以固定价格售出，而不能在股价上涨到高点时售出，限制性股票的限制性因素在该模型下并没有得到彻底剔除。

（2）Longstaff 模型

在该模型下，限制性股票的公允价值 = 公司股票授予日的收盘价 - 回望式看跌期权价格。该模型假设，限制性股票持股人通过购买回望式看跌期权来抵销限制性股票价格的下行风险，也即无论限制性股票在未来股价如何变动，由于持股人同时持有回望式看跌期权，其到期均可按限制性股票在限售期内曾经达到过的最高价格对外出售股票，从而实现对理论最大收益的锁定，限售带来的价值损失得到最大程度弥补。可以发现，该模型解决了 Chaffee 模型未彻底剔除限制性股票限制性因素的问题。

但是，该模型需要假定限制性股票持股人能够在股价最高点对外出售股票。该模型可以计算出，由于限制性因素导致持股人未能在股价最高点出售股票导致的损失。由此可以发现，由于持股人通常也难以判断股价最高点并及时对外出售股票，该模型计算的限制性因素损失在理论上成立，但通常并不具备现实合理性。因此，该模型计算的结果更多的是限制性股票公允价值的理论下限值，通过该模型计算出来的限制性股票公允价值会比真实公允价值低。此外，回望式看跌期权定价本身是一个难题，而欧式看跌期权价值可以根据BS模型结合看涨期权与看跌期权平价定理进行计算，实务可操作性更强。

因此，笔者认为，在理论界并没有完美解决限制性股票公允价值定价的前提下，实务中可以使用Chaffee模型计算的结果作为限制性股票公允价值的粗略近似值。如果公司聘请专业的估值机构，有条件计算回望式看跌期权价值，建议同时采用两种估值模型再求均值，同时考虑资金成本折现问题，得出的结果将更加接近真实的限制性股票公允价值。得出限制性股票公允价值后，以限制性股票公允价值减去授予价格，即是授予的限制性股票股权激励的公允价值。实务中的估值模型建议可采用：

限制性股票股权激励公允价值 =（股票授予日公允价值 – 欧式看跌期权价格）/（1+ 资金成本）^{n}– 授予价格，其中 n 为限售期长度，如1年、2年。

三、我国上市公司股权激励中限制性股票的特殊性及其引起的误解

通过前两部分分析可以发现，我国大部分上市公司对限制性股票的定价是基于Chaffee模型，即用非限制性股票的公允价值减去看跌期权价格（对于看跌期权价格采用BS等期权定价模型进行估值），对限制性因素进行剔除。那么为何开篇又提及上市公司的这种处理又是错误的呢？根本原因就在于我国目前股权激励制度下的限制性股票，并不是前述“普通限制性股票”，其更加准确的名称应该是“非行权股票”（我国会计准则和国际财务报告准则尚没有正式引入该概念）。

（一）我国资本市场股权激励中限制性股票特征

根据《上市公司股权激励管理办法》的规定，限制性股票是指激励对象按照股权激励计划规定的条件，获得的转让等部分权利受到限制的本公司股票。限制

性股票在解除限售前不得转让、用于担保或偿还债务。当期解除限售的条件未成就，激励对象未达到解除限售条件时（此处解除限售条件即会计准则中的可行权条件），限制性股票不得解除限售或递延至下期解除限售，上市公司应当回购尚未解除限售的限制性股票，并按照《公司法》的规定进行处理。实务中，对于此类解除限售条件未成就的，一般安排均是回购后注销，即事实上导致激励对象未最终取得该股票所有权，也即因为该限制性因素的存在，导致激励对象被动丧失了限制性股票所有权。

我国资本市场股权激励中的限制性股票与“普通限制性股票”的本质区别在于：目前我国资本市场股权激励中的限制性股票，一旦被激励对象未满足可行权条件，则无法解除限售，同时相关股票将被回购注销，激励对象事实上无法取得该股票的所有权。对于“普通限制性股票”，股票所有权已经明确为现持有人所有，除了具有限售等限制性特点以外，无论后续激励对象是否在公司任职、业绩完成情况如何，授予的股票都不会被要求回购注销，进而不会导致现股票持有人失去股票所有权。

（二）实务中引起的误解

我国会计准则和国际财务报告准则体系中，虽然对不同情况下限制性因素如何影响限制性股票的定价进行了明确规定，但是并没有对两种限制性股票提出明确概念加以区分。在美国会计准则中，对这两种限制性股票通过不同概念加以了区分，一种叫做非行权股票，另一种叫做限制性股票。其中，非行权股票，指的就是在无法达到解除限售条件（可行权条件）时，将会作废（被回购注销）的股票；而限制性股票则是指特定员工拥有的在出售和转让时受限的股票，即前述的“普通限制性股票”。

由此可以发现，我国资本市场股权激励体系下的限制性股票事实上就是“非行权股票”，而非“普通限制性股票”。因为我国会计准则和国际财务报告准则中没有对这两类限制性股票进行明确概念区分，而我国上市公司股权激励中限制性股票的特点事实上属于“非行权股票”，在概念上产生了一定误导，进而导致在对此类事实上的“非行权股票”进行定价时，错误地采用了“普通限制性股票”的定价方式。为更清晰论述该问题，在无特别注明情况下，第三节的“限制性股票”均指“非行权股票”。

第三节　限制性股票定价的规范处理方式与内在逻辑

一、规范处理方式

（一）会计准则规定及其解读

1. 会计准则规定

对于转让限制对所授予权益工具公允价值的影响，会计准则规定如下：（1）有些授予条款和条件规定股份的转让在可行权日后受到限制，则在估计所授予股份的公允价值时，应考虑此因素。（2）在估计所授予股份在授予日的公允价值时，不应考虑在等待期内转让的限制和其他限制，因为这些限制是由可行权条件中的非市场条件规定的。

需要说明的是，对于第（2）点，这些限制本身并不是非市场条件，而是说等待期产生这些限制的原因是因为非市场条件的存在，就是准则中所谓“这些限制是可行权条件中的非市场条件规定的”。对于第（2）点容易产生的歧义，国际财务报告准则的表述更清晰：“在估计所授予股份在授予日的公允价值时，不应考虑在等待期存在的转让限制或其他限制，因为这些限制来源于可行权条件的非市场条件的存在，而非市场条件应通过调整授予权益工具的数量加以考虑”。由此可以发现，国际财务报告准则对于“等待期存在的转让限制”与“非市场条件”的关系，用的是“限制来源于非市场条件的存在”而非“限制本身就是非市场条件”。由此也可以发现，准则规定中的第（1）点指的就是“普通限制性股票”，第（2）点指的就是“非行权股票”。

2. 会计准则规定解读

一个典型的限制性股票股权激励交易，其整个流程示意图如 1–2–1 所示：

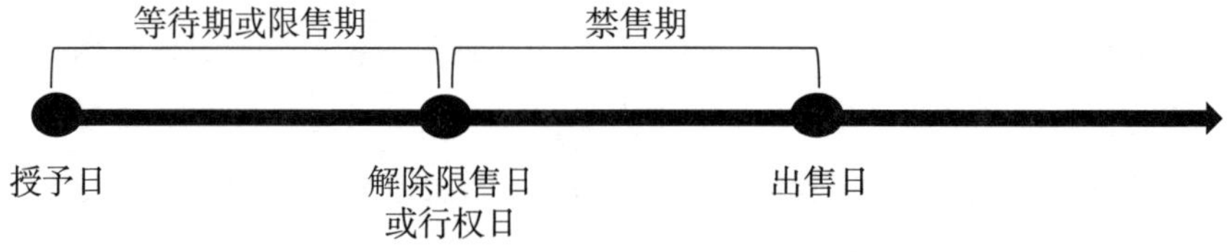

图 1–2–1　限制性股票股权激励交易流程示意图

其中，授予日是指股份支付协议获得批准的日期。解除限售日或行权日是指达到解除限售条件（可行权条件）的限制性股票予以解除限售，可自由流通的日期。只有已经达到可行权条件的激励对象，才真正完全拥有授予的限制性股票所有权。从授予日至解除限售日或行权日的时段，是可行权条件（解除限售条件）得到满足的期间，因此称为等待期，也是限售期。出售日是指股票持有人将取得的股票出售的日期。禁售期是指激励对象获得股票后限制进行售出等转让行为的时间段，包括前述公司法规定的诸多法定禁售情形。

结合该示意图，股份支付准则中第（1）点规定的“可行权日后受到限制，则在估计所授予股份的公允价值时，应考虑此因素”，就是指禁售期的限制。第（2）点规定的“在估计所授予股份在授予日的公允价值时，不应考虑在等待期内转让的限制和其他限制，因为这些限制是由可行权条件中的非市场条件规定的”，就是指等待期或者限售期的转让限制（而非禁售期的转让限制），该期间的转让限制不应该考虑，因为这些限制是可行权条件中的非市场条件规定的，或者说来源于非市场条件。可行权条件、非可行权条件、市场条件、非市场条件的概念可参见本编第一章，此处不赘述。

就限制性股票股权激励而言，股份支付应确认的成本费用总额 = 所授予股权激励的公允价值 × 预计可行权的权益工具数量，其中，所授予股权激励的公允价值 = 所授予限制性股票公允价值 – 授予价格，因此，股份支付应确认的成本费用总额 =（所授予限制性股票公允价值 – 授予价格）× 预计可行权的权益工具数量。可以发现，因为授予价格是初始确定的，最终应确认的成本费用总额，受所授予限制性股票公允价值与预计可行权的权益工具数量两个因素影响。

股份支付准则规定，可行权条件的非市场条件是在预计满足可行权（解除限售）条件的权益工具数量时进行考虑的，而在确定授予日限制性股票公允价值时不予考虑。可行权条件的市场条件则相反，在确定授予日限制性股票公允价值时予以考虑，在预估满足可行权（解除限售）条件的权益工具数量时不予考虑。总之，目前准则对于业绩条件中的市场条件与非市场条件是区分考虑的。至于为何区分考虑，将在后续详细阐释。

（二）证券监管部门提示

证券监管部门在《2014 年上市公司年报会计监管报告》《会计监管工作通讯》

（二〇一七年第二期）中均强调，一般情况下，公司向员工授予的股份在员工提供服务以达到行权条件的等待期内被限制转让，但是计量所授予股份在授予日的公允价值时，不应考虑在等待期内转让的限制或其他限制，因为这些限制属于可行权的非市场条件。年报分析中发现，部分授予员工限制性股票（行权等待期内限制转让）进行股权激励的上市公司，在计量权益工具（授予的限制性股票）授予日的公允价值时采用了估值模型，考虑了限制性条件（非市场条件），而未直接采用授予日相关股票的市场价格。

根据上述分析可以发现，证券监管部门已经对上市公司的不规范处理进行了明确提醒，但很多上市公司却未引起充分重视。此外，笔者个人建议，将相关提示中“因为这些限制属于可行权的非市场条件”的表述，修订为“这些限制是可行权条件中的非市场条件规定的”，或者修订为“这些限制来源于可行权条件的非市场条件的存在”可能更为妥当，因为这些限制本身并不是可行权的非市场条件。

二、会计准则规定的内在逻辑与深层次考虑

为何现行会计准则对市场条件与非市场条件作出区分处理呢？

（一）规范处理方式直观理解：基于案例分析与解读

1. 限制性股票规范定价方式简化案例

我们先通过一个简化案例，说明限制性股票规范定价方式：

【案例3】

甲公司为上市公司，采用授予员工限制性股票的形式实施股权激励计划。2020年1月1日，公司以非公开发行方式向5名管理人员授予100股自身股票（每股面值为1元），授予价格为每股8元（当日，甲公司股票的收盘价为22元）。本计划授予激励对象的限制性股票自授予日起12个月为限售期或等待期，在等待期或限售期内，激励对象获授的限制性股票被锁定，不得转让；可行权条件（解锁条件）为：2020年甲公司加权平均净资产收益率不低于15%。限售期后，若达到计划规定的可行权条件，激励对象可一次性申请解锁，解锁后的限制性股票可依法自由流通；若未达到计划规定的可行权条件，该部分股票不得解锁，甲公司必须回购并注销该部分限制性股票，回购价格按照授予价格执行。

【案例解析】

对于该案例，在授予日，甲公司授予给高管的限制性股票的公允价值 =22 元，则限制性股票股权激励的公允价值 =22 元 -8 元 =14 元，不需要考虑等待期或者限售期的转让限制对限制性股票公允价值的影响。

2. 可行权条件为非市场条件处理案例

对应处理规定：可行权条件的非市场条件是在预计满足可行权（解除限售）条件的权益工具数量时进行考虑的，而在确定授予日限制性股票公允价值时不予考虑。

【案例4】

甲公司为上市公司，采用授予员工限制性股票的形式实施股权激励计划。2017 年，公司以非公开发行方式向 500 名管理人员每人授予 100 股自身股票（每股面值为 1 元），授予价格为每股 8 元。当日，500 名管理人员出资认购，总认购款项为 40 万元，甲公司履行了相关增资手续。授予日甲公司股票二级市场收盘价为 23 元。

授予后锁定 3 年，2018 年、2019 年、2020 年为申请解锁考核年（锁定期），每年公司根据可申请解锁条件确认可申请解锁的限制性股票比例，被确认为不可申请解锁的限制性股票将由公司在锁定期满后回购注销。授予日起 12 个月后的首个交易日至授予日起 24 个月为第一个解除限售期，授予日起 24 个月后的首个交易日至授予日起 36 个月为第二个解除限售期，授予日起 36 个月后的首个交易日至授予日起 48 个月为第三个解除限售期，解锁期内激励对象在职，则可就已确认的可申请解锁的限制性股票向公司申请一次性解锁。可申请解锁条件如表 1-2-3 所示：

表 1-2-3 解锁条件与解锁比例

解锁期	可申请解锁条件	可申请解锁比例
第一期	公司 2018 年净利润较 2017 年增长不低于 8%（含 8%）	50%
第二期	公司 2019 年净利润较 2017 年增长不低于 18%（含 18%）	30%
第三期	公司 2020 年净利润较 2017 年增长不低于 30%（含 30%）	20%

2018 年，净利润增长了 10%，因此达到第一个解除限售期的解锁条件，同时有 8 名管理人员离职。公司预计 2019 年相比 2017 年增长率为 20%。另外，公司预计

2019年12月31日将有8名管理人员离职。公司预计2020年相比2017年增长率为30%。另外，公司预计2020年12月31日将有10名管理人员离职。

2019年，公司净利润相比2017年增长了15%，因此无法达到第二个解除限售期的解锁条件。另外，当年实际有10名管理人员离职。预计2020年相比2017年增长率为28%，预计2020年将有12名管理人员离职。

2020年12月31日，公司净利润相比2017年增长了30%，因此达到第三个解除限售期的解锁条件，当年实际有8名管理人员离职。

【案例解析】

按照股份支付准则，本例中的可行权条件是一项非市场条件（同时内含服务期限条件）。

首先，确定授予的限制性股票股权激励的公允价值=23-8=15元。（在确定授予日限制性股票公允价值时不予考虑可行权条件的非市场条件）

其次，确定此次限制性股票股权激励属于一次授予、分期行权类型。一次授予、分期行权即在授予日一次授予给员工若干权益工具，之后每年分批可行权。每个批次是否可行权的结果通常是相对独立的，即每一期是否达到可行权条件并不会直接决定其他几期是否能够达到可行权条件，在会计处理时应将其作为几个独立的股份支付计划处理。同时，公司一般都会要求员工在所授予权益工具可行权时仍然在职，这实际上隐含了一个服务期限条件，即员工需服务至可行权日。

从本案例条款分析，该股权激励计划属于一次授予、分期行权的股权激励计划，每期的结果相对独立，即第一期未达到可行权条件并不会直接导致第二期或第三期不能达到可行权条件，因此在会计处理时需要将其作为三个独立的股份支付计划进行处理，即第一个计划的等待期是一年，第二个计划的等待期是两年，第三个计划的等待期是三年。这样处理的原因是，由于要求员工在权益工具解锁时仍然在职，则对于第一期授予的2.5万股股票要求员工必须在公司服务一年；对于第二期授予的1.5万股股票要求员工必须在公司服务两年，因此相应的费用应当在两年内分摊；同理，第三期授予的1万股股票相应的费用应当在三年内分摊。

最后，分析每年应确认的股权激励费用金额：

（1）2018年应确认的股权激励费用金额

2018年公司实现净利润增长率要求，同时有8名管理人员离职，对于第一期股权激励在2018年应确认的费用=100×（500-8）×50%×15=369,000元。因为预计2019年相比2017年净利润增长率为20%。同时，预计2019年12月31日将有8名管理人员离职，第二期股权激励在2018年应确认的费用=100×（500-8-8）×30%×15×1/2=108,900元（乘以1/2的含义为：要求员工必须在公司服务两年，因此相应的费用应当在两年内分摊，后续类似）。预计2020年相比2017年净利润增长率为30%。同时，预计2020年12月31日将有10名管理人员离职，第三期股权激励在2018年应确认的费用=100×（500-8-8-10）×20%×15×1/3=47,400元。

在2018年，通过对离职人员的预计（有多少人能够满足服务期限条件），来对预计满足可行权（解除限售）条件的权益工具数量进行动态调整，服务期限条件也是可行权条件的非市场条件（非市场条件通常隐含服务期限条件）。第一期股权激励在2018年可行权权益工具数量为=100×（500-8）×50%=24,600股；第二期股权激励在2018年预计可行权权益工具数量为=100×（500-8-8）×30%=14,520股；第三期股权激励在2018年预计可行权权益工具数量为=100×（500-8-8-10）×20%=9480股。

（2）2019年应确认的股权激励费用金额

2019年公司净利润相比2017年增长了15%，因此无法达到第二个解除限售期的解锁条件。另外，当年实际有10名管理人员离职。由于第二期未达到解锁条件，该部分限制性股票的实际解锁数量为0股，应确认的与该部分限制性股票相关的股权激励费用累计应为0元。具体而言，不应确认2019年当年分摊的第二期股权激励费用，同时冲回2018年就第二期确认的股权激励费用，使第二期股权激励费用累计确认额为0元。对于第二期股权激励2019年应确认的股权激励费用=100×（500-8-10）×30%×0×15×2/2-108,900=-108,900元（乘以0就是根据非市场条件对可行权权益工具数量进行调整）。

同时，预计2020年相比2017年增长率为28%，由于预计2020年将有12名管理人员离职，且预计第三期无法达到解锁条件，该部分限制性股票的实际解锁数量为0股，应确认的与该部分限制性股票相关的股权激励费用累计应为0。公司不应确认2019年当年分摊的第三期股权激励费用，同时冲回2018年就第三期股权激励确认的股权激励费用，使得第三期股权激励费用累计确认额为0元。对于第三期股权激励在2019年应确认的费用=100×（500-8-10-12）×20%×0×15×2/3-47,400=-47,400元。

在 2019 年，通过对离职人员的预计以及非市场条件实现情况，来对预计满足可行权（解除限售）条件的权益工具数量进行动态调整。第二期股权激励在 2019 年可行权权益工具数量为 =100×（500−8−10）×30%×0=0 股（去年预估是 14,520 股）；第三期股权激励在 2019 年预计可行权权益工具数量为 =100×（500−8−10−12）×20%×0=0 股（去年预估是 9480 股）。第二期、第三期可行权权益工具数量的变化体现的就是根据非市场条件（包括对非市场条件的预计）对可行权权益工具数量进行调整。

（3）2020 年应确认的股权激励费用金额

2020 年，公司净利润相比 2017 年增长 30%，因此达到第三个解除限售期的解锁条件，对于第三期股权激励在 2020 年应确认的费用 =100×（500−8−10−8）×20%×15×3/3=142,200 元。

在 2020 年，根据离职人员以及非市场条件情况对可行权权益工具数量进行调整，第三期股权激励在 2020 年可行权权益工具数量 =100×（500−8−10−8）×20%=9480 股（去年预估是 0 股）。

每年度股权激励成本费用计算表如表 1−2−4 所示：

表 1−2−4　股权激励成本费用计算表

年份	计算	当期费用	累计费用
2018	第一期：100×（500−8）×50%×15=369,000 元	525,300 元	525,300 元
	第二期：100×（500−8−8）×30%×15×1/2=108,900 元		
	第三期：100×（500−8−8−10）×20%×15×1/3=47,400 元		
2019	第二期：100×（500−8−10）×30%×0×15×2/2−108,900=−108,900 元	−156,300 元	369,000 元
	第三期：100×（500−8−10−12）×20%×0×15×2/3−47,400=−47,400 元		
2020	第三期：100×（500−8−10−8）×20%×15×3/3−47,400−（−47,400）=142,200 元	142,200 元	511,200 元

每年度根据可行权条件的非市场条件（包括隐含的服务期限条件）对可行权权益工具数量动态调整情况如表 1−2−5 所示：

表 1-2-5　可行权权益工具数量动态调整情况表

单位：股

激励期数	预计可行权权益工具数量		
	2018 年	2019 年	2020 年
第一期	24,600	不适用	不适用
第二期	14,520	0	不适用
第三期	9480	0	9480

该动态变化表体现的即是：在预计满足可行权（解除限售）条件的权益工具数量时对可行权条件的非市场条件进行考虑的结果。

（4）具体会计处理

①授予日会计处理：

借：银行存款 400,000

　　贷：股本 50,000

　　　　资本公积——股本溢价 350,000

借：库存股 400,000

　　贷：其他应付款——限制性股票回购义务 400,000

②等待期内与股权激励费用确认相关的会计处理：

2018 年

借：管理费用 525,300

　　贷：资本公积——其他资本公积 525,300

2019 年

借：管理费用 −156,300

　　贷：资本公积——其他资本公积 −156,300

2020 年

借：管理费用 142,200

　　贷：资本公积——其他资本公积 142,200

其他后续会计处理分录略。

3. 可行权条件为市场条件处理案例

对应处理规定：可行权条件的市场条件是在确定授予日限制性股票公允

价值时予以考虑，在预计满足可行权（解除限售）条件的权益工具数量时不予考虑。

【案例5】

2018年，A公司授予公司1名高管按20元每股的价格购买公司10,000股股票（所授予股票在2020年年底之前不可转让），要求该高管在未来3年不得离职，且其分管子公司连续3年净利润增长不低于10%。同时，如果2020年年末A公司股价没有从2018年年初的50元每股上涨到65元每股，则该限制性股票不能解锁，需要A公司回购后注销。如果2020年年末A公司股价超过65元每股，则限制性股票立即解锁，变为可自由转让的流通股。

【案例解析】

对于该案例，公司首先需要采用二叉树定价模型，考虑2020年年末股价在第三年年末超过65元的可能性（限制性股票将可解锁）和2020年年末股价没有超过65元的可能性（限制性股票将被回购注销）。为简化计算，此处以单期二叉树来计算：

假设公司预计，3年以后股价有两种可能：上升40%（变为70元每股），或者下降30%（变为35元），无风险利率为3年4%。

期望报酬率=4%=上行概率×40%+（1-上行概率）×（-30%）

上行概率=0.4857

下行概率=1-0.4857=0.5143

股价上行时该限制性股票股权激励的到期价值Cu=50×（1+40%）-20=50元（注意，此处计算的金额为限制性股票股权激励的到期价值，而不是限制性股票本身的到期价值，因为已经扣除了授予价格）

股价下行时该限制性股票股权激励的到期价值Cd=0元（回购注销，无价值）

限制性股票股权激励现值=（上行概率×股价上行时到期日价值+下行概率×股价下行时到期日价值）/（1+持有期无风险利率）

=（50×0.4857+0×0.5143）/（1+4%）

=24.285/1.04=23.35元

考虑市场条件后，测算的限制性股票股权激励的公允价值为23.35元，为便于计算，此处取整为24元。

根据会计准则规定，对于可行权条件为业绩条件的股份支付，只要员工满足了业绩条件中的所有非市场条件（如利润增长率、服务期限等），企业就应当确认已取得的服务，而无论市场条件是否得到满足。而是否确认已经取得服务，其实就是在预估满足可行权(解除限售)条件的权益工具数量。正因为，在授予日估计限制性股票的公允价值时已经考虑了没有实现市场条件即没有达到股价目标的可能性（二叉树计算过程中考虑），所以在预计满足可行权（解除限售）条件的权益工具数量时，对市场条件不再予以重复考虑。

因此，如果公司预计该高管能够完成三年的服务期，而且预计能完成净利润增长率目标，公司在2018年、2019年和2020年确认的股权激励费用如表1-2-6所示：

表1-2-6　股权激励费用计算表

单位：元

年份	确认的股权激励费用
2018	10,000×24×1/3=80,000
2019	10,000×24×2/3-80,000=80,000
2020	10,000×24×3/3-80,000-80,000=80,000

如上所述，公司需要确认上表金额的股权激励费用而无论市场条件最后的结果如何。然而，如果该高管在第二年（或第三年）离职或者净利润增长率没有实现目标，第一年（和第二年）确认的金额将于第二年（或第三年）转回（具体转回的分析、会计处理与理解见案例4）。这是因为在授予日估计股权激励的公允价值时，并没有考虑非市场条件，因此在预计可行权权益性工具数量时要考虑非市场条件。

（二）准则规定的内在逻辑与深层次考虑

通过上述案例可以直观理解限制性股票定价的规范处理方式以及准则对于业绩条件中的市场条件与非市场条件具体是如何区分的。那么，为什么会计准则要将市场条件与非市场条件加以区别对待而规定：非市场条件在预计可行权权益工具（包括限制性股票、股权期权等）数量时进行考虑，市场条件在确定授予日权益工具公允价值时予以考虑呢？考虑到我国股份支付准则与国际财务报告准则实质趋同，因此需要分析国际准则制定机构在制定股份支付准则时所考虑的因素。

1. 征求意见稿：考虑所有可行权条件对所授予权益工具公允价值的影响与服务单位法

（1）考虑所有可行权条件对所授予权益工具公允价值的影响

在股份支付准则征求意见稿（本章指第2号征求意见稿，下同）中，国际准则制定机构认为，在对授予的权益工具进行估值时，应该考虑所有类型的可行权条件（包括服务期限条件、市场条件与非市场条件），也即应考虑因为不能满足可行权条件而导致权益工具作废的可能性，从而减少授予日权益工具的公允价值（并不是现在规定的只应考虑市场条件对权益工具公允价值的影响）。这一减少可以通过改变权益工具定价模型并将可行权条件纳入定价模型来实现。也可以采用一种更为简单的方法，即在授予日估计所授予权益工具作废的可能性，并相应地降低通过定价模型计算的权益工具公允价值。例如，如果用定价模型计算出来的权益工具公允价值是 15 元，而企业估计 20% 的权益工具因为可行权条件无法得到满足而作废（包括非市场条件未得到满足而作废），在考虑该作废因素后，将授予日权益工具公允价值从 15 元降低至 12 元（15×80%）。

（2）服务单位法

如本编第一章所述，在以权益结算的股份支付交易中，会计目标是确认作为股份支付对价而获得的商品或服务，并以这些商品或服务收到时的公允价值计量。对于企业收到员工服务的交易而言，经常很难直接计量所收到的服务的公允价值。在这种情况下，授予权益工具的公允价值可以作为所收到服务的公允价值的替代性计量值。这就引出了：怎样通过该替代计量值来计算得出所收到服务的公允价值？

国际准则制定机构在股份支付准则征求意见稿中提出了"服务单位法"，即用授予的权益工具在授予日的公允价值（根据前述分析，该公允价值需要考虑到所有可行权条件），除以预计将取得的服务单位数量，以确定后续将取得的每单位数量服务的公允价值。国际准则制定机构给出了如下示例：假定企业授予的权益工具公允价值在考虑作废的可能性之前是 750,000 元，假设企业估计，由于员工没有完成所要求的非市场条件而作废的概率为 20%（加权平均），则所授予的权益工具在授予日的公允价值为 600,000（750,000×80%）元（可以发现，此处理模式下，根据非市场条件对权益工具公允价值进行了调整）。如果企业预计在未来三年等待期内将获得 1350 个单位的服务，则按照服务单位法计算方式，将来取得每单位服务的公允价值是 444.44（600,000/1350）元。如果最终确实取得了 1350 个单位的服务，则为所取得服务而确认的股权激励成本费用金额为 600,000（444.44×1350）元。该方法基于这样一个假定，即在授予日存在一份公平交易的合同，因企业授予了员工价值为600,000元的权益工具，并预计将取得价值为600,000元的员工服务作为对价。企业并不认为所有授予的权益工具都可以满足可行权条件（肯定会有员工在三年内离职等，因为非市场条件隐含服务期限条件），在估计所授予的权益工具公允价值时和在确定作为对价而取得的服务的公允价值时，需要考虑由于员工离职而引起的权益工具作废的情况（也即考虑了非市场条件是否得到满足）。

在服务单位法下，如果企业获取了比预期更多的服务，则在等待期确认的股权激励成本费用金额可能会超过600,000元。这是因为，这里核算的目标是对后续获取的服务进行会计核算，而不是对授予的权益工具的公允价值进行会计核算。也即，国际准则制定机构认为，目标不是估计所授予权益工具的公允价值，然后再把该金额在等待期内进行分摊，而是对后续获取的服务进行会计核算，因为直接估计这些服务的公允价值存在实际困难，所授予权益工具的公允价值被用来作为后续确定所获取服务的公允价值的替代计量值。因此，实际确认的股权激励成本费用金额取决于实际获取的服务数量。如果获取的服务数量比预期多，则确认的股权激励成本费用金额会大于600,000元。如果获取的服务数量比预期少，则确认的股权激励成本费用金额会少于600,000元。

2. 对征求意见稿的反馈意见与国际准则制定机构的回应

（1）对“服务单位法”的质疑

有反馈意见对“服务单位法”的实用性提出质疑，他们认为“服务单位法”太复杂烦琐，很难在实务中应用。例如，如果企业把权益工具授予多名员工，但是并没有给每个员工授予相同数量的权益工具（实务中，授予权益工具的数量会因员工的职位不同而有所不同），则有必要为每个（或每类）员工计算出不同的单位服务公允价值。这样，企业必须跟踪每个员工，以计算为每个员工确认的股权激励成本费用金额。而且，如果员工因为非自身原因离职（强制性退休、转岗等），在离职时，授予的权益工具通常可以提前行权。对该类员工，预计从其获取的服务数量少且等待期的长度会缩短，这些因素在采用服务单位法时也应该予以考虑。同时，有反馈意见提出，把非市场的、复杂的业绩条件纳入授予日估值模型存在实际困难且会引入过多主观判断，而将市场条件纳入权益工具估值模型则较为成熟。

国际准则制定机构考虑了上述反馈意见中对服务单位法实用性的担忧，并就反馈意见所提出的把非市场条件纳入授予日权益工具估值模型存在的实际困难，征询了估值专家的意见。出于实务可操作性的考虑，国际准则制定机构取消了原定的“服务单位法”。

（2）“修正的授予日法”的提出

作为对“服务单位法”的替代，一些反馈意见建议采用《美国财务会计准则公告第 123 号》（后被《美国会计准则汇编 718 号》取代）中的“修正的授予日法”。在这种方法下，服务期限条件及非市场条件被排除在授予日对权益工具的估值以外（也就是说，在估计股份期权或其他权益工具的授予日公允价值时，并没有考虑权益工具作废的可能性，当然也会导致估计的权益工具在授予日公允价值偏高），但通过要求股权激励成本费用应以最终授予的权益工具数量（最终可行权的权益工具数量）为基础来将其纳入考虑（也就是通过调整预计可行权权益工具数量来考虑作废的可能性）。在此方法下，如果授予的权益工具因为无法满足非市场条件而作废，企业就不需要确认任何股权激励成本费用。

3. 国际准则制定机构对征求意见稿的修订：采用“修正的授予日法”

国际准则制定机构在考虑了反馈意见并征求估值专家意见后，决定采用《美国财务会计准则公告第 123 号》中的“修正的授予日法”。同时，《美国财务会计准则公告第 123 号》对于权益工具作废的处理给出了可供选择的方法：第一，企业可选择在授予日以预期可行权的权益工具的估计数量为基础来确认收到的服务，如果后续信息表明实际作废与先前的估计有出入，可以修正该估计。该方法即等待期根据已有信息及时对可行权权益工具数量进行预估并根据最新可获取的信息进行动态调整。第二，企业在初始确认收到的服务时，假定所授予的附非市场条件的权益工具都能满足可行权条件。此后，当作废实际发生时，通过转回作废部分的股权激励成本费用金额，来确认作废的影响。该方法在等待期不对可行权权益工具数量进行动态预估调整，当作废发生时一次性处理。

国际准则制定机构认为，鉴于股权激励成本费用金额最终是以可行权的权益工具数量为基础确定的，在确认等待期收到的服务时估计作废数量才是合适的方法。而且，在作废发生前忽略作废的可能，不对可行权权益工具数量进行预计，在作废实际发生时一次性转回作废部分的股权激励成本费用，可能会导致等待期费用确认的严重失真。例如，有大量作废发生的企业，可能会在某些会计期间确认大额成本费用，而将在之后会计期间内大量转回成本费用。因此，国际准则制定机构禁止采用第二种方法，要求企业必须预计所授予权益工具的数量，如果后续信息表明实际作废与先前的预计可能有出入的，应根据最新可获取的信息对之前的估计进行动态修正，不能等到作废实际发生时一次性转回之前确认的成本费用。

根据《美国财务会计准则公告第 123 号》，市场条件包括在授予日对权益工具的估值中，即在授予日估计权益工具的公允价值时，企业考虑了市场条件不能被满足的可能性。因为在权益工具的授予日估值中考虑了市场条件，也就不需要在预计可行权权益工具数量时再予以重复考虑。也就是说，如果员工提供的服务满足了全部非市场条件，企业应确认收到该服务（确认股权激励成本费用），而无论市场条件是否得到满足。因此，对市场条件的处理和非市场条件的处理形成了明显的区别。

有观点认为，将市场条件与非市场条件进行区分处理并不合适，可能给企业形成利润操纵的空间，也可能引导企业偏爱某类业绩条件，从而扭曲财务报表。对于该观点，国际准则制定机构认为，将市场条件与非市场条件进行区分处理会产生何种结果实际难以确定。一方面，有些企业可能倾向于采用“修正的授予日法”，因为该方法可以对可行权权益工具数量进行动态调整，允许在可行权条件不被满足时转回部分前期确认的成本费用。另一方面，在修正的授予日法下，如果非市场条件得到满足，但由于没有纳入授予日对权益工具的估值，则确认的股权激励成本费用会比纳入时要高。而且，有些企业可能倾向于避免成本费用金额的波动，因此不希望采用存在动态调整机制的“修正的授予日法”。所以，国际准则制定机构认为，很难确定对市场条件和非市场条件进行区分处理，是否会导致企业偏爱市场条件或非市场条件。

估值方面的实际困难也导致国际准则制定机构认为，非市场条件应按“修正的授予日法”来处理，而不应纳入授予日对权益工具的估值。但如前所述，市场条件可以被较好地纳入各类权益工具的估值模型中，估值方面的困难对于市场条件而言并不存在。

经过上述深层次的考虑，现行股份支付准则最终选择了“修正的授予日法”，对市场条件与非市场条件进行了区分处理。

最后需要说明的是，科创板与创业板界定了第一类限制性股票与第二类限制性股票，本章分析的限制性股票为科创板与创业板界定的第一类限制性股票，不适用第二类限制性股票。第二类限制性股票是公司赋予员工在满足可行权条件后以授予价格购买公司股票的权利，员工可获取行权日股票价格高于授予价格的上涨收益，但不承担股价下跌风险，本质为一项股票期权，因此不属于本章讨论的范畴。准则制定部门同时明确，公司采用期权定价模型确定授予日该类股票期权（第二类限制性股票）的公允价值的，该公允价值包括期权的内在价值和时间价值，通常高于同等条件下第一类限制性股票对应股份的公允价值。

第三章
集团股份支付疑难问题

除个别财务报表层面的股份支付问题外，集团股份支付中也存在一些特殊问题需要特别考虑，例如，在授予集团股份支付时，股权激励成本费用是否需要在大股东与少数股东之间进行分配；在集团股份支付中，如果后续发生股份支付计划作废时，如何进行会计处理等。本章以权益结算的集团股份支付为切入点，对相关疑难问题进行解读与分析。

第一节　存在少数股东权益时集团股份支付会计处理

一、具体处理规范

《企业会计准则解释第 4 号》（以下简称解释公告 4 号）对集团股份支付的会计处理进行了明确规范，但相关规定较为原则。根据其规定梳理的具体处理规范如下：

（一）在母公司个别财务报表中，按照授予日权益工具的公允价值，全额确认为母公司对子公司的长期股权投资：

借：长期股权投资

　　贷：资本公积——其他资本公积

（二）在子公司个别财务报表中，按照授予日权益工具的公允价值，确认成本费用：

借：管理费用等

贷：资本公积——其他资本公积

（三）在合并财务报表中，按以下四步进行处理（模拟权益法）：

1. 按母公司持股比例调整资本公积，并确认少数股东权益：

借：资本公积——其他资本公积

贷：少数股东权益

2. 按照子公司当期净利润调整母公司长期股权投资账面价值：

借：长期股权投资

贷：投资收益

3. 抵销母公司长期股权投资与子公司所有者权益：

借：子公司所有者权益

贷：长期股权投资

少数股东权益

4. 恢复子公司未分配利润并剥离确认少数股东损益：

借：投资收益

少数股东损益

年初未分配利润

贷：年末未分配利润

利润分配——向股东分配利润

——提取盈余公积

二、处理规范内在逻辑分析

在集团股份支付中，对于结算企业母公司为何需要确认长期股权投资与资本公积，母公司确认的长期股权投资金额是否需要按母公司持股比例进行调整，股权激励成本费用是否需要在大股东与少数股东之间进行分配等问题，实务中存在一定争议。

（一）母公司会计处理内在逻辑

如前述章节所述，股份支付的本质是员工提供服务资源获取企业的所有者权益。在集团股份支付中，接受服务的子公司不需要结算，相当于子公司取得了员工的服务资源，但付出对价的一方是母公司（结算企业）。

因此，此类交易的商业实质为母公司接受员工的服务资源，但是自身并没有消耗，而是将其投入子公司之中，实质体现为母公司对子公司的增资。这与母公司先购入固定资产，再以该固定资产投入子公司在商业实质上并无本质区别。因此，该类型股份支付的本质属于母公司对子公司的资本投入。我们可以参照母公司向子公司投入固定资产来理解该问题。假设母公司将其取得的价值1000万元的固定资产投入子公司，其会计处理流程为：

1. 母公司取得固定资产时：

借：固定资产 1000

　　贷：银行存款等 1000

2. 母公司把该固定资产投入子公司时：

借：长期股权投资 1000

　　贷：固定资产 1000

3. 子公司收到固定资产时：

借：固定资产 1000

　　贷：所有者权益 1000

4. 子公司消耗固定资产时：

借：成本费用 1000

　　贷：固定资产——累计折旧 1000

可以发现，母公司按照固定资产价值全额确认长期股权投资，并非按照持股比例确认长期股权投资。同时，根据股份支付准则的规定，结算企业是接受服务企业的投资者的，应当按照授予日权益工具的公允价值或应承担负债的公允价值确认为对接受服务企业的长期股权投资，同时确认资本公积（其他资本公积）或负债。因此，对于集团股份支付确认的长期股权投资金额，不应该按照母公司对子公司的持股比例进行调整。

（二）是否需要对少数股东分配股权激励成本费用

集团股份支付的结算属于集团母公司单方面行为，等同于集团母公司对子公司的单向增资且不改变母公司在子公司的持股比例。可以继续沿用上述固定资产投资的案例进行说明。假设子公司净资产之前为 1000 万元，少数股东持股 40%，母公司持股 60%。母公司投入价值 1000 万元固定资产后，持股比例保持不变，则为典型的母公司单向增资且保持持股比例不变的情形，其会计处理流程为：

1. 母公司在个别财务报表应确认长期股权投资：

借：长期股权投资 1000

贷：固定资产 1000

2. 对于本次投入资本 1000 万元与本次交易后在子公司净资产中所享有份额的增加额（2000 × 60% −1000 × 60%=600）之间的差额 400 万元，作为所有者权益内部结转处理：

借：资本公积 400

贷：少数股东权益 400

在母公司保持原持股比例不变而对子公司单向增资时，商业实质为母公司溢价对子公司增资。由于母公司持股比例没有增加，子公司实收资本为 0 万元，母公司投入的资产全部体现为资本溢价。母公司股东溢价增资子公司，少数股东将按持股比例分享溢价的部分权益。例如，在上述固定资产增资的案例中，母公司增资后，子公司净资产价值为 2000 万元，少数股东持股 40%，其价值应该为 800 万元，而之前少数股东权益为 400 万元。

因此，我们将固定资产更换为股份支付中即时消耗的服务资产时，处理原则完全一致。在集团股份支付中，我们也应该在所有者权益项目间进行结转，在合并财务报表层面将资本溢价调整至少数股东权益。

同时，如果母公司对子公司投入固定资产，固定资产每年均会产生折旧费用，将会减少子公司净利润，在计算少数股东损益时，子公司净利润中并不会剔除该固定资产折旧费用的影响，也即少数股东将按照持股比例正常承担固定资产的折旧费用。另外，由于母公司投入资源增强了企业的综合经营能力，子公司经营能力提升带来的业绩增长也将由母公司股东与少数股东共享，从而实现收益共享，成本费用共担。

因此，在计算少数股东损益时，我们无须剔除股权激励成本费用的影响，少数股东应该按照持股比例正常承担股权激励成本费用，相应也实现少数股东权益与少数股东损益的匹配，即少数股东权益由于分享溢价增资而增加，少数股东也应该分担该增资资产引起的成本费用增加。

第二节　集团股份支付作废时会计处理

一、具体处理规范

对于集团股份支付，如果由于可行权条件的非市场条件没有得到满足导致股份支付计划失效的，在获取失效信息的当期，应该冲回之前确认的股权激励成本费用，使各子公司对于该作废股份支付计划确认的成本费用累计为零，该处理与个别财务报表中的处理不存在实质差异。在集团股份支付中需要考虑的特殊问题为，前期承担股权激励成本费用的子公司是否仍然存续，相关少数股东的持股比例是否发生变化。

如果前期承担股权激励成本费用的子公司仍然存续，则应当在当期按照原渠道冲回对应子公司的成本费用。冲回成本费用时，应同时冲减前期确认的少数股东权益与长期股权投资。如母公司与少数股东之间持股比例发生变化的（母公司没有丧失控制权），应按最新的持股比例分别冲减少数股东权益与长期股权投资。

如果前期承担股权激励成本费用的子公司已经不再存续，则应当在当期母公司个别财务报表层面，直接冲回子公司前期确认的股权激励成本费用中归属于母公司承担的部分。

二、处理规范内在逻辑分析

现行股份支付准则并没有对股份支付计划的“作废”进行明确的定义。在实务中，通常将股份支付计划的作废理解为，由于服务期限条件或者非市场条件没有得到满足，导致员工未能获得所授予权益工具的情形。

对于股份支付计划作废的会计处理，现行股份支付准则规定，在等待期内每个资产负债表日，企业应当根据最新取得的后续信息作出最佳估计，修正预计可行权的权益工具数量。在可行权日，最终预计可行权权益工具的数量应当与实际可行权权益工具的数量一致。如果没有满足服务期限条件或者非市场条件，则实际可行权的权益工具数量为零，即接受服务累计确认的成本费用为零，也即应当在当期根据最新的后续信息，反向冲回之前确认的成本费用。

如果股份支付计划作废涉及集团股份支付，现行准则并没有给出明确的处理规定。参照国际财务报告准则的规定，对于集团股份支付，如果由于市场条件以外的可行权条件未得到满足导致股份支付计划失效的，在获取失效信息的当期，也应该冲回之前多确认的成本费用，使各个子公司对于该作废的股份支付计划确认的股权激励成本费用累计为零。

第三节　案例分析与解读

一、存在少数股东权益时集团股份支付会计处理

【案例1】

某集团对A公司的长期股权投资初始金额为6000万元，持股比例60%，投资时A公司股本为10,000 万元，无其他所有者权益项目。某集团以其股票期权对A公司的10 名员工实施股权激励，A公司没有结算义务，由某集团负责以其自身股票进行结算。该项股份支付计划已获股东大会审议通过，授予日为2019年1月1日，可行权日为2021年1月1日。可行权条件为，2019年与2020年两年销售增长率平均达20%。2019年销售增长率为23%，公司预计能够实现销售增长率目标，假设2019年确认5000万元股权激励成本费用。A公司该年度未扣除股权激励成本费用的净利润为6000 万元。不考虑其他因素。

【案例解析】

（一）接受服务企业A公司个别财务报表会计处理

在本案例中，结算企业与接受服务企业相分离。A公司为接受服务企业，且其没有结算义务，应当在资产负债表日将该项股份支付作为权益结算的股份支付进行处理。A公司在2019 年年末会计处理如下：

借：管理费用5000

　　贷：资本公积——其他资本公积5000

在A公司2019年度的个别财务报表中，由于股权激励确认了5000万元成本费用，相应减少了A公司的净利润，扣除该部分成本费用影响后的净利润为1000万元，

也即留存收益余额为1000万元。此外，A公司的资本公积相应增加5000万元，A公司的所有者权益余额为16,000万元（10,000+1000+5000）。

（二）结算企业某集团个别财务报表会计处理

结合该集团情况，某集团既是拥有A公司60%股份的投资者，又是该项股份支付计划的结算企业，且以其自身权益工具结算，应当在资产负债表日按照授予日权益工具的公允价值确认对接受服务企业A公司的长期股权投资，同时确认资本公积。某集团在2019年年末会计处理如下：

借：长期股权投资——A公司 5000

　　贷：资本公积——其他资本公积 5000

在某集团个别财务报表中，某集团对A公司的长期股权投资余额为11,000万元（6000+5000）。

（三）合并财务报表会计处理

1.编制调整分录：

借：资本公积——其他资本公积 2000

　　贷：少数股东权益 2000

2.按模拟权益法调整母公司长期股权投资：

借：长期股权投资 600（1000×60%）

　　贷：投资收益 600

在上述会计处理中，控股股东某集团与少数股东完全按持股比例承担A公司的股权激励成本费用，因此，某集团确认的投资收益为600万元[（6000−5000）×60%]。按模拟权益法调整后，某集团长期股权投资账面价值为11,600万元（6000+600+5000），少数股东权益为4400万元（4000+1000×40%）。

3.将母公司长期股权投资与子公司所有者权益抵销：

借：实收资本 10,000

　　留存收益 1000

　　资本公积 5000

　　贷：长期股权投资——A公司 11,600（6000+5000+600）

　　　　少数股东权益 4400（11,000×40%）

4.恢复被模拟权益法全额抵销的留存收益并剥离确认少数股东损益：

借：投资收益 600（1000×60%）

少数股东损益 400（1000×40%）

贷：留存收益 1000

二、集团股份支付作废时会计处理

【案例2】

相关背景续【案例1】。2020年，由于市场形势急剧逆转，公司销售增长率为5%，两年平均销售增长率达20%的目标没有实现，所授予的股票期权作废。

【案例解析】

（一）接受服务企业A公司的会计处理：

借：管理费用 -5000

贷：资本公积——其他资本公积 -5000

（二）结算企业某集团的会计处理：

借：长期股权投资——A公司 -5000

贷：资本公积——其他资本公积 -5000

（三）合并财务报表会计处理：

确认少数股东权益影响

借：资本公积 -2000

贷：少数股东权益 -2000

在合并财务报表层面，该笔股份支付在当期确认的管理费用为-5000，资本公积——其他资本公积为-3000，少数股东权益-2000。

三、冲回股权激励成本费用时"期间失真"与"主体失真"问题

如上述案例处理过程所呈现，因股份支付计划作废而冲回成本费用时，是直接在当期冲回而不是进行追溯调整。现行股份支付准则明确规定，在等待期内每个资产负债表日，企业应当根据最新取得的可行权员工人数变动等后续信息作出最佳估计，修正预计可行权的权益工具数量。在可行权日，最终预计可行权权益工具的数量应当与实际可行权权益工具的数量保持一致。根据上述权益工具的公允价值和预计可行权的权益工具数量，计算截至当期累计应确认的成本费用金额，再减去前期累计已确认的成本费用金额，作为当期应确认的成本费用金额。

由于股份支付确认计量涉及对未来状况的预期，该预期建立在预期当时所能够获取的所有可靠信息之上，即当时确认的费用是基于当时信息的合理预估。由于后续信息可能发生变动，企业根据最新的后续信息作出的最新处理是现时点最合适的处理。现时点的处理仅说明企业已经获取了更新的后续信息，相关会计处理更加符合现在的信息获取状况，并非说明前期的会计处理存在差错。企业只需在获取后续信息的当期及时修正相关会计处理，以达到在累计层面修正以前期间由于信息预期不准确而多确认或者少确认的成本费用即可。此处引入“期间失真”与“主体失真”对本问题进行进一步说明。

（一）期间失真问题

所谓“期间失真”，是指由于预期信息的变动，导致以前期间股权激励成本费用确认过多或者过少，影响了以前期间的会计信息准确性。根据前述分析，现行准则对于此种失真，在会计处理时是不进行追溯调整的，而是只需在当期进行调整即可。例如，就本章中的案例而言，通过“后见之明”可以发现，企业前期多确认了5000万元股权激励成本费用，相关信息其实存在“失真”的成分；而在当期冲减成本费用后，又减少了当期的成本费用，会使得当期的净利润增加5000万元，再次使得当期信息“失真”。但即使如此，相关会计处理仍然是符合股份支付准则规定的。

（二）主体失真问题

所谓“主体失真”，是指本来应归属于或者应冲回某公司的股权激励成本费用，却归属到或者冲回了其他公司的股权激励成本费用。此类主体失真的情况是违反准则规定的。

例如，续【案例1】的背景材料，假设2020年1月1日，A公司10名被授予股票期权的员工全部调回集团，不再在A公司任职，且2020年A公司销售增长率未达标。那么不应把股权激励成本费用在集团层面进行冲回，而应该冲回A公司2019年确认的成本费用。此时，如果我们不冲回A公司个别财务报表层面的成本费用而冲回集团个别财务报表层面的成本费用，就存在主体失真的情形。

第四章
替换与不替换被购买方股份支付计划疑难问题

如前述章节所述，规范股权激励行为的股份支付准则是一个比较特殊的准则，由于替代计量的引入、服务资产无法资本化、资产取得与消耗的即时性、对“公允价值”概念的修订性使用、取消与作废的不对称处理等一系列安排，提升了该准则的复杂性，也增大了实务中准确应用准则的难度。

随着股份支付实务的创新进展，各类更加复杂的股份支付不断出现，对其中部分情形如何进行处理，我国准则体系中可能尚没有明确规范。原则化的准则导向也意味着准则难以对每类情形给出详尽的处理指南。如何运用原则化的准则，并恰当参考国际财务报告准则的经验，对我国新出现的复杂事项作出符合准则精神的处理，成为我们需要持续面对的挑战。

本章将要探讨的问题为企业合并中替换与不替换被购买方股份支付时，如何进行会计处理。对于该问题，我国准则体系中尚没有非常明确的规定。笔者结合国际财务报告准则相关处理规范、案例背景以及我国的实务环境，对此类情形的处理进行了分析，供实务界参考。

第一节　替换或不替换被购买方股份支付的处理原则

一、问题引入

为便于分析该问题，此处先以一个“不替换”的案例引入该问题：

【案例1】

A上市公司在2019年1月1日以330万元收购了B公司。B公司在2018年1月1日推出了一项股份支付计划：B公司给其员工授予2万份股票期权，相关员工在B公司服务满两年后，可以按每股1元的价格取得B公司2万股股票。经测算，B公司所授予的股票期权在其授予日（2018年1月1日）公允价值为4万元（每股股票期权价值2元）。A公司收购B公司后，相关股份支付计划继续有效，且该股份支付计划在购买日（2019年1月1日）公允价值为6万元。但由于股份支付计划尚在等待期（2020年1月1日等待期满），A公司此时收购B公司，将实质承担B公司该项股份支付计划的义务。那么，在A公司收购B公司并继续承担B公司该项股份支付计划义务时，在A公司承担的股份支付计划义务中，有一部分其实是属于A公司收购B公司的企业合并对价，有一个部分要计入合并后的股权激励成本费用。那么，哪些金额是属于A公司本次收购B公司的合并对价，哪些金额要归属于合并后的成本费用，具体如何计算分摊，如何在个别财务报表与合并财务报表进行会计处理，就成为需要研究的问题。

下面，笔者先基于国际财务报告准则相关规范，提炼可参考的处理指南（仅适用于非同一控制下企业合并），再以案例形式详细解读如何应用该处理指南。

二、实务中可参考的处理指南

（一）购买方不替换被购买方股份支付计划时

当购买方收购被购买方时，如果被购买方仍然有等待期内的股份支付计划，购买方也不准备以新的股份支付计划去替换被购买方原来的股份支付计划时，其处理原则如下：

第一步，将购买日认定为合并财务报表层面的新授予日，重新计量被购买方相关股份支付计划在购买日（新授予日）的公允价值，并以该价值基础对该股份支付计划进行后续计量和会计处理。由此可以发现，股份支付准则是不允许在授予日之后，对所授予权益工具公允价值做重新计量的，此处的重新计量是一个例外，其与非同一控制下企业合并中，将被购买方资产、负债的账面值调整为公允价值，然后以购买日被购买方各项资产、负债的公允值为基础编制合并财务报表的逻辑是类似的。

第二步，以截至购买日已经完成的等待期作为分子，以整个等待期作为分母计算分配比例，以该比例乘以股份支付计划在购买日的重新计量值，将计算结果作为购买方个别财务报表层面的企业合并对价，在购买日调增购买方的企业合并对价。同时，合并财务报表层面将该金额列报至少数股东权益。

第三步，将该项股份支付计划在购买日的重新计量值减去第二步计算结果后的余额，作为企业合并后的股权激励成本费用，按照股份支付准则的规定分摊计入各期成本费用。

需要强调的是，在被购买方个别财务报表层面，维持被收购前的处理方式进行会计处理即可，也无须对原授予日权益工具的公允价值进行重新计量。

（二）购买方替换被购买方股份支付计划时

1. 企业合并发生时被购买方股份支付计划失效

（1）购买方自愿替换

企业合并发生时，被购买股份支付计划失效的，如果购买方没有强制替换被购买方股份支付计划的义务，但是购买方自愿以新的股份支付计划作为替换的，实质是购买方在购买日新授予相关员工股份支付计划，该新授予的股份支付计划仅是为了取得相关员工未来的服务，因为对于相关员工之前提供给被购买方的服务，购买方不存在与之相关的结算义务。因此，购买方需要按照股份支付准则的要求，将该等替换的股份支付计划的全部价值（该股份支付计划的公允价值为购买日的计量结果），分摊计入合并后各期的股权激励成本费用中，不存在应该计入企业合并对价的金额。

（2）购买方具有强制替换义务

企业合并发生时，被购买股份支付计划失效的，如果购买方有强制替换被购买方股份支付计划的义务，那么需要将该股份支付计划的部分价值分配至企业合并对价，余额部分计入企业合并后的股权激励成本费用。其分配金额的计算过程如下：

第一步，确定是否延长或缩短等待期。即购买方是否有要求将新的股份支付计划等待期延长或缩短。在计算时，以被购买方原等待期和购买方延长或缩短后的新等待期孰长，作为后续计算分配比例的基础。此处将比较后以“孰长”为标准确定的、用以后续计算的等待期称为“确定的等待期”。

第二步，将购买日认定为合并财务报表层面的新授予日，重新计量被购买方相关股份支付计划在购买日（新授予日）的公允价值。

第三步，以截至购买日已经完成的等待期作为分子，以确定的等待期作为分母计算分配比例，以该比例乘以被购买方原股份支付计划在购买日的重新计量值，将该计算结果作为购买方个别财务报表层面的企业合并对价。

第四步，计算购买方替换后的股份支付计划在购买日的公允价值，并将该公允价值减去第三步计算结果后的余额，作为企业合并后的股权激励成本费用。

需要说明的是，在计算分配至企业合并对价与计入企业合并后的股权激励成本费用的金额时，应当反映对预期可行权数量的最佳估计。购买日后，相关股份支付计划的调整（如附非市场条件的股份支付，调整了相应业绩条件）、可行权数量估计数的调整或者股份支付计划出现作废等情况的，均应计入相关情形发生当期的股权激励成本费用中，不应对原企业合并对价再进行调整。

2. 企业合并发生时被购买方股份支付计划继续有效

如果企业合并发生时，被购买方的股份支付计划继续有效的，此时如果购买方拟替换被购买方的股份支付计划的，无论该替换是自愿替换还是强制替换，均按本节二、实务中可参考的处理指南“（二）购买方替换被购买方股份支付计划时”之“1. 企业合并发生时被购买方股份支付计划失效”之“（2）购买方具有强制替换义务”的方式处理。

第二节 案例分析与解读

一、购买方不替换被购买方股份支付计划案例

案例 1 即是购买方不替换被购买方股份支付计划的情形（假设不考虑离职率）。

【案例解析】

第一步，重新计量股份支付计划并调整合并对价。

2020 年 1 月 1 日股份支付计划在购买日公允价值为 6 万元，需要在购买日重新计量股份支付计划。

根据规定，以截至购买日已经完成的等待期作为分子，以整个等待期作为分母计算分配比例，以该比例乘以该项股份支付计划在购买日的重新计量值，将该计算结果作为购买方个别财务报表层面的企业合并对价，即计入合并对价的金额 =6×（1/2）=3 万元。会计处理如下：

借：长期股权投资 333

　　贷：银行存款 330

　　　　资本公积——其他资本公积 3

第二步，按规定计算方式将剩余部分计入合并后股权激励成本费用。

B 公司个别财务报表层面维持如下处理：

借：管理费用 2

　　贷：资本公积——其他资本公积 2

在编制合并财务报表时，就股份支付计划，A 公司需要在合并财务报表层面作如下调整：

按公允价值重新计量股权激励成本费用：

借：管理费用 1

　　贷：资本公积——其他资本公积 1

按模拟权益法调整长期股权投资账面价值：

借：长期股权投资 3

　　贷：资本公积——其他资本公积 3

将计入合并对价的部分在合并财务报表中列报为少数股东权益：

借：资本公积——其他资本公积 3

　　贷：少数股东权益 3

后续，B 公司相关员工行权后，A 公司在编制合并财务报表时，按照“子公司少数股东单方面增资稀释母公司持股比例”的规则要求，以权益性交易原则进行处理。最终行权完成后，与该事项相关的资本公积——其他资本公积项目应调整为 0。

二、购买方替换被购买方股份支付计划案例

对于购买方替换被购买方股份支付计划的情形，根据国际财务报告准则中提供的案例背景材料，改编形成本章案例2、案例3、案例4与案例5，具体分析如下：

（一）等待期在合并前已经结束，购买方未要求合并后提供服务，因此未延长等待期

【案例2】

A公司在收购B公司时，向B公司员工授予价值为110万元（购买日的公允价值）的股份支付计划，用以替换被购买方价值为100万元的原股份支付计划（购买日的公允价值）。购买方不要求B公司相关员工在合并完成后提供任何额外的服务（未延长等待期）。B公司相关员工在合并日前，已提供了B公司原股份支付计划所要求的全部服务，完成了所有等待期。

【案例解析】

根据前述处理指南，以截至购买日已经完成的等待期作为分子，以确定的等待期作为分母计算分配比例，以该比例乘以被购买方原股权激励在购买日的重新计量值，将该计算结果作为购买方个别财务报表层面的企业合并对价。因此，需要将100万元作为企业合并对价，之后计算购买方替换后的股份支付计划在购买日的公允价值，并将该公允价值减去前述金额后的余额，作为企业合并后的股权激励成本费用。因此，将10万元作为企业合并后的股权激励成本费用。由于A公司没有设定合并后的服务期要求，因此A公司应该在合并后立即全额确认10万元成本费用，而不能分期确认。具体会计处理参照案例1，不再赘述，下同。

（二）等待期在合并前已经结束，购买方要求合并后提供服务，因此延长了等待期

【案例3】

A公司在收购B公司时，向B公司员工授予新的股份支付计划，以替换B公司原股份支付计划。A公司要求B公司员工在合并完成后，提供至少1年的服务才可行权。在企业合并前，B公司原股份支付计划等待期已经完成。两项股份支付计划在购买日的公允价值假设均为100万元。原股份支付计划在原授予时，规定的等待期为4年，而截至购买日，相关员工已经给B公司提供了4年的服务，完成了等待期。

【案例解析】

根据前述处理指南，由于A公司延长了等待期，要求B公司相关员工在企业合并后提供1年的服务，所以虽然B公司员工原来已经完成了等待期，A公司仍然需要将替换后的股份支付计划的部分价值计入合并后的股权激励成本费用。经过A公司的延长，确定的等待期为5年，100×（4/5）=80万元应计入企业合并对价，剩余20万元计入合并后的股权激励成本费用，按股份支付准则分期确认。

（三）等待期在合并前未结束，购买方要求合并后提供服务，但缩短了等待期

【案例4】

A公司在收购B公司时，向B公司员工授予新的股份支付计划，以替换B公司原股份支付计划。B公司原股份支付计划等待期为4年，截至购买日时，B公司相关员工已经提供了2年服务，尚未完成等待期。A公司新授予用以替换B公司原股份支付计划的股份支付计划只要求B公司相关员工在企业合并后服务1年即可。两项股份支付计划在购买日的公允价值假设均为100万元。

【案例解析】

根据前述处理指南，在计算时，以被购买方原等待期（4年）和购买方延长或缩短后的新等待期（3年）孰长，作为后续计算分配比例的基础。本案例中，等待期应该确定为4年而非3年。之后，以截至购买日已经完成的等待期2年作为分子，以4年作为分母计算分配比例，以该比例乘以被购买方原股份支付计划在购买日的重新计量值，将该计算结果作为购买方个别财务报表层面的企业合并对价。因此，应计入合并对价的金额=100×（2/4）=50万元，剩余50万元计入合并后的股权激励成本费用，按股份支付准则分期确认。

（四）等待期在合并前未结束，购买方未要求合并后提供服务，且缩短了等待期

【案例5】

A公司在收购B公司时，向B公司员工授予新的股份支付计划，以替换B公司原股份支付计划。B公司原股份支付计划等待期为4年，截至购买日时，B公司相关

员工已经服务 2 年，尚未完成等待期。A 公司新授予用以替换 B 公司原股份支付计划的股份支付计划未要求 B 公司相关员工在企业合并后提供服务。两项股份支付计划在购买日的公允价值假设均为 100 万元。

【案例解析】

根据前述处理指南，在计算时，以被购买方原等待期（4 年）和购买方延长或缩短后的新等待期（2 年）孰长，作为后续计算分配比例的基础。本案例中，等待期应该确定为 4 年而非 2 年。之后，以截至购买日已经完成的等待期 2 年作为分子，以 4 年等待期作为分母计算分配比例，以该比例乘以被购买方原股份支付计划在购买日的重新计量值，将该计算结果作为购买方个别财务报表层面的企业合并对价。因此，应计入合并对价的金额 =100×（2/4）=50 万元，剩余 50 万元计入合并后的股权激励成本费用。由于 A 公司没有设定合并后的服务期要求，因此 A 公司应该在合并后立即全额确认 50 万元成本费用，而不能分期确认。

第二编

企业合并、合并财务报表与商誉相关准则

第一章

合并财务报表编制方法比较与分析：模拟权益法与直接基于成本法

合并财务报表编制实务中一直存在两种方法：模拟权益法与直接基于成本法。两种方法编制的合并财务报表最终结果是一致的，但处理流程和方法存在一定差异。总体而言，直接基于成本法更加简洁，模拟权益法编制相对复杂。我国《企业会计准则第33号——合并财务报表》(2006年)（以下简称原合并财务报表准则）明确规定："合并财务报表应当以母公司和其子公司的财务报表为基础，根据其他有关资料，按照权益法调整对子公司的长期股权投资后，由母公司编制"，企业会计准则讲解和注册会计师考试教材等权威资料都是采用模拟权益法讲解合并财务报表的编制，由此也导致实务界部分人士并不熟悉直接基于成本法的编制方法。

《企业会计准则第33号——合并财务报表》（2014年）（以下简称合并财务报表准则）相比原合并财务报表准则发生了诸多变化，其中一个变化为取消原合并财务报表准则中要求企业必须"按照权益法调整对子公司的长期股权投资后"编制合并财务报表的规定，准则表述为"合并财务报表应当以母公司和其子公司的财务报表为基础，根据其他有关资料，编制合并财务报表"。由此可以发现，合并财务报表准则不再规定企业必须需要按照模拟权益法编制合并财务报表，也即企业既可以按模拟权益法进行编制，也可以直接基于成本法编制。

需要说明的是，在《企业会计准则讲解》中已经提及“合并财务报表准则也允许企业直接在对子公司的长期股权投资采用成本法核算的基础上编制合并财务报表，但是所生成的合并财务报表应当符合合并财务报表准则的相关规定”。不过，在《企业会计准则讲解》中突破原合并财务报表准则的限制，可能还是存在与上位法规冲突的情况，所以在合并财务报表准则中明确删除了要求按照模拟权益法编制合并财务报表的规定，有助于在实务中使用直接基于成本法编制合并财务报表。

对于直接基于成本法如何编制合并财务报表，实务界有过相关探讨，但之前的探讨普遍存在一些问题。首先，相关探讨通常仅分析了直接基于成本法如何编制合并财务报表，没有就同一案例结合模拟权益法进行对比分析，充分说明两种编制方法异同，不利于读者深入理解两种编制方法；其次，相关探讨可能存在一些术语使用上的问题，导致对某些处理产生了较多歧义和误解，引起了一些不必要的争论；最后，相关探讨通常基于读者有一定合并财务报表基础这一前提进行，对相关问题分析不是十分透彻。

鉴于以上原因，笔者基于注册会计师考试教材中的案例背景材料，首先详细解读模拟权益法合并财务报表编制原理，再用同一案例分析如何直接基于成本法编制合并财务报表。

第一节　合并日合并财务报表编制

【案例1】

甲公司2020年1月1日以28,600万元的价格取得A公司80%的股权。A公司净资产的公允价值为35,000万元。甲公司在购买A公司过程中发生审计、评估和法律服务等相关费用120万元。上述价款均以银行存款支付。甲公司与A公司均为同一控制下的企业。A公司采用的会计政策与甲公司一致。A公司2020年1月1日的资产负债表见表2-1-6中A公司的数据。

由于A公司与甲公司均为同一控制下的企业，按同一控制下企业合并的规定进行处理。根据A公司资产负债表，A公司股东权益总额为32,000万元，其中股本为

20,000万元，资本公积为8000万元，盈余公积为1200万元，未分配利润为2800万元。合并后，甲公司在A公司股东权益中所拥有的份额为25,600万元，甲公司对A公司长期股权投资的初始投资成本为25,600万元，二者差额调整资本公积与留存收益。至于购买该股权过程中发生的审计、评估等相关费用，则直接计入当期损益，即计入当期管理费用。

甲公司在对A公司投资进行账务处理后编制的资产负债表，以及A公司当日的资产负债表如表2-1-6所示。

一、模拟权益法下合并日合并财务报表编制

编制合并日合并资产负债表时，甲公司应当进行如下抵销处理：

借：股本 20,000

　　资本公积 8000

　　盈余公积 1200

　　未分配利润 2800

　　贷：长期股权投资 25,600

　　　　少数股东权益 6400

该笔抵销分录较为简单，但为便于理解，在此仍然对该笔分录的原理进行详细分析。

可以通过一个简化的合并案例来说明为何母公司长期股权投资与子公司所有者权益需要抵销。具体如下：

假设华宇公司接受股东投入银行存款100万元，无负债。2020年华宇公司出资50万元，成立全资子公司华东公司，华东公司初始资产50万元，无负债。华宇公司与华东公司资产负债情况如表2-1-1至表2-1-3所示：

表2-1-1　华宇公司初始资产负债表

项目	金额（万元）	项目	金额（万元）
货币资金	100	负债	0
		实收资本	100
合计	100	合计	100

表 2-1-2　华宇公司投资设立华东公司后资产负债表

项目	金额（万元）	项目	金额（万元）
货币资金	50	负债	0
长期股权投资	50	实收资本	100
合计	100	合计	100

表 2-1-3　华东公司初始资产负债表

项目	金额（万元）	项目	金额（万元）
货币资金	50	负债	0
		实收资本	50
合计	50	合计	50

假设 1 年后，上述两家公司没有任何经营事项，年底需要编制合并财务报表以反映整个集团的真实财务状况和经营成果，那么通过直观即可发现，由华宇公司和华东公司组成的企业集团的货币资金仍然只有 100 万元，并未因设立了华东公司而导致集团净资产增加。站在集团角度可以发现，华东公司的 50 万元其实来自华宇公司，而且在华宇公司资产负债表的所有者权益中已经列报反映，只是在华宇公司的资产负债表中，该项资产存在的形式为 50 万元长期股权投资。所以编制合并资产负债表时，集团的所有者权益仍然只有 100 万元，资产也只有 100 万元。

可以认为，母公司资产负债表中的长期股权投资只是一个法律形式，表示母公司持有子公司的股权金额，其背后的实质是母公司控制了子公司的资产。合并资产负债表时，子公司所有资产已经合并，不再需要通过长期股权投资的形式进行反映。同时，由于母公司资产负债表中存在“长期股权投资”这一资产，相应的所有者权益中肯定也有对应的支撑金额，以确保资产负债表勾稽关系平衡（资产 = 负债 + 所有者权益）。因此，子公司的资产金额在对应的母公司所有者权益中已经列报反映，无须再把子公司所有者权益金额进行合并。如果再将子公司所有者权益加入合并资产负债表，整个企业集团的所有者权益将产生重复计算问题，即企业集团的所有者权益将变成 150 万元。站在母公司股东角度，其控制的经济资源仍然只有 100 万元，合并后如变成 150 万元，明显不符合实际情况。因此，编制合并财务报表时，母公司的长期股权投资不再需要保留，而子公司的所有者权益也不再需要保留，二者抵销即可。

如果存在少数股东权益，我们在将母公司长期股权投资与子公司所有者权益抵销时会产生差额，差额部分确认为“少数股东权益”。我们继续以简化案例进行说明：

假设华东公司并非华宇公司全资子公司，而是由华宇公司出资 40 万元，东方公司出资 10 万元成立。那么华宇公司资产负债情况如表 2-1-4 所示：

表 2-1-4 华宇公司资产负债表

项目	金额（万元）	项目	金额（万元）
货币资金	60	负债	0
长期股权投资	40	实收资本	100
合计	100	合计	100

华东公司资产负债情况如表 2-1-5 所示：

表 2-1-5 华东公司资产负债表

项目	金额（万元）	项目	金额（万元）
货币资金	50	负债	0
		实收资本——大股东	40
		实收资本——少数股东	10
合计	50	合计	50

在编制抵销分录时，我们把母公司长期股权投资与子公司所有者权益抵销：

借：实收资本——大股东 40

　　贷：长期股权投资 40

由此可以发现，对于华东公司资产负债表中的50万元资产，从经济实质角度，我们不能全额合并进企业集团合并资产负债表，因为母公司只享有其中80%股份，也即只能合并 40 万元资产。由此，站在母公司角度，其控制的经济资源仍然是 100 万元。那站在母公司的角度，我们选择部分合并即可，为何会出现少数股东权益呢？这主要是由于现行合并财务报表编制的理论基础是实体理论，该理论要求合并财务报表反映整个企业集团的财务状况，不能仅反映归属于母公司的经济资源。如果我们选择仅合并 40 万元资产进入合并财务报表，就仅反映了母公司在企业集团的份额，不符合实体理论的要求。

因此，按照实体理论的要求，我们需要把 50 万元货币资金均纳入企业集团合并资产负债表，而由于其中 10 万元资产并非华宇公司投入，在华宇公司资产负债表中有 10 万元资产是没有所有者权益对应的，无法实现资产负债表勾稽关系平衡。因此，为了实现资产负债表勾稽关系的再平衡，现行准则要求将差额部分剥离确认为少数股东权益（即实收资本——少数股东部分），通过在合并资产负债表中新增少数股东权益项目，将母公司资产负债报表所有者权益无法体现的 10 万元反映出来。具体会计处理如下：

借：实收资本——大股东 40

实收资本——少数股东 10

贷：长期股权投资 40

少数股东权益 10

理解了上述简化案例的原理，应该就能明白合并财务报表时，将母公司长期股权投资与子公司所有者权益抵销的原因，也能明白对于非全资子公司，剥离确认少数股东权益的原因。

当然，现行准则对于少数股东权益的剥离确认是“合并列示法”，即未再区分少数股东权益中的明细项目（如实收资本、资本公积、未分配利润、盈余公积等），这应该是基于重要性与成本效益原则的考虑。

同时，同一控制下企业合并的基本处理原则是视同合并后形成的报告主体在合并日及以前期间一直存在，在编制合并日合并财务报表时，对于被合并方在企业合并前实现的留存收益、其他综合收益和其他资本公积中归属于合并方的部分，应予以恢复，自合并方的资本公积转入留存收益、其他综合收益和其他资本公积：

借：资本公积 3200

贷：盈余公积 960（1200 × 80%）

未分配利润 2240（2800 × 80%）

对该处理的详细分析可参见本编第二章，为聚焦本章关注的重点问题，本章后续分析不再考虑被合并方盈余公积与未分配利润恢复问题。

二、直接基于成本法下合并日合并财务报表编制

对于合并日合并财务报表编制，直接基于成本法与模拟权益法不存在差异，不再赘述。

根据抵销分录，编制合并日合并工作底稿如表 2-1-6 所示：

表 2-1-6　合并工作底稿

单位：万元

项目	甲公司	A 公司	合计数	抵销分录		少数股东权益	合并数
				借方	贷方		
流动资产：							
货币资金	9000	4200	13,200				13,200
交易性金融资产	4000	1800	5800				5800
应收票据	4700	3000	7700				7700
应收账款	5800	3920	9720				9720
预付款项	2000	880	2880				2880
其他应收款	4200	0	4200				4200
存货	3100	20,000	51,000				51,000
其他流动资产	1300	1200	2500				2500
流动资产合计	62,000	35,000	97,000				97,000
非流动资产：							
债权投资	11,400	0	11,400				11,400
其他债权投资	10,000	0	10,000				10,000
长期股权投资	25,600	0	25,600		25,600		0
固定资产	21,000	18,000	39,000				39,000
在建工程	20,000	3400	23,400				23,400
无形资产	4000	1600	5600				5600
商誉	2000	0	2000				2000
其他非流动资产	0	0	0				0
非流动资产合计	94,000	23,000	117,000		25,600		91,400
资产总计	156,000	58,000	214,000		25,600		188,400

续表

项目	甲公司	A 公司	合计数	抵销分录		少数股东权益	合并数
				借方	贷方		
流动负债：							
短期借款	12,000	5000	17,000				17,000
交易性金融负债	3800	0	3800				3800
应付票据	10,000	3000	13,000				13,000
应付账款	18,000	4200	22,200				22,200
预收款项	3000	1300	4300				4300
应付员工薪酬	6000	1600	7600				7600
应交税费	2000	1200	3200				3200
其他应付款	4000	4000	8000				8000
其他流动负债	1200	700	1900				1900
流动负债合计	60,000	21,000	81,000				81,000
非流动负债：							
长期借款	4000	3000	7000				7000
应付债券	20,000	2000	22,000				22,000
长期应付款	2000	0	2000				2000
其他非流动负债	0	0	0				0
非流动负债合计	26,000	5000	31,000				31,000
负债合计	86,000	26,000	112,000				112,000
股东权益：							
股本	40,000	20,000	60,000	20,000			40,000
资本公积	10,000	8000	18,000	8000			10,000
盈余公积	11,000	1200	12,200	1200			11,000
未分配利润	9000	2800	11,800	2800			9000
归属于母公司股东权益合计	70,000	32,000	102,000	32,000			70,000
少数股东权益						6400	6400
负债和股东权益总计	156,000	58,000	214,000	32,000		6400	188,400

第二节　合并日后合并财务报表编制

在取得子公司后，子公司在母公司的控制下从事经营活动，并按照母公司统一的会计政策进行日常核算，编制个别财务报表。根据准则规定，母公司在取得子公司后，应当按照相关法规的要求，将所有子公司的财务报表予以合并，编制和对外报送合并财务报表。

在合并日后编制合并财务报表时，模拟权益法与直接基于成本法开始出现差别。下面详细分析两种方法的编制过程和内在逻辑。

一、模拟权益法下合并日后合并财务报表编制

编制合并日后合并财务报表时，首先，将母公司对子公司长期股权投资由成本法核算结果调整为权益法核算结果，使母公司对子公司长期股权投资项目反映其在子公司所有者权益中所拥有权益的变动情况；其次，将母公司对子公司长期股权投资项目与子公司所有者权益项目进行抵销，将内部交易对个别财务报表的影响予以抵销；最后，在编制合并日合并工作底稿的基础上，编制合并财务报表。

（一）长期股权投资成本法核算结果调整为权益法核算结果

由于甲公司对 A 公司的长期股权投资采用成本法核算，在其个别财务报表中长期股权投资是以成本法核算的结果反映的。甲公司在编制合并财务报表时，首先必须编制调整分录，将母公司对子公司长期股权投资由成本法核算结果调整为权益法核算结果，使母公司对子公司长期股权投资项目反映其在子公司所有者权益中所拥有的份额。从理论上说，母公司可以按照权益法核算的要求，按照对子公司长期股权投资调整为权益法核算的结果，重新编制一份当期母公司的财务报表，用于编制合并财务报表。但目前一般的做法是在合并工作底稿中，按照权益法核算的要求，通过编制调整分录将长期股权投资成本法核算结果调整为权益法核算结果，然后在此基础上再编制内部交易抵销分录，将母公司与子公司、子公司相互之间的内部交易对个别财务报表的影响抵销后编制合并财务报表。

将成本法核算调整为权益法核算时，应当自取得对子公司长期股权投资的年度起，逐年按照子公司当年实现的净利润中属于母公司享有的份额，调整增加对

子公司长期股权投资的金额，并调整增加当年投资收益；对于子公司当期分派的现金股利或宣告分派的股利中母公司享有的份额，则调整冲减长期股权投资的账面价值，同时调整减少原投资收益。之所以要按子公司分派或宣告分派的现金股利调整减少投资收益，是因为在成本法核算的情况下，母公司在当期财务报表中已按子公司分派或宣告分派的现金股利确认投资收益。

在取得子公司长期股权投资的第二年，将成本法核算结果调整为权益法核算结果时，在调整计算第一年年末权益法核算的对子公司长期股权投资金额的基础上，按第二年子公司实现的净利润中母公司所拥有的份额，调增长期股权投资的金额；按子公司分派或宣告分派的现金股利中母公司所拥有的份额，调减长期股权投资的金额。以后年度的调整，则比照上述做法进行调整处理。

至于子公司除净损益以外所有者权益的其他变动，在按照权益法对成本法核算结果进行调整时，应当根据子公司本期除损益以外的所有者权益的其他变动而计入资本公积的金额中所享有的金额，对长期股权投资的金额进行调整，即按照子公司当期计入资本公积的金额中母公司所拥有的份额，在增加长期股权投资金额的同时，增加自身资本公积。在以后年度将成本法核算结果调整为权益法核算结果时，也必须考虑这一因素对长期股权投资金额进行调整。

如案例 1 所示，甲公司于 2020 年 1 月 1 日，以 28,600 万元的价格取得 A 公司 80% 的股权，使其成为子公司。甲公司和 A 公司 2020 年度个别财务报表如表 2–1–7、表 2–1–8 和表 2–1–9 所示。

表 2–1–7　资产负债表

单位：万元

资产	甲公司	A 公司	负债和所有者权益	甲公司	A 公司
流动资产：			**流动负债：**		
货币资金	5700	6500	短期借款	10,000	4800
交易性金融资产	3000	5000	交易性金融负债	4000	2400
应收票据	7200	3600	应付票据	13,000	3600
应收账款	8500	5100	应付账款	18,000	5200
预付款项	1500	2500	预收款项	4000	3900
其他应收款	5300	1300	应付员工薪酬	5000	1600

续表

资产	甲公司	A 公司	负债和所有者权益	甲公司	A 公司
合同资产	0	0	应交税费	2700	1400
存货	37,000	18,000	其他应付款	5300	5200
其他流动资产	1800	1000	合同负债	0	0
			其他流动负债	2000	900
流动资产合计	70,000	43,000	流动负债合计	64,000	29,000
非流动资产：			**非流动负债：**		
债权投资	8000	0	长期借款	4000	5000
其他债权投资	13,000	4000	应付债券	20,000	7,000
长期股权投资	40,000	0	长期应付款	6000	0
固定资产	28,000	26,000	其他非流动负债	0	0
在建工程	13,000	4200	非流动负债合计	30,000	12,000
无形资产	6000	1800	负债合计	94,000	41,000
商誉	2000	0			
其他非流动资产	0	0	**股东权益：**		
非流动资产合计	110,000	36,000	股本	40,000	20,000
			资本公积	10,000	8000
			盈余公积	18,000	3200
			未分配利润	18,000	6800
			股东权益合计	86,000	38,000
资产总计	180,000	79,000	负债和股东权益总计	180,000	79,000

表 2-1-8　利润表

单位：万元

项　目	甲公司	A 公司
一、营业收入	150,000	94,800
减：营业成本	96,000	73,000
税金及附加	1800	1000
销售费用	5200	3400

续表

项　目	甲公司	A 公司
管理费用	6000	3900
财务费用	1200	800
资产减值损失	600	300
加：公允价值变动损益（损失以“–”号填列）	0	0
投资收益（损失以“–”号填列）	9800	200
二、营业利润（亏损以“–”号填列）	49,000	12,600
加：营业外收入	1600	2400
减：营业外支出	2600	1000
其中：非流动资产处置损失		
三、利润总额（亏损总额以“–”号填列）	48,000	14,000
减：所得税费用	12,000	3500
四、净利润（净亏损以“–”号填列）	36,000	10,500

表 2-1-9　股东权益变动表

单位：万元

项　目	甲公司					A 公司				
	股本	资本公积	盈余公积	未分配利润	股东权益合计	股本	资本公积	盈余公积	未分配利润	股东权益合计
一、上年年末余额	40,000	10,000	11,000	9000	70,000	20,000	8000	1200	2800	32,000
加：会计政策变更										
前期差错更正										
二、本年年初余额	40,000	10,000	11,000	9000	70,000	20,000	8000	1200	2800	32,000
三、本年增减变动金额（减少以“–”号填列）										

续表

项 目	甲公司					A 公司				
	股本	资本公积	盈余公积	未分配利润	股东权益合计	股本	资本公积	盈余公积	未分配利润	股东权益合计
（一）净利润				36,000	36,000				10,500	10,500
（二）所有者投入和减少资本										
1. 所有者投入资本										
2. 股份支付计入股东权益的金额										
3. 其他										
（三）利润分配										
1. 提取盈余公积			7000	7000				2000	2000	
2. 对股东的分配				20,000	20,000				4500	4500
3. 其他										
（四）股东权益内部结转										
1. 资本公积转增股本										
2. 盈余公积转增股本										
3. 盈余公积弥补亏损										
4. 其他										
四、本年年末余额	40,000	10,000	18,000	18,000	86,000	20,000	8000	3200	6800	38,000

A公司2020年1月1日股东权益总额为32,000万元，其中股本为20,000万元，资本公积为8000万元，盈余公积为1200万元，未分配利润为2800万元；2020年12月31日，股东权益总额为38,000万元，其中股本为20,000万元，资本公积为8000万元，盈余公积为3200万元，未分配利润为6800万元。

本例中，A公司当年实现净利润10,500万元，经公司董事会提议并经股东会批准，2020年提取盈余公积2000万元，向股东宣告分派现金股利4500万元。甲公司对A公司长期股权投资取得时的账面价值为25,600万元，2020年12月31日仍为25,600万元，甲公司当年确认投资收益3600万元。

将成本法核算结果调整为权益法核算结果相关的调整分录如下：

借：长期股权投资——A公司 8400 ①

　　贷：投资收益 8400

借：投资收益 3600 ②

　　贷：长期股权投资——A公司 3600

经过上述调整分录后，甲公司对A公司长期股权投资的账面价值为30,400万元（25,600+8400−3600）。甲公司对A公司长期股权投资账面价值30,400万元正好与母公司在A公司股东权益所拥有的份额相等。

（二）合并抵销处理

在合并工作底稿中，按照上述权益法核算的要求，对长期股权投资的金额进行调整后，长期股权投资的金额正好反映母公司在子公司所有者权益中所拥有的份额。在此基础上还必须按编制合并财务报表的要求进行合并抵销处理，将母公司与子公司之间的内部交易对其个别财务报表的影响予以抵销。

编制合并财务报表时，首先，必须将母公司对子公司长期股权投资与子公司所有者权益中所拥有的份额予以抵销。根据母公司在子公司所有者权益中拥有份额的多少不同，可以将子公司分为全资子公司和非全资子公司。对于全资子公司，进行抵销处理时将对子公司长期股权投资的金额与子公司所有者权益全额抵销；而对于非全资子公司，则将长期股权投资与子公司所有者权益中母公司所拥有的金额进行抵销，不属于母公司的份额，即属于少数股东权益。

综上分析，本案例经过调整后甲公司对A公司长期股权投资的金额为30,400万元；A公司股东权益总额为38,000万元，甲公司拥有80%的股权，即在子公司股东权益中拥有 30,400 万元；其余 20% 则属于少数股东权益。长期股权投资与子公司所有者权益抵销时，其抵销分录如下：

借：股本 20,000 ③

　　资本公积 8000

　　盈余公积 3200

　　未分配利润 6800

　　贷：长期股权投资 30,400

　　　　少数股东权益 7600

其次，编制抵销分录的第二步。将对子公司的投资收益与子公司当年利润分配相抵销，使合并财务报表反映母公司股东权益的变动情况。从利润分配的来源与去向分析，当年实现的净利润加上年初未分配利润是企业利润分配的来源，企业对其进行分配，包括提取盈余公积、向股东分配股利以及留待以后年度的未分配利润（未分配利润可以理解为将利润分配至下一会计年度）等，则是利润分配的去向。子公司当年实现的净利润，可以分为两部分：一部分属于母公司所有，即母公司的投资收益；另一部分则属于少数股东所有，即少数股东本期收益。为了使合并财务报表反映母公司股东权益的变动情况及财务状况，则必须将母公司投资收益、少数股东损益和期初未分配利润与子公司当年利润分配以及未分配利润金额相抵销。

甲公司进行上述抵销处理时，其抵销分录如下：

借：投资收益 8400 ④

　　少数股东损益 2100

　　未分配利润——年初 2800

　　贷：提取盈余公积 2000

　　　　向股东分配利润 4500

　　　　未分配利润 6800

该笔抵销分录理解起来存在一定难度。上述分析来自《企业会计准则讲解》，其核心要点是"为了使合并财务报表反映母公司股东权益的变动情况及财务状况，则必须将母公司投资收益、少数股东损益和期初未分配利润与子公司当年利润分配以及未分配利润的金额相抵销"。那么如何理解该要点呢？一方面，该笔抵销分录确实是为了使合并财务报表能够合理反映母公司的股东权益变动情况以及财务状况（在扣除少数股东权益之后），但是同时，该笔抵销分录还为了能够在合并利润表中反映出归属于母公司的完整净利润情况（在扣除少数股东损益之后）。另一方面，笔者认为，该笔分录的作用并非全部是“抵销”，而是内含“抵销+恢复+剥离确认”的过程。下面，针对该分录进行逐项分拆分析。

笔者将该笔分录拆分成以下两个分录，“抵销+恢复”与“剥离确认+恢复”：

1.“抵销+恢复”分录内在逻辑分析

“抵销+恢复”分录如下（记为A分录）：

借：投资收益 8400

　　未分配利润——年初 2240（2800×80%）

　　贷：利润分配——提取盈余公积 1600（2000×80%）

　　　　利润分配——向股东分配利润 3600（4500×80%）

　　　　利润分配——未分配利润 5440（6800×80%）

由于“未分配利润年初+本年利润=提取盈余公积+分配股利+未分配利润年末”，且由于子公司需要把其利润表跟母公司利润表合并，所以子公司的收入成本以及最后的净利润都会体现在合并利润表上，如果母公司再通过投资收益科目反映子公司的净利润，那相当于最后的合并利润表多计 8400 万元净利润，因此需要抵销投资收益项目以避免合并利润表净利润多计。

对于子公司的利润分配项目，扣除期初的未分配利润就是子公司当年实现的净利润结转进入子公司留存收益的金额（其中部分分配给了股东）。站在母子公司整体的角度，子公司给母公司分配股利并未导致经济资源实质流出企业集团，子公司无论是提取盈余公积还是对母公司分配利润，站在集团角度都是集团的“未分配利润”；盈余公积是子公司作为法律主体，按照公司法要求计提的一个法律项目，并非作为一个会计主体实质发生的业务；由于母公司可以随时清算子公司，相关留存收益不论是未分配利润还是盈余公积都是归属于集团的收益。因此，将子公司提取的盈余公积和对股东的利润分配全部恢复到子公司的“利润分配”项目，进而可以体现整个集团的真实财务状况（整个企业集团真实的留存收益金额）。所以通过“借：未分配利润——年初，贷：利润分配（提取盈余公积、向所有者分配、未分配利润）”来恢复子公司当年实现的收益（贷记利润分配表示增加利润分配），进而通过跟母公司合并资产负债表后，来体现整个企业集团完整的未分配利润。

利润分配金额正常应该就体现在子公司资产负债表中，为何需要恢复呢？一方面，由于按照模拟权益法编制方法的要求，子公司年末未分配利润 6800 万元被全额抵销（其中子公司年末未分配利润中有部分是其当年实现的净利润。具体而言，子公司期初未分配利润 2800 万元，当年实现净利润 10,500 万元，提取盈余公积和向所有者分配 6500 万元，剩余 4000 万元在期末即为未分配利润净增加额，其中 80% 归属母公司股东，需要合并进入合并财务报表，实质无须抵销），所以需要重新恢复被多抵销的 3200 万元（4000 × 80%），通过“借：未分配利润——年初 2240（2800 × 80%），贷：利润分配——未分配利润 5440（6800 × 80%）”来实现恢复。另一方面，子公司当年实现的净利润结转进入“利润分配——未分配利润”后，提取盈余公积并向股东进行了分配，而站在集团整体角度，前述行为并没有导致集团整体的“未分配利润”减少，因此在视角转换后需要将该部分金额进行恢复，以反映集团整体的未分配利润情况，即通过“贷：利润分配——提取盈余公积 1600（2000 × 80%）；贷：利润分配——向股东分配利润 3600（4500 × 80%）”来恢复。

有观点认为，可以把该笔分录中的“借：未分配利润——年初 2240（2800 × 80%），贷：利润分配——未分配利润 5440（6800 × 80%）”看作恢复，而其他的分录是把母公司的投资收益与子公司的利润分配抵销。但是，笔者认为，在模拟权益法下该解释并不合适。因为模拟权益法确认的投资收益，对应子公司并非利润分配。在直接基于成本法编制下，抵销母公司投资收益与子公司利润分配就比较好理解。在直接基于成本法下，母公司在子公司分配利润时“借：应收股利，贷：投资收益”，子公司“借：利润分配——应付现金股利，贷：应付股利”，站在企业集团整体角度，应收应付股利不存在，减少利润分配与增加投资收益也不存在，应该相互抵销。

在模拟权益法中，母公司模拟调整的投资收益与子公司的利润分配并不存在对应关系，那么为何恢复子公司利润分配和抵销母公司投资收益会出现在同一个会计分录中呢？其原因并非二者金额刚好一致，所以正好抵销。二者金额相等是外在的表现形式，正是由于其背后存在一定的逻辑基础和经济实质，才导致了二者金额必然相等，需要相互抵销。笔者在此对该问题的内在逻辑进行一个深入分析（暂不考虑少数股东权益与少数股东损益）。

如前分析，该处投资收益是按照长期股权投资模拟权益法调整后反映的，母公司个别财务报表其实并不存在该项投资收益金额，模拟权益法调整的投资收益金额反映的即是子公司净利润中归属于母公司的份额，该投资收益将计入调整后合并利润表，最后会增加合并利润表的净利润，而该部分净利润又会增加合并资产负债表的未分配利润。由于合并财务报表时，子公司收入、成本、费用全部合并入合并利润表，合并利润表已包含子公司全部净利润，不需要再通过投资收益进行反映。为了避免重复计算子公司净利润，我们抵销了按模拟权益法调整时确认的投资收益，而在合并利润表抵销投资收益后，集团的合并净利润虽然并没有减少（因为子公司收入、成本、费用均已经纳入合并利润表），但资产负债表的未分配利润金额却减少了，未能完整反映整个企业集团的未分配利润。实质上，把按模拟权益法调整的投资收益置换成子公司利润表的收入、成本、费用项目，只是改变合并利润表的报表项目，不应该影响企业集团整体的未分配利润金额，所以我们需要通过恢复未分配利润的方式，把集团整体未分配利润进行恢复。

为什么置换后集团的未分配利润会减少呢？置换前，通过确认"投资收益"的方式，最后计算的未分配利润包含子公司当年净利润（母公司投资收益即反映了子公司的净利润），该未分配利润是完整的。置换后，由于通过子公司个别财务报表计算的未分配利润做了内部调整与利润分配（扣除了提取盈余公积和对所有者分配股利），再加上受到模拟权益法在分录③把子公司期末未分配利润全额抵销的影响，置换后计算的未分配利润会少于其应有金额（如前文分析，归属于母公司的未分配利润净增加额 3200 万元，属于实质不该抵销而被抵销的部分）。"提取的盈余公积 + 对所有者分配 + 未分配利润净增加额 = 当年净利润"，恢复未分配利润其本质就是恢复子公司当年实现的净利润（净利润结转进入未分配利润），而按模拟权益法调整的投资收益也是按照子公司当年净利润进行计量的，所以恢复的未分配利润金额与抵销的投资收益之间必然相等。我们通过图示可以更加直观清晰地体现上述原理：

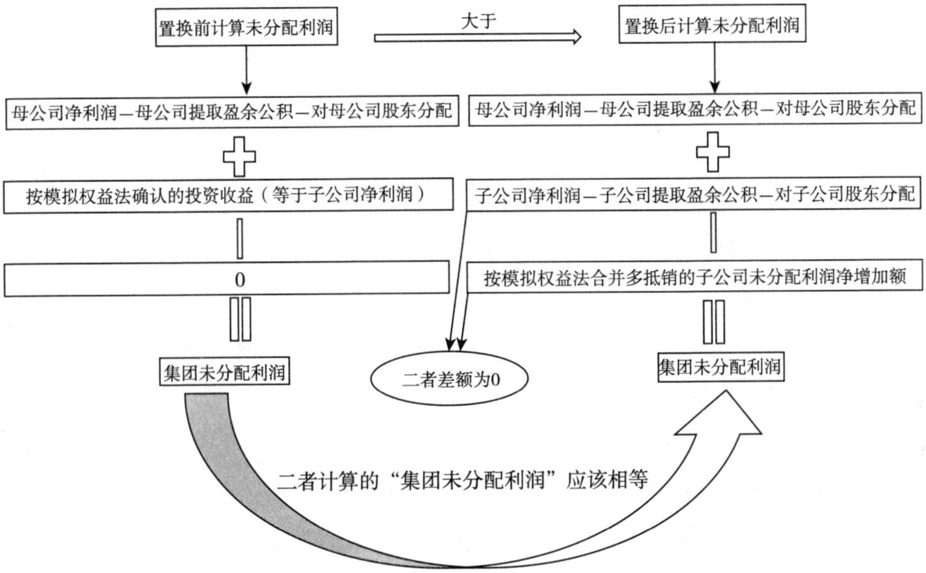

图 2-1-1 两种方式计算集团未分配利润对比图

通过图示可以更加清晰发现，置换前计算未分配利润考虑了子公司当年实现的净利润（通过投资收益），而置换后由于抵销了重复确认的投资收益，通过把子公司个别利润表合并来计算合并净利润与合并未分配利润。但是，置换后，子公司当年实现的净利润虽然在合并利润表上被恢复，由于受到模拟权益法全额抵销期末未分配利润的影响，加之子公司对其净利润的内部调整和分配（提取盈余公积和对所有者分配）对未分配利润的抵减，使置换后计算的集团未分配利润金额小于置换前，但置换前与置换后计算的集团未分配利润金额本应该相等。由此可以发现，置换前与置换后集团未分配利润的差额即是“子公司提取的盈余公积＋对子公司股东的分配＋按模拟权益法合并多抵销的子公司未分配利润净增加额”，而该差额其实就是子公司当年实现的净利润，也即按模拟权益法确认的投资收益，二者必然相等，所以需要把母公司按模拟权益法确认的投资收益抵销，并恢复子公司相关的利润分配项目，才能既保证合并利润表净利润不多计，又保证合并资产负债未分配利润不少计。

2.“剥离确认＋恢复”分录内在逻辑分析

前面系统分析了为何要抵销投资收益并恢复利润分配，在分析时为了便于理解，没有考虑少数股东权益的影响。在本案例中是存在少数股东权益的，因此子公司当年的净利润中有部分属于少数股东损益。下面系统分析剥离确认少数股东损益会计处理的逻辑：

“剥离确认＋恢复”分录如下（记为B分录）：

借：少数股东损益 2100

　　未分配利润——年初 560（2800×20%）

　　贷：利润分配——提取盈余公积 400（2000×20%）

　　　　利润分配——向股东分配利润 900（4500×20%）

　　　　利润分配——未分配利润 1360（6800×20%）

对该笔B分录，其实不应理解为抵销分录。“借：少数股东损益”表示的并非抵销少数股东损益的含义，而是剥离确认子公司当年实现的净利润中归属于少数股东的部分，该项目会在合并利润表中体现为少数股东损益的增加，即在合并利润表中剥离归属于少数股东的利润单独列示。同时，如前文所述，贷方恢复的利润分配和借方的未分配利润综合起来即是子公司本年的净利润，乘以20%部分为少数股东享有的份额。

此处的贷方全额恢复未分配利润中归属于少数股东的部分，而未考虑利润分配的影响，也是基于模拟权益法处理思路的要求。按照其处理思路，将子公司实现的净利润全额恢复计入未分配利润，然后扣除归属于少数股东的部分，剩余部分即是归属于母公司的未分配利润（可以见表2-1-10计算未分配利润的过程）。但事实上，归属于少数股东的并非2100万元的未分配利润，其中有900万元已经分配给少数股东，流出了企业集团。此思路的目的是计算归属于母公司的未分配利润，先假设归属于少数股东的利润都仍然在企业集团内部，计算出子公司整体的未分配利润，扣除归属于少数股东的部分，剩余部分即是归属于母公司部分。至于归属于少数股东的2100万元未分配利润中，有多少已经流出企业集团此时无须考虑，因为并不影响计算归属于母公司未分配利润的准确性。但需要说明的是，在计算少数股东权益时，确实需要考虑对少数股东利润分配的影响。在模拟权益法下，计算少数股东权益是在分录③按照年末时点数直接计算的，子公司所有者权益数已经是考虑利润分配影响之后的时点数值，所以计算的少数股东权益仍然是准确的。可以验证：少数股东权益初始为6400万元，当年归属于少数股东损益 2100 万元，假设不存在利润分配，则少数股东权益应该为 8500 万元，但是由于对外分配 900 万元，所以年末少数股东权益应为 7600 万元。与分录③利用时点数据确认的少数股东权益一致。

需要额外解释的是，有观点认为，剥离确认少数股东损益是少数股东损益增加，应该在贷方，但是此处的处理为何体现在借方呢？其实，此处不能用“损益类”科目贷方表示增加，借方表示减少来理解，如果一定要用此规则，那分录形式就需要变更为“借：子公司净利润，贷：少数股东损益”（也是剥离确认的意思），此时是符合借贷记账法原理的。但是，这样处理的思路并没有全额恢复子公司利润分配项目，只恢复了归属于母公司的部分（通过前面 A 分录恢复），那么在合并工作底稿中计算未分配利润时，就不能扣除由于存在少数股东损益而增加的未分配利润（因为计算的未分配利润中一开始就没有包含少数股东享有的份额），那么最后未分配利润的计算过程为：

18,000+6800−3600+8400−8400−2240−6800+1600+3600+5440=22,800 万元

此时无须再扣除由于全额恢复未分配利润而增加的未分配利润中归属于少数股东的部分，最终计算结果一致。此种计算方法无须先假定子公司当年净利润还在企业集团内部，也保持了借贷记账法基本原理得到一致的运用。

3. 抵销应收与应付股利

当然，由于股利款项尚未支付，A 公司已将其计列应付股利 4500 万元。甲公司根据 A 公司宣告分派现金股利的公告，按照其所享有的金额，已确认应收股利 3600 万元。这属于母公司与子公司之间的债权债务，在编制合并财务报表时予以抵销：

借：其他应付款——应付股利 3600 ⑤

　　贷：其他应收款——应收股利 3600

根据上述调整分录①和②和抵销分录③至⑤，编制合并工作底稿如表 2-1-10 所示。

表 2–1–10　模拟权益法下合并工作底稿

单位：万元

项　目	母公司	子公司	合计数	调整分录		抵销分录		少数股东权益	合并数
				借方	贷方	借方	贷方		
流动资产：									
货币资金	5700	6500	12,200						12,200
交易性金融资产	3000	5000	8000						8000
应收票据	7200	3600	10,800						10,800
应收账款	8500	5100	13,600						13,600
预付款项	1500	2500	4000						4000
其他应收款	5300	1300	6600				3600 ⑤		3000
存货	37,000	18,000	55,000						55,000
其他流动资产	1800	1000	2800						2800
流动资产合计	70,000	43,000	113,000				3600		109,400
非流动资产：									
债权投资	8000	0	8000						8000
其他债权投资	13,000	4000	17,000						17,000
长期股权投资	40,000	0	40,000	8400 ①	3600 ②		30,400 ③		14,400
固定资产	28,000	26,000	54,000						54,000

续表

项　目	母公司	子公司	合计数	调整分录		抵销分录		少数股东权益	合并数
				借方	贷方	借方	贷方		
在建工程	13,000	4200	17,200						17,200
无形资产	6000	1800	7800						7800
商誉	2000	0	2000						2000
其他非流动资产	0	0	0						0
非流动资产合计	110,000	36,000	146,000	8400	3600		30,400		120,400
资产总计	180,000	79,000	259,000	8400	3600		34,000		229,800
流动负债：									
短期借款	10,000	4800	14,800						14,800
交易性金融负债	4000	2400	6400						6400
应付票据	13,000	3600	16,600						16,600
应付账款	18,000	5200	23,200						23,200
预收款项	4000	3900	7900						7900
应付员工薪酬	5000	1600	6600						6600
应交税费	2700	1400	4100						4100

续表

项　目	母公司	子公司	合计数	调整分录		抵销分录		少数股东权益	合并数
				借方	贷方	借方	贷方		
其他应付款	5300	5200	10,500			3600 ⑤			6900
其他流动负债	2000	900	2900						2900
流动负债合计	64,000	29,000	93,000			3600			89,400
非流动负债：									
长期借款	4000	5000	9000						9000
应付债券	20,000	7000	27,000						27,000
长期应付款	6000	0	6000						6000
其他非流动负债	0	0	0						0
非流动负债合计	30,000	12,000	42,000						42,000
负债合计	94,000	41,000	135,000			3600			131,400
股东权益：									
股本	40,000	20,000	60,000			20,000 ③			40,000
资本公积	10,000	8000	18,000			8000 ③			10,000
盈余公积	18,000	3200	21,200			3200 ③			18,000

续表

项　目	母公司	子公司	合计数	调整分录		抵销分录		少数股东权益	合并数
				借方	贷方	借方	贷方		
未分配利润（见本表最后）	18,000	6800	24,800	3600	8400	18,000	13,300	2100 ④	22,800
归属于母公司股东权益合计	86,000	38,000	124,000	3600	8400	49,200	13,300	2100 ④	90,800
少数股东权益								7600 ③	7600
负债和股东权益总计	180,000	79,000	259,000	3600	8400	52,800	13,300	5500	229,800
利润表									
一、营业收入	150,000	94,800	244,800						244,800
减：营业成本	96,000	73,000	169,000						169,000
税金及附加	1800	1000	2800						2800
销售费用	5200	3400	8600						8600
管理费用	6000	3900	9900						9900
财务费用	1200	800	2000						2000
资产减值损失	600	300	900						900

续表

项 目	母公司	子公司	合计数	调整分录		抵销分录		少数股东权益	合并数
				借方	贷方	借方	贷方		
加：公允价值变动收益	0	0	0						0
投资收益	9800	200	10,000	3600 ②	8400 ①	8400 ④			6400
二、营业利润	49,000	12,600	61,600	3600	8400	8400			58,000
加：营业外收入	1600	2400	4000						4000
减：营业外支出	2600	1000	3600						3600
三、利润总额	48,000	14,000	62,000	3600	8400	8400			58,400
减：所得税费用	12,000	3,500	15,500						15,500
四、净利润	36,000	10,500	46,500	3600	8400	8400			42,900
少数股东损益								2100 ④	2100
归属于母公司股东损益									40,800
一、年初未分配利润	9000	2800	11,800			2800 ④			9000

续表

项　目	母公司	子公司	合计数	调整分录		抵销分录		少数股东权益	合并数
				借方	贷方	借方	贷方		
二、本年增减变动金额									
三、利润分配									
1. 提取盈余公积	7000	2000	9000				2000 ④		7000
2. 对股东的分配	20,000	4500	24,500				4500 ④		20,000
四、年末未分配利润	18,000	6800	24,800	3600	8400	6800 ③ 18,000	6800 ④ 13,300	2100	22,800*

*22,800=24,800+（8400−3600）+（13,300−18,000）−2100

二、直接基于成本法下合并日后合并财务报表编制

（一）直接基于成本法抵销母公司长期股权投资与子公司所有者权益的方式

直接基于成本法编制合并日后相关分录时，首先无须先按照模拟权益法对母公司的长期股权投资进行任何调整，母公司按照成本法在其个别财务报表上是如何处理就保留该处理。由于直接基于成本法下，母公司的长期股权投资并没有根据子公司实现的净利润调整账面价值，子公司分配利润时，母公司的处理为“借：应收股利，贷：投资收益”，所以抵销母公司长期股权投资与子公司所有者权益时，不能按照模拟权益法的逻辑，去抵销年末的数值，因为母公司长期股权投资账面价值还是期初数值，借贷方数据不一致。因此，直接基于成本法下的抵销分录是抵销长期股权投资账面价值与子公司合并日的所有者权益，这二者必然一致：

借：股本 20,000 ①

　　资本公积 8000

盈余公积 1200

未分配利润 2800

贷：长期股权投资 25,600

少数股东权益 6400

（二）剥离确认少数股东损益，抵销母公司投资收益与子公司利润分配

1. 剥离确认少数股东损益及其内在逻辑

如前所述，在模拟权益法下，先模拟确认投资收益，调增长期股权投资账面价值，再抵销。但在直接基于成本法下，由于没有确认子公司当年实现的净利润对长期股权投资的影响，因此也不存在抵销投资收益的问题。

同时我们需要剥离出子公司当年实现的净利润中归属于少数股东的部分，并确认当年实现的净利润增加的少数股东权益：

借：少数股东损益 2100（10,500 × 0.2）②

贷：少数股东权益 2100（10,500 × 0.2）

此处"借：少数股东损益"表示从子公司净利润中剥离确认归属于少数股东部分，并不是抵销的含义。"贷：少数股东权益"是增加当期的少数股东权益，也不是抵销的含义。通过此分录，从子公司当年的净利润与所有者权益中剥离确认归属于少数股东的部分，剩余部分归属于母公司股东。

2. 抵销母公司投资收益与子公司利润分配及其内在逻辑

如前所述，子公司计提盈余公积站在集团角度没有实质意义，对于集团而言仍然体现为未分配利润，所以把子公司计提的盈余公积抵销，恢复未分配利润金额。这样才能真实反映集团整体的未分配利润：

借：盈余公积 2000 ③

贷：利润分配——提取盈余公积 2000

抵销母公司投资收益与子公司利润分配：

借：投资收益 3600 ④

少数股东权益 900

贷：利润分配——向股东分配 4500

对于该笔分录可以拆分成两笔，第一笔是抵销恢复分录：

借：投资收益 3600

贷：利润分配——向股东分配 3600

如前分析，直接基于成本法下，母公司投资收益与子公司利润分配存在对应关系，母公司在子公司分配利润时“借：应收股利，贷：投资收益”，子公司“借：利润分配——应付现金股利，贷：应付股利”。站在集团整体角度，应收应付股利不存在，减少利润分配与增加投资收益也不存在，相互抵销即可。

当然也可以按照模拟权益法部分的“置换”思路进行更加本质性的理解。由于母公司对于子公司分配的净利润确认了投资收益，并转入了未分配利润，增加了企业集团整体的未分配利润。在合并财务报表时，子公司的收入、成本、费用均已经在合并利润表上体现，再保留母公司投资收益即存在重复计算的问题，因此将投资收益抵销。将子公司单体利润表合并后，由于子公司对当年净利润有处置行为（包括提取盈余公积和分配股利），所以如模拟权益法部分分析，根据子公司单体利润表计算的合并未分配利润并不完整，需要进行恢复，以完整反映企业集团的未分配利润。

第二笔是确认子公司分配股利对少数股东权益的影响。

借：少数股东权益 900

贷：利润分配——向股东分配 900

此处也是为了正确计算集团整体的未分配利润，而进行的一种“假设性处理”。对集团整体而言，当年的留存收益中有 900 万元分配给了少数股东，少数股东权益应该减少，同时通过该分录，恢复对少数股东分配的净利润（假定尚未分配），使合并财务报表体现的未分配利润是利润分配以前整个集团的未分配利润，然后用该整体未分配利润扣除少数股东享有的 2100 万元，剩余部分即是归属于母公司的未分配利润。为什么要计算出归属于母公司的未分配利润呢？因为合并资产负债表中未分配利润反映的是归属于母公司的部分，归属于少数股东的部分在少数股东权益中进行反映，由于少数股东权益的“合并列示法”，未再区分少数股东权益中的明细项目（如实收资本、资本公积、未分配利润、盈余公积等）。

如前所述，我们也可以不作“假设性处理”，按照借贷记账基本原理：

借：子公司当年净利润 2100

贷：少数股东损益 2100

按上述分录，我们可以直接确认合并利润表中少数股东损益的金额。

然后恢复子公司利润分配（站在集团角度等于没有分配），此时需要考虑对少数股东分配的股利。由于分配给少数股东的股利导致经济资源实质流出企业集团，所以不能把该部分金额再恢复到集团整体未分配利润。具体处理而言，首先恢复分配给母公司的净利润（该部分属于对母公司股东的利润分配，与少数股东无关）：

借：利润分配——对股东分配（对母公司）3600

贷：利润分配——未分配利润（集团）3600

再把子公司当年净利润中其他部分转入集团未分配利润：

借：利润分配——提取盈余公积 2000

利润分配——未分配利润 4000

贷：利润分配——未分配利润（集团）6000

上述 6000 万元中有 20% 归属于少数股东，再剥离确认：

借：利润分配——未分配利润（集团）1200

贷：少数股东权益 1200

最后计算的少数股东权益均是 7600 万元，两种方式的处理结果一致。

（三）抵销应收应付股利

借：其他应付款——应付股利 3600 ⑤

贷：其他应收款——应收股利 3600

通过合并工作底稿反映如下（可以发现与模拟权益法合并结果完全一致）：

表 2-1-11　直接基于成本法下合并工作底稿

单位：万元

项　目	母公司	子公司	合计数	调整分录		抵销分录		少数股东权益	合并数
				借方	贷方	借方	贷方		
流动资产：									
货币资金	5700	6500	12,200						12,200

续表

项目	母公司	子公司	合计数	调整分录		抵销分录		少数股东权益	合并数
				借方	贷方	借方	贷方		
交易性金融资产	3000	5000	8000						8000
应收票据	7200	3600	10,800						10,800
应收账款	8500	5100	13,600						13,600
预付款项	1500	2500	4000						4000
其他应收款	5300	1300	6600				3600 ⑤		3000
存货	37,000	18,000	55,000						55,000
其他流动资产	1800	1000	2800						2800
流动资产合计	70,000	43,000	113,000				3600		109,400
非流动资产：									
债权投资	8000	0	8000						8000
其他债权投资	13,000	4000	17,000						17,000
长期股权投资	40,000	0	40,000				25,600 ①		14,400
固定资产	28,000	26,000	54,000						54,000
在建工程	13,000	4200	17,200						17,200
无形资产	6000	1800	7800						7800
商誉	2000	0	2000						2000

续表

项 目	母公司	子公司	合计数	调整分录		抵销分录		少数股东权益	合并数
				借方	贷方	借方	贷方		
其他非流动资产	0	0	0						0
非流动资产合计	110,000	36,000	146,000				25,600		120,400
资产总计	180,000	79,000	259,000				29,200		229,800
流动负债：									
短期借款	10,000	4800	14,800						14,800
交易性金融负债	4000	2400	6400						6400
应付票据	13,000	3600	16,600						16,600
应付账款	18,000	5200	23,200						23,200
预收款项	4000	3900	7900						7900
应付员工薪酬	5000	1600	6600						6600
应交税费	2700	1400	4100						4100
其他应付款	5300	5200	10,500			3600 ⑤			6900
其他流动负债	2000	900	2900						2900
流动负债合计	64,000	29,000	93,000			3600			89,400

续表

项　目	母公司	子公司	合计数	调整分录		抵销分录		少数股东权益	合并数
				借方	贷方	借方	贷方		
非流动负债：									
长期借款	4000	5000	9000						9000
应付债券	20,000	7000	27,000						27,000
长期应付款	6000	0	6000						6000
其他非流动负债	0	0	0						0
非流动负债合计	30,000	12,000	42,000						42,000
负债合计	94,000	41,000	135,000			3600			131,400
股东权益：									
股本	40,000	20,000	60,000			20,000①			40,000
资本公积	10,000	8000	18,000			8000 ①			10,000
盈余公积	18,000	3200	21,200			1200 ① 2000 ③			18,000
未分配利润（见本表最后）	18,000	6800	24,800	6400			6500	2100 ④	22,800
归属于母公司股东权益合计	86,000	38,000	124,000	6400		31,200	6500	2100	90,800

续表

项 目	母公司	子公司	合计数	调整分录		抵销分录		少数股东权益	合并数
				借方	贷方	借方	贷方		
少数股东权益								6400 ① 2100 ② -900 ④	7600
负债和股东权益总计	180,000	79,000	259,000	6400		34,800	6500	5500	229,800
利润表									
一、营业收入	150,000	94,800	244,800						244,800
减：营业成本	96,000	73,000	169,000						169,000
税金及附加	1800	1000	2800						2800
销售费用	5200	3400	8600						8600
管理费用	6000	3900	9900						9900
财务费用	1200	800	2000						2000
资产减值损失	600	300	900						900
加：公允价值变动收益	0	0	0						0
投资收益	9800	200	10,000	3600 ④					6400
二、营业利润	49,000	12,600	61,600	3600					58,000
加：营业外收入	1600	2400	4000						4000

续表

项目	母公司	子公司	合计数	调整分录		抵销分录		少数股东权益	合并数
				借方	贷方	借方	贷方		
减：营业外支出	2600	1000	3600						3600
三、利润总额	48,000	14,000	62,000	3600					58,400
减：所得税费用	12,000	3500	15,500						15,500
四、净利润	36,000	10,500	46,500	3600					42,900
少数股东损益								2100 ②	2100
归属于母公司股东损益									40,800
一、年初未分配利润	9000	2800	11,800	2800 ①					9000
二、本年增减变动金额									
三、利润分配									
1. 提取盈余公积	7000	2000	9000				2000 ③		7000
2. 对股东的分配	20,000	4500	24,500				4500 ④		20,000
四、年末未分配利润	18,000	6800	24,800	3600 2800			6500	2100	22,800*

*22,800=24,800−3600−2800+6500−2100

第二章
“一揽子交易”与“非一揽子交易”分步实现企业合并疑难问题

在企业合并交易实务中，经常存在通过多次交易分步实现企业合并的情形。准则规定，对于多次交易分步实现企业合并的情形，应当区分多次交易是否构成“一揽子交易”，并区分企业合并类型（非同一控制下企业合并或同一控制下企业合并）分别进行会计处理。

现行准则对于“一揽子交易”形成的企业合并，提出了原则性规定，但没有具体的处理规范与指导示例，实务界在处理此类交易时存在多种处理方式，影响了会计信息一致性和可比性；对于“非一揽子交易”形成的企业合并，虽然现行准则有相对详细的处理规范，也给出了指导示例，但对同一控制下“非一揽子交易”形成的企业合并，准则应用指南中的处理规范和指导示例，在表述逻辑和会计处理上存在一定争议，有待进一步澄清。同时，随着《企业会计准则第 22 号——金融工具确认和计量》（2017 年）、《企业会计准则第 23 号——金融资产转移》（2017 年）、《企业会计准则第 37 号——金融工具列报》（2017 年）（后续统称新金融工具准则）的发布，部分规范由于与新金融工具准则脱节而需要重新表述以保持准则体系的内在协调。

基于此，笔者将依据准则规定的基本原则，考虑新金融工具准则的影响，结合会计准则内在理念，区分非同一控制下企业合并与同一控制下企业合并，同时区分多次交易是否构成“一揽子交易”，进一步明确个别财务报表与合并财务报表的具体处理规范，并结合案例详细示范处理过程。此外，本章也将对具体处理规范涉及的疑难与争议问题进行解析，并对相关问题的研究进展进行展望。希望能够给实务界处理此类交易提供有益参考。

第一节 多次交易分步实现非同一控制下企业合并

一、对现行准则规定的细化

（一）构成“一揽子交易”

通过多次交易分步实现的企业合并，各项交易是否构成“一揽子交易”，应按合并财务报表准则的有关规定进行判断。合并财务报表准则规定，企业应结合分步交易的各个步骤的协议条款，以及各个步骤中所分别取得的股权比例、取得对象、取得方式、取得时点及取得对价等信息来判断分步交易是否属于“一揽子交易”。各项交易的条款、条件以及经济影响符合以下一种或多种情况的，通常应将多次交易事项作为“一揽子交易”进行会计处理：（1）这些交易是同时或者在考虑了彼此影响的情况下订立的；（2）这些交易整体才能达成一项完整的商业结果；（3）一项交易的发生取决于至少一项其他交易的发生；（4）一项交易单独看是不经济的，但是和其他交易一并考虑时是经济的。

对多次交易分步实现的企业合并是否属于“一揽子交易”，实务中要结合交易的实质、交易双方之间的协议或其他安排，以及考虑准则所提示的前述四种情况来进行判断。例如，后一项交易是否需要经过实质性审批程序、前一项交易是否会因后一项交易的变化而撤销或者更改等。需要注意的是，实务中无论是判断为“一揽子交易”，还是判断为“非一揽子交易”，都应当基于并提供充分、恰当的证据。

如果构成“一揽子交易”的，准则原则性规定：如果分步取得对子公司股权投资直至取得控制权的各项交易属于“一揽子交易”，应当将各项交易作为一项非同一控制下取得子公司控制权的交易。但具体如何在个别财务报表与合并财务报表进行处理，准则并未提供具体的处理规范。依据准则的基本原则，考虑新金融工具准则的影响，结合会计准则内在理念，非同一控制下多次交易分步实现的企业合并构成“一揽子交易”的，在个别财务报表层面和合并财务报表层面应按以下方式处理：

1. 个别财务报表处理规范

（1）购买方应按照所支付的现金或非现金资产、发行或承担的债务、发行的权益性证券等在历次股权取得日和购买日的公允价值作为取得长期股权投资的初始投资成本。其中，历次股权取得日的判断，应参照《企业会计准则第20号——企业合并》（以下简称企业合并准则）中关于购买日的判断条件，并结合历次股权取得情况具体进行判断。在购买日之前，购买方在历次股权取得日对作为取得股权对价付出的资产、发生或承担的负债公允价值与账面价值的差额，应当先确认为其他综合收益，到取得控制权时再一并转入取得控制权当期损益或留存收益。

（2）在购买日之前，历次股权取得日所取得的长期股权投资应参照成本法进行后续计量，不得选择按照新金融工具准则或权益法进行后续计量。具体而言，购买日之前，购买方历次取得投资时初始投资成本与应享有被投资方可辨认净资产公允价值份额之间的差额，不得调整长期股权投资初始投资成本。持有投资期间，不得因被投资方所有者权益的变动相应调整增加或减少长期股权投资的初始投资成本。

（3）购买方在购买日之前历次取得股权所发生的审计、法律、评估咨询等中介服务费用以及其他相关管理费用，均于发生时计入当期损益。与发行权益性工具作为合并对价直接相关的交易费用，应当冲减资本公积（资本溢价或股本溢价），资本公积（资本溢价或股本溢价）不足冲减的，依次冲减盈余公积和未分配利润。与发行债务性工具作为合并对价直接相关的交易费用，应当计入债务性工具的初始确认金额，其中债券如为折价发行的，该部分费用增加折价的金额；如为溢价发行的，应减少溢价的金额。

（4）购买日，购买方应当按照历次股权取得日长期股权投资的初始投资成本加上购买日新增投资成本之和，作为购买日长期股权投资的初始投资成本。

（5）购买方在取得控制权的“一揽子交易”协议中，对与出售方约定，购买方在取得被购买方控制权后，未来有义务继续按固定价格收购剩余股权的，购买方无须在个别财务报表中确认衍生工具。如购买方与少数股东约定，购买方有义务在未来按公允价格继续收购剩余少数股权的，虽然通常不构成一揽子交易，但是该等交易中，购买方的权利和义务的公允价值通常相等，该远期合同的公允价值净额为零，通常无须确认衍生工具。

2. 合并财务报表处理规范

（1）购买方应按照合并财务报表准则的规定，评估能否控制被购买方。通常，在购买日之前，购买方尚未能控制被购买方，无须将被购买方纳入合并财务报表的合并范围。

（2）购买日，购买方确定的合并成本等于历次股权取得日长期股权投资的初始投资成本加上购买日新增投资成本之和。比较购买日合并成本与取得的子公司可辨认净资产公允价值份额的借方差额，在合并资产负债表中确认为商誉；贷方差额应计入合并当期损益（因购买日不需要编制合并利润表，该差额体现在合并资产负债表上，应调整合并资产负债表留存收益，下同）。购买日及取得被购买方控制权后，合并财务报表层面其他会计处理事项，均应按准则中非同一控制下企业合并的相关规范处理。

（3）如购买方与少数股东之间签署一项远期合同，即购买方在取得控制权的协议中约定，购买方在取得被购买方控制权后，有义务在未来继续收购剩余少数股权的，应区分不同情形进行处理：

①远期合同约定购买方有义务在未来按固定价格继续收购剩余少数股权

该情形通常与之前的交易构成一揽子交易，购买方通常应将此类远期合同的剩余股权支付义务全额确认为金融负债，该金融负债视同合并成本的一部分，并按合计股权收购份额确认合并财务报表中的商誉或合并当期损益。此时，由于少数股东具有按固定价格执行远期股权收购合同的强制义务，与少数股权相关的风险报酬实质上已经转移，少数股东权益通常实质已经不存在，合并财务报表中通常不应再列报少数股东权益。

对于前述签署远期合同形成的金融负债，初始确认金额为收购股权所需支付金额的现值，后续应根据新金融工具准则的规定，将该金融负债账面价值的后续变动计入当期损益。如果远期合同约定，按公司章程等规定支付的股利，将减少未来收购剩余股权的对价的，则应从确认的金融负债中扣除已经支付的股利。

需要特别说明的是，根据新金融工具准则规定，如果一项合同使发行方承担了以现金或其他金融资产回购自身权益工具的义务，即使发行方的回购义务取决于合同对手方是否行使回售权，发行方应当在初始确认时将该义务确认为一项金融负债，其金额等于回购所需支付金额的现值（如远期回购价格的现值、期权行权价格的现值或其他回售金额的现值）。在购买方与少数股东之间签署一项远期合同时，对于少数股东所持有的被购买方剩余股权，在合并财务报表中属于购买方自身权益工具，因此购买方此时承担了回购自身权益工具的义务，因此应将此类远期合同的剩余股权支付义务在合并财务报表中确认一项金融负债。但在购买方个别财务报表中，并未核算反映被购买方少数股东权益（或者说，少数股东权益并非购买方个别财务报表层面的自身权益工具），购买方并未承担回购自身权益工具的义务，因此购买方无须将此类远期合同的剩余股权支付义务在个别财务报表中确认一项金融负债。

如果购买方与少数股东到期按约定执行合同，购买方应按约定的价格支付相应对价，并结算前期就远期合同形成的金融负债。如果远期合同到期未被执行（如交易双方主动终止），则按照在不丧失控制权情况下处置子公司部分股权进行处理，将豁免支付远期合同所确认金融负债的金额作为处置子公司部分股权收到的对价。前述豁免支付金额与少数股东权益账面价值的差额应计入权益。

②远期合同约定购买方有义务在未来按公允价格继续收购剩余少数股权

如远期合同约定按公允价格在未来收购剩余少数股权的，则购买方应将交易按购买日取得控制权的企业合并和已取得控制权情况下进一步购买少数股东权益的权益性交易进行处理，该类交易通常与之前的交易不构成一揽子交易。由于与少数股权相关的风险报酬实质上并未转移，少数股东权益通常继续实质存在，在购买日合并财务报表中应继续列报对应部分少数股东权益。

购买方就签署前述远期合同确认一项金融负债的同时应冲减资本公积，资本公积不足冲减的，调整留存收益。对于签署前述远期合同形成的金融负债，初始确认金额为收购股权所需支付金额的现值，后续应根据新金融工具准则的规定，将该金融负债账面价值的后续变动计入当期损益（对金融负债预计付款额估计数的修正，导致合同现金流量发生变化的，也应计入当期损益）。

如果购买方与少数股东到期按约定执行合同，购买方应按取得子公司控制权后，进一步购买子公司少数股权进行处理，并结算前期就签署远期合同确认的金融负债。前期就签署远期合同所确认的金融负债金额与行权时实际支付金额如存在差异的，应计入权益。如果远期合同到期未被执行，应终止确认前期签署远期合同所确认的金融负债，并按顺序恢复所冲减的权益。

不丧失控制权情况下处置子公司部分股权的处理，以及取得子公司控制权后，进一步购买子公司少数股权的处理参见本编第三章与第四章，此处不再赘述。

（4）购买方向少数股东签出一份以被购买方普通股为基础的看跌期权，或者取得一份以被购买方普通股为基础的看涨期权的，其处理规范见本节“一、对现行准则规定的细化”之“（二）不构成‘一揽子交易’”部分。

购买方在个别财务报表与合并财务报表按前述规范处理后，可以实现“将各项交易作为一项非同一控制下取得子公司控制权的交易”的效果，符合准则的原则性规定。

3. 疑难问题解析

（1）购买方个别财务报表是否需要就远期股权收购合同确认一项衍生工具

对于通过多次交易分步实现的企业合并，如果构成一揽子交易的，在购买日前，购买方与被购买方就未来的股权收购安排而签署的远期股权收购合同，是否需要在购买方报表中确认为一项衍生工具呢？

根据新金融工具准则的规定，对于购买方与被购买方之间签订的，将在未来购买日形成企业合并准则规范的企业合并且其期限不超过企业合并获得批准并完成交易所必需的合理期限的远期合同，豁免执行新金融工具准则的规定，无须将未来收购股权的远期合同按衍生工具处理。前述豁免仅限于企业合并中购买方与被购买方股东约定于未来某购买日购买被购买方而签订的远期合同。该远期合同下企业合并的完成，仅取决于协议中已经确定的、双方皆有义务履行的行动。在不考虑合同双方违约的情况下，任何一方无权通过采取进一步行动来控制未来合并事项的发生与否，即未来合并事项的发生是确定性事件。前述豁免不应适用于行权后才会导致对被购买方产生控制权的期权合同，因为期权合同允许一方通过行权与否，控制未来合并事项的发生与否，未来合并事项的发生是不确定性事件。

因此，对于通过多次交易分步实现的企业合并，如果构成一揽子交易的，由于准则要求“将各项交易作为一项非同一控制下取得子公司控制权的交易”，购买方在购买日前无须就未来购买股权的义务，在报表中确认一项衍生工具。如果不构成一揽子交易，则应确认一项衍生工具。

（2）购买方在取得被购买方控制权后，有义务在未来继续收购剩余少数股权的，合并财务报表是否需要继续列报少数股东权益

对于远期合同而言，判断合并财务报表是否需要继续列报少数股东权益，购买方应评估少数股东权益是否实质仍然存在。具体而言，需要考虑少数股东是否具有按固定价格执行远期股权收购合同的义务、少数股东持有的股权是否实质上拥有普通股的法定表决权以及与少数股权相关的风险报酬实质上是否已经转移（体现为普通股的分红权、股票增值权、质押或处置权、股票下跌风险等）等因素。

购买方与少数股东之间签署的一项以固定价格结算的远期合同，股权收购协议对购买方与被购买方原股东均具有法定约束力，不仅购买方具有到期按固定价格购买股权的强制义务，少数股东也具有到期按固定价格出售股权的强制义务，该强制义务对少数股东所持股权的股票增值权、质押或处置权均构成实质限制，下跌风险也被锁定。对于少数股东可能仍然享有的分红权，通常仅是少数股权风险和报酬的极小部分，不属于与少数股权相关的主要风险与报酬，不应作为判断少数股东权益是否存在的主要因素，且在此类安排中，可能会给少数股东设定固定收益率而限制了分红权。同时，在此类安排中，为了保护购买方合法权益，通常会限制被购买方原股东与管理层的部分权力，除维持被购买方正常生产经营外，通常不得实施其他重大决策事项，也即少数股东的表决权通常处于受限状态。

对于购买方与少数股东之间签署的一项以公允价格结算的远期合同，与少数股权相关的股票增值权、质押或处置权、分红权和表决权通常不会受到重大影响和限制，下跌风险也未被锁定。例如，对于质押或处置权，如果购买方有意收购已经被质押或处置的股权，可以按公允价格买回，通常认为不构成交易实质障碍。

因此，如购买方在取得被购买方控制权后，明确有义务按固定价格收购剩余股权时，合并财务报表中通常不应再列报少数股东权益。如果约定按公允价格收购剩余股权时，则合并财务报表中通常应继续列报少数股东权益。

当然，购买日少数股东权益是否实质存在，必须考虑所有合同条款和条件，实务中通常更加复杂，要全面分析各类事实和具体情况，本章的分析仅是基于一般情形，无意也不可能穷尽实务中所有安排。

（二）不构成“一揽子交易”

1. 个别财务报表处理规范

（1）在购买日之前，购买方对其历次取得的股权，应根据所取得股权投资的初始确认资产类别，分别按照新金融工具准则或者《企业会计准则第2号——长期股权投资》（2014年）（以下简称长期股权投资准则）的规范进行确认与计量。

（2）企业通过多次交易分步实现非同一控制下企业合并的，在编制个别财务报表时，应当按照原持有的股权投资的账面价值加上新增投资成本之和，作为改按成本法核算的初始投资成本。如购买日之前持有的股权投资，采用新金融工具准则进行会计处理的，应当将按照该准则确定的股权投资的公允价值加上新增投资成本之和，作为改按成本法核算的初始投资成本。

（3）购买日之前持有的股权采用权益法核算的，相关其他综合收益应当在处置该项投资时采用被投资方直接处置相关资产或负债相同的基础进行会计处理，因被投资方除净损益、其他综合收益和利润分配以外的其他所有者权益变动而确认的所有者权益，应当在处置该项投资时相应转入处置期间的当期损益。其中，处置后的剩余股权根据长期股权投资准则采用成本法或权益法核算的，其他综合收益和其他所有者权益应按比例结转，处置后的剩余股权改按新金融工具准则进行会计处理的，其他综合收益和其他所有者权益应全部结转。

（4）购买日之前持有的股权投资，采用新金融工具准则进行会计处理的，原持有股权的公允价值与账面价值之间的差额应当全部转入改按成本法核算的当期投资收益。但是，如原投资为以公允价值计量且其变动计入其他综合收益的非交易性权益工具投资的，原投资公允价值与账面价值的差额及因公允价值变动形成的其他综合收益应当在改按成本法核算时转入留存收益。

（5）在购买日之前，购买方历次取得股权时所发生的相关交易费用，应根据所取得股权投资的初始确认资产类别，分别依据其相关规定处理。具体而言，如果取得的股权确认为新金融工具准则规范的金融资产的，对于以公允价值计量且其变动计入当期损益的金融资产，相关交易费用应当直接计入当期损益。对于其他类别的金融资产，相关交易费用应当计入初始确认金额；如果取得的股权确认为权益法核算的对联营企业、合营企业投资，相关交易费用应当计入初始确认金额。

（6）如购买方在取得被购买方控制权后，继续在未来收购剩余少数股权不构成一揽子交易的，如协议约定，少数股东未来有权将其持有的股权按固定价格出售给购买方，即购买方向少数股东签出一份以被购买方普通股为基础的看跌期权，或者购买方未来有权按固定价格收购少数股东持有的股权，即购买方取得一份以被购买方普通股为基础的看涨期权的，购买方应在个别财务报表中就前述看跌期权或看涨期权确认一项衍生工具（一项以约定价格购买被购买方少数股权的衍生金融工具），并以该衍生工具的公允价值进行初始确认和后续计量。在确定衍生工具公允价值时，需要考虑被购买方少数股权的约定购买价格与少数股权的公允价值之间的差异、剩余行权期限、被购买方股权价值的波动性等因素。

需要说明的是，如果签出或取得期权由于满足特定条件而导致购买日少数股东权益实质不存在（具体判断方法参照本节“一、对现行准则规定的细化”之“（二）不构成‘一揽子交易’”之“2. 合并财务报表处理规范”），实质上形成“一揽子交易”的，应参照本节“一、对现行准则规定的细化”之“（一）构成‘一揽子交易’”部分的规范进行处理，即购买方无须在个别财务报表中确认衍生工具。

2. 合并财务报表处理规范

（1）购买方对于购买日之前持有的被购买方的股权，按照该股权在购买日的公允价值进行重新计量，公允价值与账面价值的差额计入当期投资收益。

（2）合并成本等于购买日之前持有的被购买方的股权于购买日的公允价值，加上购买日新购入股权所支付对价的公允价值。比较购买日合并成本与享有的被购买方可辨认净资产公允价值的份额，确定购买日应予确认的商誉，或者应计入合并当期损益的金额。

（3）购买日之前持有的被购买方的股权涉及权益法核算下的其他综合收益，应当在购买日采用与被投资方直接处置相关资产或负债相同的基础进行会计处理，即转入投资收益或留存收益（被投资方重新计量设定受益计划净负债或净资产变动而产生的其他综合收益，以及被投资方以公允价值计量且其变动计入其他综合收益的非交易性权益工具投资因公允价值变动而形成的其他综合收益，应当转入留存收益）；对于购买日之前持有的被购买方的股权涉及权益法核算下除净损益、其他综合收益和利润分配以外的其他所有者权益变动，应当转为购买日所属当期损益（投资收益）。

（4）如购买方在取得被购买方控制权后，继续在未来收购剩余少数股权不构成一揽子交易的，应区分不同情形进行处理：

①购买方向少数股东签出一份以被购买方普通股为基础的看跌期权

如协议约定，少数股东未来有权将其持有的股权按固定价格出售给购买方，即购买方向少数股东签出一份以被购买方普通股为基础的看跌期权的，购买方应评估该看跌期权是否满足如下两个条件之一：

A1：是否在签出看跌期权的同时取得一项条件对等的看涨期权。如果购买方向少数股东签出一份以被购买方普通股为基础的看跌期权的同时，取得一份以被购买方普通股为基础的看涨期权，且看跌期权与看涨期权行权价、行权期限等条件均等同的，则其商业效果实质等同于购买方与少数股东签署了一项固定价格的远期合同，通常可以确定购买方或少数股东行权为确定性事件。因为如股权公允价值跌至行权价以下，则少数股东将行使看跌期权并出售股份；如股权公允价值涨至行权价以上，则购买方将行使看涨期权并购买股份。

A2：该项看跌期权是否为重大价内期权，少数股东是否具有行权的重大经济动因。如该项看跌期权为重大价内期权，少数股东具有行权的重大经济动因的，则实质上看跌期权对少数股东形成一项重大经济约束，如果少数股东不行使该看跌期权会遭受损失。购买方在判断看跌期权是否为重大价内期权，少数股东是否具有行权的重大经济动因时，应当综合考虑各种相关因素，包括看跌期权行权价格与预计行权时子公司少数股权公允价值的关系以及期权的到期日等。当行权价格明显高于行权时子公司少数股权公允价值时，通常表明少数股东具有行权的重大经济动因。

如满足前述A1、A2两个条件之一的，通常表明少数股东权益实质不存在，应参照本节“一、对现行准则规定的细化”之“（一）构成‘一揽子交易’”之“2. 合并财务报表处理规范”中“远期合同约定购买方有义务在未来按固定价格继续收购剩余少数股权”的情形进行处理，即应在购买日视同已经购入对应的少数股权，将剩余股权支付义务全额确认为金融负债，该金融负债视同合并成本的一部分，并按合计股权收购份额确认合并财务报表中的商誉或合并当期损益，不再在合并财务报表中列报对应部分的少数股东权益。

如不满足前述A1、A2两个条件之一的，通常表明少数股东权益实质存在，应参照本节“一、对现行准则规定的细化”之“（一）构成‘一揽子交易’”之“2. 合并财务报表处理规范”中“远期合同约定购买方有义务在未来按公允价格继续收购剩余少数股权”的情形进行处理，即将交易按购买日取得控制权的企业合并和已取得控制权情况下进一步购买少数股东权益的权益性交易进行处理，在购买日合并财务报表中继续列报对应部分少数股东权益。就签出的看跌期权确认一项金融负债的同时冲减购买方资本公积，资本公积不足冲减的，调整留存收益

②购买方取得一份以被购买方普通股为基础的看涨期权

如协议约定，购买方未来有权按固定价格收购少数股东持有的股权，即购买方取得一份以被购买方普通股为基础的看涨期权的，购买方同样应评估该看涨期权是否满足以下两个条件之一：

B1：是否在取得看涨期权的同时签出一项条件对等的看跌期权。具体分析参见前述 A1。

B2：该项看涨期权是否为重大价内期权，购买方是否具有行权的重大经济动因。如该项看涨期权为重大价内期权，购买方具有行权的重大经济动因，则实质上该看涨期权对购买方形成一项重大经济约束，如果购买方不行使该看涨期权会遭受损失。购买方在判断看涨期权是否为重大价内期权，购买方是否具有行权的重大经济动因时，应当综合考虑各种相关因素，包括看涨期权行权价格与预计行权时子公司少数股权公允价值的关系以及期权的到期日等。当行权价格明显低于行权时子公司少数股权公允价值时，通常表明购买方具有行权的重大经济动因。

如满足前述 B1、B2 两个条件之一的，通常表明少数股东权益实质不存在，应参照本节“一、对现行准则规定的细化”之“（一）构成‘一揽子交易’”之“2. 合并财务报表处理规范”中“远期合同约定购买方有义务在未来按固定价格继续收购剩余少数股权”的情形进行处理，即应在购买日视同已经购入对应的少数股权，将剩余股权支付义务全额确认为金融负债，该金融负债视同合并成本的一部分，并按合计股权收购份额确认合并财务报表中的商誉或合并当期损益，不再在合并财务报表中列报对应部分的少数股东权益。

如不满足前述 B1、B2 两个条件之一的，通常表明少数股东权益实质存在，应参照本节“一、对现行准则规定的细化”之“（一）构成‘一揽子交易’”之“2. 合并财务报表处理规范”中“远期合同约定购买方有义务在未来按公允价格

继续收购剩余少数股权”的情形进行处理，即将交易按购买日取得控制权的企业合并和已取得控制权情况下进一步购买少数股东权益的权益性交易进行处理，在购买日该看涨期权不影响合并财务报表中应确认的少数股东权益、商誉及负商誉，即购买日合并财务报表中继续列报对应部分少数股东权益。

二、案例分析与解读

（一）构成“一揽子交易”

【案例1】

A公司于2018年1月1日以货币资金3100万元取得了B公司30%的有表决权股份，对B公司能够施加重大影响，当日B公司可辨认净资产公允价值是11,000万元。

2018年1月1日，B公司各项资产和负债的公允价值与账面价值均相等。B公司2018年度实现净利润1000万元，未发放现金股利，因投资性房地产转换增加其他综合收益200万元。

2019年1月1日，A公司以货币资金5220万元进一步取得B公司40%的有表决权股份，因此取得了对B公司的控制权。B公司在该日所有者权益的账面价值为12,000万元，其中股本5000万元，资本公积1200万元，其他综合收益1000万元，盈余公积480万元，未分配利润4320万元。原30%股权在购买日的公允价值为3915万元。

A公司与B公司签订的协议同时约定，2020年1月1日，将以4306.5万元的对价，进一步收购B公司剩余30%股权。A公司与B公司少数股东均有强制合同义务完成剩余30%股权的交割，且为了保护A公司利益，在A公司正式完成对30%股权收购前，B公司少数股东不得质押、处置股权，不得就公司章程载明的重大事项行使表决权。

2019年1月1日，B公司资产和负债的公允价值与账面价值均相等。A公司和B公司在合并前无任何关联关系。

【假定】案例1中，A公司分三步取得B公司100%股权的交易构成“一揽子交易”，不考虑所得税和其他内部交易。同时，B公司2019年度实现净利润0万元，净资产未发生变化。适用的折现率为10%。

【案例解析】

2018年1月1日至2019年1月1日，A公司个别财务报表与合并财务报表会计处理如下：

1.个别财务报表层面

（1）2018年1月1日，取得B公司30%股权时：

借：长期股权投资——投资成本 3100

贷：银行存款 3100

（2）2018年12月31日，A公司无须就B公司实现的损益或者其他综合收益变动编制会计分录。

（3）2019年1月1日，取得B公司40%股权时：

借：长期股权投资 5220

贷：银行存款 5220

购买方在取得控制权的一揽子交易协议中，对与被购买方约定未来按固定价格收购剩余股权的远期合同，购买方无须在个别财务报表中确认衍生工具。

此时，A公司个别财务报表中长期股权投资账面价值=3100+5220=8320万元。

（4）2020年1月1日，区分是否执行远期合同，分别处理如下：

①如到期执行远期合同：

借：长期股权投资——实际支付取得股权 4306.5

贷：银行存款 4306.5

②如到期未执行远期合同：

个别财务报表层面无须处理。

2.合并财务报表层面

对于2020年1月1日，按固定价格进一步收购B公司剩余30%股权的支付义务，应将收购股权所需支付金额的现值全额确认为负债，并按合计股权收购份额确认合并财务报表中的商誉。由于B公司少数股东具有按固定价格执行远期股权收购合同的强制义务，且其持有的股权实质上不再拥有普通股的权利和义务，此时少数股东权益实质上已经不存在，合并财务报表中不应再列报少数股东权益。

购买日（2019年1月1日），A公司编制合并资产负债表抵销分录：

（1）合并财务报表层面视同取得远期股权，进行模拟调整：

借：长期股权投资——模拟取得股权 3915

贷：其他应付款——远期股权收购义务 3915（4306.5万元按10%折现率

折现）

（2）抵销子公司净资产与长期股权投资：

借：股本 5000

资本公积 1200

其他综合收益 1000

盈余公积 480

未分配利润 4320

商誉 235

贷：长期股权投资 8320（3100+5220）

长期股权投资——模拟取得股权 3915

A 公司对 B 公司投资形成的商誉 =（3100+5220+3915）-12,000=235 万元。

（3）2019 年 12 月 31 日，对远期股权收购义务形成的金融负债后续计量：

借：财务费用 391.5

贷：其他应付款——远期股权收购义务后续变动 391.5

（4）2020 年 1 月 1 日，区分是否执行远期合同，分别处理如下：

①如到期执行远期合同：

合并财务报表层面先继续视同取得远期股权，进行模拟调整：

借：年初未分配利润 391.5

贷：其他应付款——远期股权收购义务后续变动 391.5

借：长期股权投资——模拟取得股权 3915

贷：其他应付款——远期股权收购义务 3915

因已经支付对价实际取得股权，远期股权收购义务已经解除，终止确认形成的金融负债：

借：其他应付款——远期股权收购义务 4306.5（3915+391.5）

贷：长期股权投资 4306.5

抵销子公司净资产与长期股权投资：

借：股本 5000

资本公积 1200

其他综合收益 1000

盈余公积 480

未分配利润 4320

商誉 235

贷：长期股权投资 8320（3100+5220）

在合并财务报表层面的效果是以现金结算了前期负债：

借：其他应付款 4306.5

贷：银行存款 4306.5

②如到期未执行远期合同：

合并财务报表层面先视同取得远期股权，进行模拟调整，再按照在不丧失控制权的情况下处置子公司部分股权进行处理，将豁免支付远期合同所确认金融负债的金额作为处置子公司部分股权收到的对价：

借：长期股权投资——模拟取得股权 3915

贷：其他应付款——远期股权收购义务 3915

借：年初未分配利润 391.5

贷：其他应付款——远期股权收购义务后续变动 391.5

借：其他应付款——远期股权收购义务后续变动 4306.5

贷：长期股权投资 3670.5（12,235×30%）

资本公积 636

处置价款（4306.5）与处置长期股权投资相对应享有子公司自购买日开始持续计算的净资产份额加商誉（3670.5）之间的差额的部分（636），应当将其调整资本公积。

借：股本 5000

资本公积 1200

其他综合收益 1000

盈余公积 480

未分配利润 4320

商誉 235

贷：长期股权投资 8564.5（12,235−3670.5）

少数股东权益 3670.5（12,235×30%）

在合并财务报表层面的效果是：

借：其他应付款——远期股权收购义务 4306.5

贷：少数股东权益 3670.5

资本公积 636

（二）不构成“一揽子交易”

【案例2】

除以下条件外，其他交易背景与案例 1 相同：

2019 年 1 月 1 日，A 公司以货币资金 5220 万元进一步取得 B 公司 40% 的有表决权股份，因此取得了对 B 公司的控制权。A 公司与 B 公司签订的协议同时约定，B 公司少数股东 2020 年 1 月 1 日有权将其持有的 30% 股权按 4306.5 万元出售给 A 公司，即 A 公司向少数股东签出一份以 B 公司普通股为基础的看跌期权。该看跌期权行权价格与购买日 B 公司 30% 股权的公允价值相当，在正式出售股权前，B 公司股东继续享有 30% 股权对应的完整权益，包括表决权、分红权、股票增值权、质押或处置权等。

【假定】案例 2 中，A 公司分三步取得 B 公司 100% 股权的交易不构成“一揽子交易”，不考虑所得税和其他内部交易。A 公司 2019 年 1 月 1 日资本公积——股本溢价 1200 万元，盈余公积 800 万元，未分配利润 7200 万元。其他假定与案例 1 相同。

【案例解析】

2018 年 1 月 1 日至 2019 年 1 月 1 日，A 公司个别财务报表与合并财务报表会计处理如下：

1. 个别财务报表层面

（1）2018 年 1 月 1 日

借：长期股权投资——投资成本 3100

贷：银行存款 3100

借：长期股权投资——投资成本 200（11,000×30%-3100）

贷：营业外收入 200

（2）2018 年 12 月 31 日

借：长期股权投资——损益调整 300

贷：投资收益 300

借：长期股权投资——其他综合收益 60

　　贷：其他综合收益 60

（3）2019 年 1 月 1 日

借：长期股权投资 5220

　　贷：银行存款 5220

借：长期股权投资 3660

　　贷：长期股权投资——投资成本 3300

　　　　　　　　　　——损益调整 300

　　　　　　　　　　——其他综合收益 60

此时，A 公司个别财务报表中长期股权投资账面价值 =3660+5220=8880 万元。

（4）对于 A 公司向少数股东签出一份以 B 公司普通股为基础的看跌期权，A 公司应该在个别财务报表中确认一项衍生工具。由于该衍生工具没有初始净投资，且购买日看跌期权行权价格与购买日 B 公司 30% 股权的公允价值相当，A 公司综合考虑后认为衍生工具公允价值净额为零，可以不进行账务处理。

如果经过评估，公允价值不为零（假设为 100 万元），应做如下会计分录：

借：长期股权投资 3760

　　贷：衍生工具 100

　　　　长期股权投资——投资成本 3300

　　　　　　　　　　——损益调整 300

　　　　　　　　　　——其他综合收益 60

该衍生工具公允价值后续变动计入公允价值变动损益：

借：衍生工具（可在贷方）

　　贷：公允价值变动损益（可在借方）

后续，如果 B 公司少数股东行权，A 公司在个别财务报表层面确认新取得的股权投资入账价值时，应在考虑结算衍生工具基础上，按照追加投资支付对价的公允价值及发生的相关交易费用增加长期股权投资的账面价值：

借：长期股权投资

　　衍生工具（可在贷方）

　　贷：银行存款等

根据新金融工具准则处理要求，衍生工具公允价值变动损益不再转入投资收益（对新金融工具准则产生该变化的原因分析，详见本书第四编第一章）。

（5）2020 年 1 月 1 日，区分是否执行远期合同，分别处理如下：

①如到期执行远期合同：

借：长期股权投资 4306.5

贷：银行存款 4306.5

②如到期未执行远期合同：

个别财务报表层面无须处理。

2. 合并财务报表层面

（1）将原 30% 持股比例长期股权投资账面价值调整到购买日公允价值，调整金额 =3915−3660=255 万元。

借：长期股权投资 255

贷：投资收益 255

（2）将原 30% 持股比例长期股权投资权益法核算形成的其他综合收益转入投资收益：

借：其他综合收益 60

贷：投资收益 60

（3）同时，对于 A 公司向少数股东签出一份以 B 公司普通股为基础的看跌期权，由于购买日看跌期权行权价格与 B 公司 30% 股权的公允价值相当，在正式出售股权前，B 公司股东继续享有 B 公司 30% 股权对应的完整权益，少数股东权益实质仍然存在。因此，应当认为在购买日，A 公司取得了 B 公司 70% 的股权，剩余 30% 股权仍然列报为少数股东权益。相应在合并财务报表确认购买 B 公司 70% 股权对应的商誉，并在确认看跌期权时冲减资本公积，资本公积不足冲减的，继续调整留存收益。

购买日，编制合并资产负债表抵销分录：

借：股本 5000

资本公积 1200

其他综合收益 1000

盈余公积 480

未分配利润 4320

商誉 735

贷：长期股权投资 9135（3915+5220）

少数股东权益 3600（12,000×30%）

A 公司对 B 公司投资形成的商誉 =（3915+5220）-12,000×70%=735 万元。

借：资本公积 1200

盈余公积 271.5

未分配利润 2443.5

贷：其他应付款——签出看跌期权 3915（4306.5 万元按 10% 折现率折现）

（4）2019 年 12 月 31 日，对签出看跌期权形成的金融负债后续计量：

借：财务费用 391.5

贷：其他应付款——签出看跌期权后续变动 391.5

（5）2020 年 1 月 1 日，区分是否执行远期合同，分别处理如下：

①如到期执行看跌期权：

借：资本公积——年初 1200

盈余公积——年初 271.5

年初未分配利润 2443.5

贷：其他应付款——签出看跌期权 3915

借：年初未分配利润 391.5

贷：其他应付款——签出看跌期权后续变动 391.5

按权益性交易原则，因购买少数股权新取得的长期股权投资（4306.5）与按照新增持股比例计算应享有子公司自购买日开始持续计算的净资产份额（3600）之间的差额（706.5），应当调整资本公积，资本公积不足冲减的，调整留存收益：

借：资本公积 706.5

贷：长期股权投资 706.5

因执行看跌期权，结算了负债：

借：其他应付款 4306.5（3915+391.5）

贷：资本公积 1591.5（1200+391.5）

盈余公积 271.5

未分配利润 2443.5

借：股本 5000

资本公积 1200

其他综合收益 1000

盈余公积 480

未分配利润 4320

商誉 735

贷：长期股权投资 12,735（3915+5220+4306.5−706.5）

在合并财务报表层面的效果是：

借：其他应付款——签出看跌期权 4306.5

少数股东权益 3600

贷：资本公积 885（1200+391.5−706.5）

盈余公积 271.5

未分配利润 2443.5

银行存款 4306.5

②如到期未执行看跌期权：

借：资本公积——年初 1200

盈余公积——年初 271.5

年初未分配利润 2443.5

贷：其他应付款——签出看跌期权 3915

借：年初未分配利润 391.5

贷：其他应付款——签出看跌期权后续变动 391.5

借：其他应付款 4306.5（3915+391.5）

贷：资本公积 1200

盈余公积 271.5

未分配利润 2835（2443.5+391.5）

在合并财务报表层面的效果是：终止确认负债并按原顺序恢复权益。

第二节　多次交易分步实现同一控制下企业合并

一、对现行准则规定的细化

（一）构成“一揽子交易”

与非同一控制下企业合并相同，如果同一控制下企业合并构成一揽子交易的，准则也原则性规定：企业通过多次交易分步取得同一控制下被投资方的股权，最终形成企业合并的，应当判断多次交易是否属于“一揽子交易”，属于一揽子交易的，合并方应当将各项交易作为一项取得控制权的交易进行会计处理（是否构成一揽子交易应考虑的情况，参见本章第一节。基于同一控制下企业合并并非采用购买法，本节将购买方、被购买方和购买日统一称为合并方、被合并方及合并日）。但具体如何在个别财务报表与合并财务报表进行处理，准则未提供具体的处理规范。依据准则的基本原则，考虑新金融工具准则的影响，结合会计准则内在理念，同一控制下多次交易分步实现的企业合并构成一揽子交易的，在个别财务报表层面和合并财务报表层面应按如下方式处理：

1. 个别财务报表处理规范

（1）在合并日前，合并方在历次股权取得日，应当根据取得股权所支付对价的账面价值，确定长期股权投资的初始投资成本。历次股权取得日，长期股权投资的初始投资成本与应享有被合并方净资产在最终控制方合并财务报表中的账面价值的份额（暂不包括最终控制方收购被合并方而形成的商誉）的差额，暂不进行处理，在合并日实际取得控制权时，将前述差额一并调整资本公积（资本溢价或股本溢价），资本公积不足冲减的，调整留存收益。历次股权取得日的判断参见本章第一节。

（2）合并日，合并方应当按照合并后应享有被合并方净资产在最终控制方合并财务报表中的账面价值的份额（包括最终控制方收购被合并方而形成的商誉），确定长期股权投资的初始投资成本。合并日长期股权投资的初始投资成本，与达到合并前历次股权取得日的长期股权投资初始投资成本加上合并日进一步取得股权新支付对价的账面价值之和的差额，一并调整资本公积（资本溢价或股本溢价），资本公积不足冲减的，调整留存收益。

（3）在合并日之前，历次股权取得日所取得的长期股权投资应参照成本法进行后续计量，不得选择按照新金融工具准则或权益法进行后续计量。具体而言，合并日之前，合并方历次取得投资时初始投资成本与应享有被投资方可辨认净资产公允价值份额之间的差额，不得调整长期股权投资初始投资成本。持有投资期间，不得因被投资方所有者权益的变动相应调整增加或减少长期股权投资的初始投资成本。

（4）合并方在合并日之前历次取得股权所发生的审计、法律、评估咨询等中介服务费用以及其他相关管理费用，均于发生时计入当期损益。与发行权益性工具作为合并对价直接相关的交易费用，应当冲减资本公积（资本溢价或股本溢价），资本公积不足冲减的，依次冲减盈余公积和未分配利润。与发行债务性工具作为合并对价直接相关的交易费用，应当计入债务性工具的初始确认金额，其中债券如为折价发行的，该部分费用增加折价的金额；如为溢价发行的，应减少溢价的金额。

（5）合并方在取得控制权的一揽子交易协议中，与出售方约定，合并方在取得被合并方控制权后，未来有义务继续按固定价格收购剩余股权的，合并方无须在个别财务报表中确认衍生工具。如合并方与少数股东约定，合并方有义务在未来按公允价格继续收购剩余少数股权的，虽然通常不构成一揽子交易，但是该等交易中，合并方权利和义务的公允价值通常相等，该远期合同的公允价值净额为零，通常无须确认衍生工具。

2. 合并财务报表处理规范

（1）合并方应按照合并财务报表准则的规定，评估能否控制被合并方。通常，在合并日之前，合并方尚未能控制被合并方，无须将被合并方纳入合并财务报表的合并范围。

（2）合并日及取得被合并方控制权后，合并财务报表层面其他会计处理事项，均应按准则中同一控制下企业合并的规范处理（参见本节“一、对现行准则规定的细化”之“（二）不构成‘一揽子交易’”）。

（3）如合并方与少数股东之间签署一项远期合同，即合并方在取得控制权的协议中约定，合并方在取得被合并方控制权后，有义务在未来继续收购剩余少数股权的，应区分不同情形进行处理：

①远期合同约定合并方有义务在未来按固定价格继续收购剩余少数股权

合并方通常应将此类远期合同的剩余股权支付义务全额确认为金融负债，该金融负债视同合并成本的一部分，并按合计股权收购份额确认应享有被合并方净资产在最终控制方合并财务报表中的账面价值的份额（包括最终控制方收购被合并方而形成的商誉）。如本章第一节所述，合并财务报表中通常不应再列报少数股东权益。其他处理应参照本章第一节的相关规范处理。

②远期合同约定合并方有义务在未来按公允价格继续收购剩余少数股权

如前述远期合同约定按公允价格在未来收购剩余少数股权的，则合并方应将交易按合并日取得控制权的企业合并和已取得控制权情况下进一步收购少数股东权益的权益性交易进行处理。如本章第一节所述，在合并日合并财务报表中继续列报对应部分少数股东权益。合并方就前述签署远期合同确认一项金融负债的同时应冲减资本公积，资本公积不足冲减的，调整留存收益。其他处理应参照本章第一节的相关规范处理。

合并方在个别财务报表与合并财务报表按前述规范处理后，可以实现“将各项交易作为一项同一控制下取得子公司控制权的交易”的效果，符合准则的原则性规定。

（二）不构成“一揽子交易”

如果同一控制下企业合并不属于“一揽子交易”的，应按照以下方式进行会计处理：

1. 个别财务报表处理规范

（1）在合并日之前，合并方对其历次取得的股权，应根据所取得股权投资的初始确认资产类别，分别按照新金融工具准则或者长期股权投资准则的规范进行确认与计量。

（2）在合并日，根据合并后应享有被合并方净资产在最终控制方合并财务报表中账面价值的份额，加上最终控制方收购被合并方而形成的商誉，确定长期股权投资的初始投资成本。

（3）合并日长期股权投资的初始投资成本，与达到合并前的长期股权投资账面价值加上合并日进一步取得股份新支付对价的账面价值之和的差额，调整资本公积（资本溢价或股本溢价），资本公积不足冲减的，调整留存收益。

（4）在合并日之前，合并方历次取得股权时所发生的相关交易费用，应根据所取得股权投资的初始确认资产类别，分别依据其相关规定处理。具体而言，如果取得的股权确认为金融资产的，对于以公允价值计量且其变动计入当期损益的金融资产，相关交易费用应当直接计入当期损益。对于其他类别的金融资产，相关交易费用应当计入初始确认金额；如果取得的股权确认为权益法核算的对联营企业、合营企业投资，相关交易费用应当计入初始确认金额。

（5）合并日之前持有的股权投资，因采用权益法核算或按新金融工具准则核算而确认的其他综合收益，暂不进行会计处理，直至处置该项投资时采用与被投资方直接处置相关资产或负债相同的基础进行会计处理；因采用权益法核算而确认的被投资方净资产中除净损益、其他综合收益和利润分配以外的所有者权益其他变动，暂不进行会计处理，直至处置该项投资时转入当期损益。其中，处置后的剩余股权根据长期股权投资准则规定采用成本法或权益法核算的，其他综合收益和其他所有者权益应按比例结转，处置后的剩余股权改按新金融工具准则进行会计处理的，其他综合收益和其他所有者权益应全部结转。

（6）如合并方在取得被合并方控制权后，继续在未来收购剩余少数股权不构成一揽子交易的，如协议约定，少数股东未来有权将其持有的股权按固定价格出售给合并方，即合并方向少数股东签出一份以被合并方普通股为基础的看跌期权，或者合并方未来有权按固定价格收购少数股东持有的股权，即合并方取得一份以被合并方普通股为基础的看涨期权的，合并方应在个别财务报表中就前述看跌期权或看涨期权确认一项衍生工具（一项以约定价格购买被合并方少数股权的衍生金融工具），并以该衍生工具的公允价值进行初始确认和后续计量。在确定衍生工具公允价值时，需要基于被合并方少数股权的约定购买价格与少数股权的公允价值之间的差异，并综合考虑剩余行权期限、被合并方股权价值的波动性等因素。

需要说明的是，由于不构成一揽子交易，前述安排不构成同一控制下企业合并的一部分，视同一项单独交易，不受同一控制下企业合并不影响损益的限制。

2. 合并财务报表处理规范

（1）根据企业合并准则，对于分步实现的同一控制下企业合并在编制合并财务报表时，应视同参与合并的各方在最终控制方开始控制时即以目前的状态存在进行调整。因企业合并实际发生在当期，以前期间合并方账面上并不存在对被合并方完整的长期股权投资，在编制比较报表时，以不早于合并方和被合并方同处于最终控制方的控制之下的时点为限，将被合并方的有关资产、负债并入合并方合并财务报表的比较报表中，因合并而增加的净资产超过以前期间合并方账面长期股权投资金额的部分，应在比较报表中调整所有者权益项下的资本公积（资本溢价或股本溢价）。

（2）同一控制下企业合并的基本处理原则是视同合并后形成的报告主体在合并日及以前期间一直存在，在编制合并日合并财务报表时，应将母公司长期股权投资和子公司所有者权益抵销，但子公司原由企业集团其他企业控制时的留存收益、其他综合收益和其他资本公积在合并财务报表中是存在的，所以对于被合并方在企业合并前实现的留存收益、其他综合收益和其他资本公积中归属于合并方的部分，应予以恢复，自合并方的资本公积（资本溢价或股本溢价）转入留存收益、其他综合收益和其他资本公积。如合并方账面资本公积（资本溢价或股本溢价）贷方余额小于被合并方在合并前实现的留存收益、其他综合收益和其他资本公积中归属于合并方的部分的，在合并资产负债表中，应以合并方资本公积（资本溢价或股本溢价）的贷方余额为限，将被合并方在企业合并前实现的留存收益、其他综合收益和其他资本公积中归属于合并方的部分自资本公积转入留存收益、其他综合收益和其他资本公积。因合并方的资本公积（资本溢价或股本溢价）余额不足，被合并方在合并前实现的留存收益、其他综合收益和其他资本公积中归属于合并方的部分在合并资产负债表中未予全额恢复的，合并方应当在报表附注中进行说明。

需要特别说明的是，由于同一控制下企业合并，合并方在编制合并日的合并利润表时，应包含合并方及被合并方自合并当期期初至合并日实现的净利润。如果合并日并非当年年初的，还应当考虑少数股东损益的剥离确认。

（3）编制合并日的合并财务报表时，对合并日之前按权益法核算的长期股权投资，在“股权取得日”与“合并方与被合并方处于同一最终控制之日”孰晚日与合并日之间已确认的有关损益、其他综合收益和其他所有者权益变动，由于仍然保留在合并方个别财务报表中（体现在合并日合并方资产负债表的所有者权益项目中），在恢复被合并方企业合并前实现的留存收益、其他综合收益和其他资本公积中归属于合并方的部分时，应该考虑到合并方个别财务报表已经通过权益法核算反映的被合并方部分损益、其他综合收益和其他所有者权益，在恢复时应将该部分已经反映的金额剔除，避免重复计算被合并方净资产。

（4）在对比较报表的相关项目进行调整时，为避免对比较报表被合并方净资产的价值进行重复计算，合并方在达到合并之前持有的长期股权投资采用权益法核算的，在“股权取得日”与“合并方与被合并方处于同一最终控制之日”孰晚日与合并日之间已确认有关损益、其他综合收益和其他所有者权益变动，应分别冲减比较报表期间的期初留存收益或当期损益、其他综合收益和其他资本公积，并相应调整长期股权投资账面价值。

在对比较报表的相关项目进行调整，恢复被合并方在企业合并前实现的留存收益、其他综合收益和其他资本公积中归属于合并方的部分时，应先恢复比较报表期初之前（视同合并日前）被合并方实现的留存收益、其他综合收益和其他资本公积中归属于合并方的部分，之后，按合并财务报表准则的一般规定编制后续抵销调整分录，并通过当年抵销调整分录恢复比较报表当年被合并方实现的留存收益、其他综合收益和其他资本公积中归属于合并方的部分。

（5）如合并方在取得被合并方控制权后，继续在未来收购剩余少数股权不构成一揽子交易的，除以下处理外，整体应参照本章第一节的规范进行处理：

①合并方向少数股东签出一份以被合并方普通股为基础的看跌期权

如协议约定，少数股东未来有权将其持有的股权按固定价格出售给合并方，即合并方向少数股东签出一份以被合并方普通股为基础的看跌期权的，合并方应评估该看跌期权是否满足以下两个条件之一（具体分析见本章第一节，不再赘述）：

A1：是否在签出看跌期权的同时取得一项条件对等的看涨期权。

A2：该项看跌期权是否为重大价内期权，少数股东是否具有行权的重大经济动因。

如满足前述A1、A2两个条件之一的，通常表明少数股东权益实质不存在，应参照本节“一、对现行准则规定的细化”之“（一）构成‘一揽子交易’”之“2. 合并财务报表处理规范”中“远期合同约定合并方有义务在未来按固定价格继续收购剩余少数股权”的情形进行处理，即应在合并日视同已经购入对应的少数股权，将剩余股权支付义务全额确认为金融负债，该金融负债视同合并成本的一部分，并以此为基础确认应享有被合并方净资产在最终控制方合并财务报表中的账面价值的份额（包括最终控制方收购被合并方而形成的商誉），不再在合并财务报表中列报对应部分的少数股东权益。

如不满足前述A1、A2两个条件之一的，通常表明少数股东权益实质存在，应参照本节“一、对现行准则规定的细化”之“（一）构成‘一揽子交易’”之“2. 合并财务报表处理规范”中“远期合同约定合并方有义务在未来按公允价格继续收购剩余少数股权”的情形进行处理，即将交易按合并日取得控制权的企业合并和已取得控制权情况下进一步收购少数股东权益的权益性交易进行处理，在合并日合并财务报表中继续列报对应部分少数股东权益。就签出的看跌期权确认一项金融负债的同时冲减合并方资本公积，资本公积不足冲减的，调整留存收益。

②合并方取得一份以被合并方普通股为基础的看涨期权

如协议约定，合并方未来有权按固定价格收购少数股东持有的股权，即合并方取得一份以被合并方普通股为基础的看涨期权的，合并方同样应评估该看涨期权是否满足以下两个条件之一：

B1：是否在取得看涨期权的同时签出一项条件对等的看跌期权。

B2：该项看涨期权是否为重大价内期权，合并方是否具有行权的重大经济动因。

如满足前述 B1、B2 两个条件之一的，通常表明少数股东权益实质不存在，应参照本节“一、对现行准则规定的细化”之“（一）构成‘一揽子交易’”之“2. 合并财务报表处理规范”中“远期合同约定合并方有义务在未来按固定价格继续收购剩余少数股权”的情形进行处理，即应在合并日视同已经购入对应的少数股权，将剩余股权支付义务全额确认为金融负债，该金融负债视同合并成本的一部分，并以此为基础确认应享有被合并方净资产在最终控制方合并财务报表中的账面价值的份额（包括最终控制方收购被合并方而形成的商誉），不再在合并财务报表中列报对应部分的少数股东权益。

如不满足前述 B1、B2 两个条件之一的，通常表明少数股东权益实质存在，应参照本节“一、对现行准则规定的细化”之“（一）构成‘一揽子交易’”之“2. 合并财务报表处理规范”中“远期合同约定合并方有义务在未来按公允价格继续收购剩余少数股权”的情形进行处理，即将交易按合并日取得控制权的企业合并和已取得控制权情况下进一步购买少数股东权益的权益性交易进行处理，合并日合并财务报表中继续列报对应部分少数股东权益。

二、案例分析与解读

（一）构成"一揽子交易"

【案例3】

甲公司于2018年1月1日以货币资金3400万元取得了A公司30%的股份，对A公司具有重大影响，当日A公司的可辨认净资产公允价值为11,000万元（与账面价值相等）。其中，股本5000万元，资本公积5200万元，盈余公积380万元，未分配利润420万元。A公司盈余公积与未分配利润均为最终控制方开始实施控制后形成。

A公司2018年度实现净利润500万元，未发放现金股利，因其他权益工具投资公允价值变动增加其他综合收益200万元。其中，股本5000万元，资本公积5200万元，其他综合收益200万元，盈余公积430万元，未分配利润870万元。

2019年6月30日，甲公司从集团内部以货币资金5000万元进一步取得A公司40%的股份，能够对A公司实施控制。合并日A公司在该日所有者权益的账面价值为12,200万元（与相对最终控制方而言持续计算的账面价值相等，最终控制方此前编制合并财务报表时有商誉100万元）。A公司2019年1月至6月实现净利润500万元，其中，股本5000万元，资本公积5200万元，其他综合收益200万元，盈余公积480万元，未分配利润1320万元。

假定甲公司2019年1月1日资本公积——股本溢价2000万元。

【假定】案例3中，甲公司分步取得B公司70%股权的交易构成"一揽子交易"，不考虑所得税和其他内部交易。

【案例解析】

2018年1月1日至2019年6月30日，甲公司个别财务报表与合并财务报表会计处理如下：

1.个别财务报表层面

（1）2018年1月1日

借：长期股权投资——第一次取得股权3400

　　贷：银行存款3400

长期股权投资的初始投资成本3400万元，与应享有被合并方净资产在最终控制方合并财务报表中的账面价值的份额（暂不包括最终控制方收购被合并方而形成的商誉）3300万元（11,000×30%）的差额100万元，暂不进行处理。

（2）2018年12月31日至2019年6月30日

无须就A公司实现的损益或者其他综合收益变动编制会计分录。

（3）2019年6月30日

合并日长期股权投资初始投资成本 =12,200×70%+100=8640万元，合并日长期股权投资的初始投资成本8640万元，与达到合并前历次股权取得日的长期股权投资初始投资成本3400万元，加上合并日进一步取得股权新支付对价的账面价值5000万元之和的差额，一并调整资本公积（资本溢价或股本溢价）。

借：长期股权投资 8640

贷：银行存款 5000

长期股权投资——第一次取得股权 3400

资本公积——股本溢价 240

2.合并财务报表层面

（1）编制合并日抵销分录：

借：股本 5000

资本公积 5200

其他综合收益 200

盈余公积 480

未分配利润 1320

商誉 100

贷：长期股权投资 8640

少数股东权益 3660（12,200×30%）

（2）被合并方在企业合并前实现的留存收益和其他综合收益中归属于合并方的部分，应予以恢复。由于准则规定，合并方在编制合并日的合并利润表时，应包含合并方及被合并方自合并当期期初至合并日实现的净利润，因此还需考虑合并利润表，剥离确认少数股东损益：

借：资本公积——股本溢价 1400

少数股东损益 150（500×30%）

贷：其他综合收益 140（200×70%）

盈余公积 336（480×70%）

未分配利润 1074（1320×70%+150）

验证：未分配利润应恢复金额 =1320×70%=1074-150=924 万元

3. 调整 2018 年比较报表数据

（1）视同 2018 年 1 月 1 日已经合并（持股 70%），按合并财务报表编制程序进行调整（模拟权益法）：

借：长期股权投资 210［（500×30%）+（200×30%）］

资本公积 280［（500×40%）+（200×40%）］

贷：投资收益 350（500×70%）

其他综合收益 140（200×70%）

（2）视同该项合并在 2018 年已发生，编制抵销分录：

借：股本 5000

资本公积 5200

其他综合收益 200

盈余公积 430

未分配利润 870

商誉 100

贷：长期股权投资 3610（3400+210）

资本公积 4680

少数股东权益 3510（11,700×30%）

（3）被合并方在视同合并日前实现的留存收益中归属于合并方的部分，应予以恢复：

借：资本公积——股本溢价 560

贷：盈余公积 266（380×70%）

未分配利润 294（420×70%）

（4）因已经将子公司利润表合并，需要将对子公司投资收益抵销，还原为 2018 年具体的利润表项目，同时还原子公司被抵销的留存收益，使合并财务报表反映包括子公司在内的整个集团的盈利情况，并剥离确认少数股东损益以及归属于少数股东的其他综合收益。同时还需补提归属母公司当年的盈余公积：

借：投资收益 350

其他综合收益 140

少数股东损益 150

归属于少数股东的其他综合收益 60
年初未分配利润 420
贷：年末未分配利润 870
提取盈余公积 50（500×10%）
其他综合收益 200
借：提取盈余公积 35
贷：盈余公积 35
验证：未分配利润应恢复金额
=870×70%=294+870+50−420−35−150=609 万元
盈余公积应恢复金额 =430×70%=266+35=301 万元

（二）不构成“一揽子交易”

【假定】案例 3 中，甲公司分步取得 B 公司 70% 股权的交易不构成“一揽子交易”，不考虑所得税和其他内部交易。其他交易背景与案例 3 相同。

【案例解析】

2018 年 1 月 1 日至 2019 年 1 月 1 日，甲公司个别财务报表与合并财务报表会计处理如下：

1. 个别财务报表层面
（1）2018 年 1 月 1 日
借：长期股权投资——投资成本 3400
贷：银行存款 3400
（2）2018 年 12 月 31 日
借：长期股权投资——损益调整 150（500×30%）
贷：投资收益 150
借：长期股权投资——其他综合收益 60（200×30%）
贷：其他综合收益 60
（3）2019 年 6 月 30 日
借：长期股权投资——损益调整 150（500×30%）
贷：投资收益 150

合并日长期股权投资初始投资成本 =12,200×70%+100=8640 万元，与达到合并前的长期股权投资账面价值 3760 万元，加上合并日进一步取得股份新支付对价的账面价值 5000 万元之和的差额，调整资本公积：

借：长期股权投资 8640

　　资本公积——股本溢价 120

　　贷：银行存款 5000

　　　　长期股权投资——投资成本 3400

　　　　　　　　　　——损益调整 300

　　　　　　　　　　——其他综合收益 60

2. 合并财务报表层面

（1）编制合并日抵销分录：

借：股本 5000

　　资本公积 5200

　　其他综合收益 200

　　盈余公积 480

　　未分配利润 1320

　　商誉 100

　　贷：长期股权投资 8640

　　　　少数股东权益 3660（12,200×30%）

（2）被合并方在企业合并前实现的留存收益和其他综合收益中归属于合并方的部分，剔除合并方个别财务报表已经按权益法确认的被合并方净资产变动金额，应予以恢复。由于准则规定，合并方在编制合并日的合并利润表时，应包含合并方及被合并方自合并当期期初至合并日实现的净利润，因此还需考虑合并利润表，剥离确认少数股东损益：

借：资本公积——股本溢价 1040

　　少数股东损益 150（500×30%）

　　贷：其他综合收益 80（200×70%−60）

　　　　盈余公积 306（480×70%−30）

　　　　未分配利润 804（1320×70%−270+150）

验证：未分配利润应恢复金额 =1320×70%=1320×70%−270+150+270−

150=924 万元

对于甲公司个别财务报表按权益法核算原长期股权投资，在合并日已经全部结转到新的长期股权投资初始投资成本之中，并在合并财务报表中经过抵销分录消除。但之前长期股权投资按权益法核算确认的被合并方净资产变动，仍然保留在甲公司个别财务报表中（2018 年和 2019 年上半年确认的投资收益以及其他综合收益都已经结转到资产负债表的所有者权益项目中）。因此，在恢复被合并方合并前实现的留存收益和其他综合收益时，应该考虑到合并方在前期通过权益法核算已经反映了被合并方部分留存收益和其他综合收益，在恢复时应将该部分金额剔除，避免重复计算被合并方净资产。

3. 调整 2018 年比较报表数据

（1）冲销权益法核算结果，避免对被合并方净资产重复计算：

借：投资收益 150

　　贷：长期股权投资 150

借：其他综合收益 60

　　贷：长期股权投资 60

（2）视同 2018 年 1 月 1 日已经合并（持股 70%），按合并财务报表编制程序进行模拟权益法调整：

借：长期股权投资 210［（500×30%）+（200×30%）］

　　资本公积 280［（500×40%）+（200×40%）］

　　贷：投资收益 350（500×70%）

　　　　其他综合收益 140（200×70%）

（3）视同该项合并在 2018 年已发生，编制抵销分录：

借：股本 5000

　　资本公积 5200

　　其他综合收益 200

　　盈余公积 430

　　未分配利润 870

　　商誉 100

　　贷：长期股权投资 3610（3400+210−210+210）

　　　　资本公积 4680

少数股东权益 3510（11,700×30%）

（4）被合并方在视同合并日前实现的留存收益中归属于合并方的部分，应予以恢复：

借：资本公积——股本溢价 560

贷：盈余公积 266（380×70%）

未分配利润 294（420×70%）

（5）因已经将子公司利润表合并，需要将对子公司投资收益抵销，还原为2018年具体的利润表项目，同时还原子公司被抵销的留存收益，使合并财务报表反映包括子公司在内的整个集团的盈利情况，并剥离确认少数股东损益以及归属于少数股东的其他综合收益。同时还需补提归属母公司当年的盈余公积：

借：投资收益 350

其他综合收益 140

少数股东损益 150

归属于少数股东的其他综合收益 60

年初未分配利润 420

贷：年末未分配利润 870

提取盈余公积 50（500×10%）

其他综合收益 200

借：提取盈余公积 35

贷：盈余公积 35

验证：未分配利润应恢复金额

=870×70%=294+870+50−420−35−150=609 万元

盈余公积应恢复金额 =430×70%=266+35=301 万元

第三节　展　　望

通过前述分析可以发现，一揽子交易企业合并中涉及的诸多问题牵涉新金融工具、长期股权投资、企业合并、合并财务报表等多个准则之间如何理解与适用的问题，还涉及新旧准则的衔接与协调，整体而言较为复杂，国际准则制定机构和监管部门也对其中部分问题展开了长时间研究与讨论，但仍然有部分问题尚未形成明确决议，或尚难达成共识。由此，实务界也具有一定的专业判断空间，但最终处理结果仍然需要符合会计准则的原则性规定。目前，国际准则制定机构相关研究项目情况如下：

一、《具有权益特征的金融工具》项目

（一）购买方向少数股东签出看跌期权的处理方法

国际准则制定机构曾希望在《具有权益特征的金融工具》项目中解决部分企业合并中涉及的问题。例如，在2018年发布的《具有权益特征的金融工具》讨论稿中，就购买方向少数股东签出看跌期权的情形进行了讨论并给出了建议处理方法：

1. 在签出看跌期权之日初始确认时，按照赎回金额的现值确认负债成分，按照公允价值终止确认相关少数股东权益。同时，确认隐含签出的以被购买方普通股为基础的看涨期权的权益成分（到期如果被购买方普通股公允价值上升，少数股东可以拒绝行权卖出相关股权，站在合并财务报表角度，可以理解为少数股东按固定价格“购回”了相关股权，反映了少数股东放弃行使看跌期权的选择权）。具体会计处理如下：

借：少数股东权益

　　贷：其他应付款——签出看跌期权

　　　　其他权益工具——隐含看涨期权的转股权（权益成分，差额）

讨论稿同时明确，该拆分处理并不适用于回购自身权益工具的远期合同，对于此类远期合同，当确认金融负债并终止确认少数股东权益后，将不存在其他权利和义务需要被分拆为权益成分（因为在远期合同中，对交易双方都构成义务，少数股东并没有转股选择权）。

2. 在后续，对初始确认的负债成分按照新金融工具准则进行后续计量，并将后续计量产生的利得或损失确认为收益和费用，而权益成分的变动则计入所有者权益。具体会计处理如下：

借：财务费用

　　贷：其他应付款——签出看跌期权后续变动

借：资本公积

　　贷：其他权益工具——隐含看涨期权的转股权

3. 在看跌期权到期行权时，以支付现金对价结算确认的金融负债，同时将权益成分转入所有者权益。如看跌期权到期未行权，则终止确认金融负债和权益成分，并恢复少数股东权益。具体会计处理如下：

（1）看跌期权到期行权

借：其他应付款

　　贷：银行存款

借：其他权益工具

　　贷：资本公积

（2）看跌期权到期未行权

借：其他应付款

　　其他权益工具

　　贷：少数股东权益

（二）利益相关方的反馈意见以及国际准则制定机构的最新进展

在《具有权益特征的金融工具》项目讨论稿发布后，利益相关方对于讨论稿提出的基于“时间特征”和“金额特征”的两特征分类法，提出了较多意见和不同看法，整体而言分歧较大。实务界人士普遍担心金融负债和权益的新分类原则，可能由于变化太大而导致对现行实务产生难以预期的后果。

例如，对于前述企业合并中购买方对少数股东签出看跌期权的处理方式，有反馈意见认为，前述处理方法并没有解决以前实务中争议的问题。在与少数股东权益相关的法定表决权以及风险报酬均没有转移的情况下，终止确认少数股东权益并不合适。同时，就隐含签出的看涨期权，虽然反映了少数股东放弃行使看跌期权的选择权，但在权益内部确认该权益成份可能并没有意义，而且将签出看跌期权的权益成分作为类似可转换债券的看涨期权或转股权反映出来，对报表使用者和编制者而言过于复杂，而且未必能够反映该类金融工具的商业实质。

基于此，目前国际准则制定机构已经决定放弃引入讨论稿提出的两特征分类法，调整《具有权益特征的金融工具》项目研究方向，重新回到现行金融工具准则框架下来解决实务执行中的难题。

二、《同一控制下企业合并》项目

2020 年 11 月，国际准则制定机构《同一控制下企业合并》项目讨论稿发布，根据目前形成的初步意见，同一控制下企业合并也要区分具体情况分别适用“修正的购买法”和“修正的权益结合法”，而不再适用现行“权益结合法”，预期也将给企业合并实务带来新的变化。

（一）区分具体情况分别适用“修正的购买法”和“修正的权益结合法”

1. 现行“权益结合法”

在我国现行准则中，对于同一控制下企业合并采用的是权益结合法。现行权益结合法，视企业合并为参与合并的双方通过股权的交换形成的所有者权益的联合，而非资产的交易。

在权益结合法中，原所有者权益继续存在，以前会计基础保持不变。合并方在企业合并中取得的资产和负债，应当按照合并日被合并方的资产、负债在最终控制方合并财务报表中的账面价值计量。合并方取得的净资产账面价值份额加上最终控制方收购被合并方时形成的商誉之和与支付的合并对价账面价值（或发行股份面值总额）的差额，应当调整资本公积（资本溢价或股本溢价）；资本公积余额不足的，应当依次冲减盈余公积和未分配利润。同一控制下的企业合并，在编制合并当期期末的比较报表时，应视同参与合并各方在最终控制方开始实施控制时即以目前的状态存在，对比较报表的相关项目进行重述调整。同一控制下企业合并现行权益结合法的具体细节和编制方法可参见本章第二节，不再赘述。

2. 区分具体情况分别适用“修正的购买法”和“修正的权益结合法”

《同一控制下企业合并》项目形成的初步意见如下：

（1）如合并方存在少数股东，且同一控制下企业合并实施完成后，合并方的少数股东会受到影响的，应适用“修正的购买法”（“修正的购买法”与现行“购买法”的主要区别见后述），不得采用权益结合法。当合并方少数股东能够通过合并方间接获得被合并方的所有者权益，从而导致被合并方所有者权益发生实质变化的，则认为合并方的少数股东会受到影响。

（2）如同一控制下企业合并实施完成后，合并方的少数股东不会受到影响时，则应适用“修正的权益结合法”（“修正的权益结合法”与现行“权益结合法”的主要区别见后文）。最典型的情形为，当合并方与被合并方均是最终控制方全资子公司，合并方不存在少数股东时，由于合并方与被合并方均为最终控制方全资控股，在企业合并发生前后，被合并方的所有者权益未发生实质变化，不存在影响合并方少数股东的情况。

（3）考虑到成本效益原则并防止企业构造合并交易进行盈余管理，国际准则制定机构对于部分应适用“修正的购买法”的同一控制下企业合并，要求或者允许合并方不采用“修正的购买法”，而采用“修正的权益结合法”。具体而言，如果合并方不是上市公司或公众公司，且所有少数股东都是合并方的关联方，应适用“修正的权益结合法”；如果合并方不是上市公司或公众公司，且并非所有少数股东都是合并方的关联方时，但所有少数股东均不反对采用“修正的权益结合法”的，合并方可以采用“修正的权益结合法”。

（二）“修正的购买法”与现行“购买法”的主要区别

为了反映同一控制下企业合并与非同一控制下企业合并的区别，“修正的购买法”要求，合并日合并成本小于享有的被合并方可辨认净资产公允价值的份额，不得计入合并当期损益，而应计入所有者权益的资本公积（资本溢价或股本溢价）。

（三）“修正的权益结合法”与现行“权益结合法”的主要区别

与现行“权益结合法”不同，“修正的权益结合法”要求，对于合并方在企业合并中取得的资产和负债，应当按照合并日在被合并方财务报表中的账面价值计量，而无须考虑合并日被合并方的资产、负债在最终控制方合并财务报表中的账面价值。因此，与非同一控制下企业合并类似，合并方在编制合并资产负债表时，应当自合并日开始将被合并方资产与负债纳入合并范围。同时，由于无须视同合并后的报告主体自最终控制方开始控制时点起一直存在，在编制合并当期期末的比较报表时，也不再需要对比较报表的相关项目进行重述调整。

第三章
购买子公司少数股权疑难问题

第一节　现行准则规定及其逻辑基础

现行会计准则中，对于母公司取得子公司控制权后，进一步购买子公司少数股权问题，其在合并财务报表层面的处理规定是明确的，即购买子公司少数股权在合并财务报表中属于权益性交易。因控制权未发生改变，商誉金额只反映原投资部分，新增持股比例部分在合并财务报表中不确认新的商誉。

现行准则将该交易认定为权益性交易的逻辑基础将在本编第四章中将进行详细分析，此处不赘述。

第二节　实务中存在的争议

合并财务报表准则规定，母公司购买子公司少数股东拥有的子公司股权，在合并财务报表中，因购买少数股权新取得的长期股权投资与按照新增持股比例计算应享有子公司自购买日或合并日开始持续计算的净资产份额之间的差额，应当调整资本公积（资本溢价或股本溢价），资本公积不足冲减的，调整留存收益。

该准则对具体处理原则进行了规定，但是对于以下问题在实务中仍然存在争议：第一，在个别财务报表和合并财务报表中，对于收购少数股权支付的现金，在现金流量表中如何列示；第二，权益性交易后，合并财务报表中商誉金额不得发生变化，那么新收购部分股权后，后续商誉减值如何处理。

第三节 购买子公司少数股权完整处理规范

一、个别财务报表层面

母公司购买子公司少数股东拥有的子公司股权的，在母公司个别财务报表中，其自子公司少数股东处新取得的长期股权投资应当按照长期股权投资准则的规定确定其入账价值。

二、合并财务报表层面

在合并财务报表中，子公司的资产、负债应以购买日或合并日所确定的净资产价值开始持续计算的金额反映，因购买少数股权新取得的长期股权投资与按照新增持股比例计算应享有子公司自购买日或合并日开始持续计算的净资产份额之间的差额，应当调整母公司个别财务报表中的资本公积（资本溢价或股本溢价），资本公积不足冲减的，调整留存收益。

三、商誉减值问题

母公司进一步增加持有的子公司份额，在初始企业合并时这些份额没有确认出对应的商誉，进一步购买子公司股权时不确认新的商誉。因此按照合并财务报表准则的规定计算少数股东权益和调整权益科目时，只是将少数股东权益的账面金额调减，其与支付对价的差额计入资本公积。

根据《企业会计准则第 8 号——资产减值》（以下简称资产减值准则）的规定，在资产负债表日进行商誉减值测试时，出于减值测试的目的，应对资产组的账面价值进行调整，使其包括归属于少数股东权益的商誉价值，即按照商誉初始确认时的股权比例进行还原。如果出现减值，要分别确认归属于母公司和归属于少数股东的商誉减值损失。但是，如果少数股东权益对应的商誉价值不在合并财务报表中反映，则归属于少数股东的商誉减值损失亦不反映，合并财务报表只反映归属于母公司的商誉减值损失。所以，由于进一步收购子公司少数股权时，少数股东权益对应的商誉价值在合并财务报表中没有反映，因此合并财务报表中不应列报归属于少数股东的商誉减值损失。

四、现金流量表问题

母公司购买子公司少数股东权益的现金流出，在母公司个别财务报表层面应作为投资活动产生的现金流量，在合并财务报表层面，应作为筹资活动产生的现金流量，计入“支付其他与筹资活动有关的现金”（不丧失控制权情况下，部分处置子公司股权收到的现金，也应作为筹资活动产生的现金流量）。

该项调整的原因在于，从合并财务报表角度分析，该项交易改变了少数股东权益比重，影响了企业资本构成，而导致企业资本规模或者构成发生变化的，应当归属于筹资活动，不能再计入投资活动现金流出。实务中，还有一种观点认为，此类交易为股东之间的权益性交易，不应该影响现金流，但站在企业集团角度，母公司把现金支付给少数股东，资金真实流出了企业集团，所以仍然影响了现金流量表，类似于企业集团出资回购了部分股份（仅是类似理解，其实并非回购股份）。

第四节　案例分析与解读

【案例】

A公司于2018年12月29日以20,000万元取得对B公司70%的股权，能够对B公司实施控制，形成非同一控制下企业合并。2020年6月25日，A公司又出资7500万元自B公司的其他股东处取得B公司20%的股权。同时，A公司与B公司及B公司的少数股东在相关交易发生前不存在任何关联关系。

2018年12月29日，A公司在取得B公司70%股权时，B公司可辨认净资产公允价值总额为25,000万元。

2020年6月25日，B公司有关资产、负债的账面价值、自购买日开始持续计算的金额如表2-3-1所示：

表 2-3-1 B 公司相关项目账面价值与公允价值

单位：万元

项目	B 公司相关项目账面价值	B 公司资产、负债自购买日开始持续计算的金额
存货	1250	1250
应收账款	6250	6250
固定资产	10,000	11,500
无形资产	2000	3000
其他资产	5500	8000
应付款项	1500	1500
其他负债	1000	1000
净资产	22,500	27,500

B 公司净资产账面价值为 22,500 万元，其 20% 部分账面价值为 4500 万元，其公允价值为 5500 万元，A 公司支付了 7500 万元对价，高于对应份额的公允价值。

【案例解析】

首先，取得 70% 股权的会计处理：

2018 年 12 月 29 日购买 B 公司 70% 的股权，为非同一控制下企业合并，A 公司取得对 B 公司长期股权投资的成本为 20,000 万元。这部分按照如下方式处理：

B 公司 70% 股权公允价值为 17,500 万元（25,000×70%），A 公司支付了 20,000 万元，支付价款超过公允价值的部分在 A 公司个别财务报表不反映商誉，在合并财务报表中反映为商誉。

A 公司个别财务报表处理如下：

借：长期股权投资 20,000

　　贷：银行存款 20,000

A 公司合并财务报表处理如下：

A 公司取得对 B 公司 70% 股权时产生的商誉 =20,000-25,000×70%=2500 万元

借：B 公司净资产公允价值 25,000

　　商誉 2500

　　贷：少数股东权益 7500（25,000×30%）

长期股权投资 20,000

其次，取得 20% 股权的会计处理：

A 公司个别财务报表处理如下：

借：长期股权投资 7500

贷：银行存款 7500

A 公司合并财务报表处理如下：

因购买少数股权新增加的长期股权投资成本 7500 万元与按照新取得的股权比例（20%）计算确定应享有子公司自购买日开始持续计算的可辨认净资产份额 5500 万元之间的差额 2000 万元，在合并资产负债表中调整所有者权益相关项目，首先调整资本公积（资本溢价或股本溢价），在资本公积的金额不足冲减的情况下，调整留存收益。在合并财务报表中调整分录如下：

借：资本公积 2000

贷：长期股权投资 2000

通过该笔分录，在合并财务报表层面将 A 公司收购 20% 股权部分的价值调整为 27,500×20%，将长期股权投资内含的商誉调整计入资本公积，体现为权益性交易，后续合并财务报表时将不会产生新的商誉，后续商誉减值损失也仅以前期确认的商誉 2500 万元为限，仅归属于母公司股东承担。合并财务报表层面其他调整抵销分录为：

借：长期股权投资 1750［（27,500−25,000）×70%］

贷：投资收益等 1750

借：B 公司净资产公允价值 27,500

商誉 2500（商誉金额不变）

贷：少数股东权益 2750（27,500×10%）

长期股权投资 27,250（20,000+7500−2000+1750）

在合并现金流量表中，支付 7500 万元应该计入“支付其他与筹资活动有关的现金”，调整分录如下：

借：投资支付的现金 7500

贷：支付其他与筹资活动有关的现金 7500

第四章 不丧失控制权情况下部分处置对子公司投资疑难问题

相比不丧失控制权情况下部分处置对子公司投资的情况，本编第三章所分析的进一步收购少数股东权益的处理相对清晰简单。本章重点对不丧失控制权情况下部分处置对子公司投资系列问题进行阐释。

第一节　现行准则规定及其逻辑基础

现行会计准则中，对于不丧失控制权情况下部分处置对子公司投资的问题，在个别财务报表与合并财务报表层面的处理原则是明确的，即母公司个别财务报表层面视同具有商业实质的交易，正常确认损益。但在合并财务报表层面应认定为权益性交易，不得因该交易影响合并财务报表层面的损益，也不应影响合并财务报表中的资产（包括商誉）和负债的计量。

我国合并财务报表准则与国际财务报告准则实质趋同，国际财务报告准则将此类交易认定为权益性交易的逻辑基础为，国际准则制定机构认为，购买方取得被购买方的控制权是企业合并中的重大经济事项，购买方应当对企业合并中取得的所有资产和负债进行确认与计量。购买方取得被购买方控制权后，购买方将与少数股东共享被购买方生产经营所产生的净利润。之后，购买方与被购买方少数股东之间发生交易时（无论是进一步购买少数股东所持有的股权，还是不丧失控制权情况下处置部分股权给少数股东），由于购买方没有对子公司投入新增资产，也没有收回子公司已有的资产，子公司的财务状况与盈利能力都不会因为购买方与少数股东之间权益比例的调整而受到影响，购买方仍然是通过其之前已经控制的被购买方资产来取得收益。唯一的变化在于，随着购买方与被购买方少数股东之间权益比例的调整，购买方所能获取被购买方净利润的比例也将随之增加或减少。因此，购买方与被购买方少数股东之间发生交易时，如购买方不丧失控制权的，不应影响包含在合并财务报表中的资产（包括商誉）和负债的计量。

第二节　现行准则规定有待进一步明确的问题

合并财务报表准则规定，母公司在不丧失控制权的情况下部分处置对子公司投资，在合并财务报表中，处置价款与处置长期股权投资相对应享有子公司自购买日或合并日开始持续计算的净资产份额之间的差额，应当调整资本公积（资本溢价或股本溢价），资本公积不足冲减的，调整留存收益。

该准则对“处置价款与处置长期股权投资相对应享有子公司自购买日或合并日开始持续计算的净资产份额之间的差额”的处理给出了明确规定，但是对于如下三个问题，现行准则没有明确规定，实务处理中存在争议：第一，当原长期股权投资内含商誉时，子公司净资产份额也包含商誉，此时在合并财务报表中，应当调整资本公积的金额，是否需要考虑商誉的影响。第二，处置时点，处置的比例对应的母公司长期股权投资账面价值与对应的子公司自购买日或合并日开始持续计算的净资产份额的差额如何处理？第三，权益性交易后，合并财务报表商誉金额不得发生变化，那么处置部分长期股权投资后，原长期股权投资中内含的商誉如何处理，后续商誉减值会受到何种影响？

第三节　对现行准则规定的细化

就该问题，结合准则精神，笔者提出如下完整处理框架：

一、母公司个别财务报表层面

母公司不丧失控制权情况下部分处置对子公司的长期股权投资的，在母公司个别财务报表中作为长期股权投资的处置，确认有关处置损益。即出售股权取得的价款或对价的公允价值与所处置投资账面价值的差额，应作为投资收益或损失计入处置投资当期母公司个别财务报表。

二、合并财务报表层面

在母公司个别财务报表上确认的投资收益，属于处置价款与处置长期股权投资相对应享有子公司自购买日或合并日开始持续计算的净资产份额加商誉之间的差额的部分，应当将其调整资本公积。

母公司个别财务报表中确认的投资收益的其余部分（处置的比例对应的母公司长期股权投资账面价值减内含商誉后，与对应的子公司自购买日或合并日开始持续计算的净资产份额的差额），应当调整合并财务报表所有者权益项目或当期投资收益项目明细。具体而言，如子公司净资产公允价值变动系由于原取得投资时至处置投资当期期初子公司净损益变动引起，则将个别财务报表确认的投资收益调整计入留存收益（该处理调整了个别财务报表层面相关投资收益的归属期间）；如子公司净资产公允价值变动系由于子公司其他权益变动引起（如其他综合收益变动），则将个别财务报表确认的投资收益调整计入对应所有者权益项目。如子公司净资产公允价值变动系由于处置投资当期期初至处置日子公司净损益变动引起，将处置形成的“投资收益——处置损益”按模拟权益法合并财务报表要求，调整进入“投资收益——模拟权益法调整收益”（该调整对投资收益一级科目而言，实质无影响）。

三、商誉问题

（一）商誉问题处理原则

合并财务报表中的商誉金额不得因母公司持股比例降低而改变。母公司通过处置部分股权减少了享有子公司净资产份额的比例，而该份额在母公司初始纳入合并范围时确认了商誉。因此，按照规定计算少数股东权益和调整权益项目时，子公司净资产份额应包含初始确认的部分商誉（前述合并财务报表层面处理中提及的，在确定应调整资本公积的金额时，应以“处置价款与处置长期股权投资相对应享有子公司自购买日或合并日开始持续计算的净资产份额加商誉之间的差额”为准，而非以“处置价款与处置长期股权投资相对应享有子公司自购买日或合并日开始持续计算的净资产份额之间的差额”为准），新增确认的少数股东权益的金额也相应包含此部分商誉。

（二）对商誉问题处理原则的说明——“跟随锁定”的部分商誉法

现行准则体系对于企业合并形成的商誉，采用的是部分商誉法而非完全商誉法，即合并财务报表中只体现归属于母公司股东享有的商誉，不确认归属于少数股东的商誉。

例如，甲公司在2019年1月1日以1600万元的价格收购了乙公司80%股权。在收购日，乙公司可辨认资产公允价值为1500万元，没有负债和或有负债。因此，甲公司在其合并财务报表中确认商誉400万元（1600–1500×80%），乙公司可辨认净资产公允价值1500万元和少数股东权益300万元（1500×20%）。其中，归属于少数股东权益的商誉价值100万元［（1600/80%–1500）×20%］并不体现在合并财务报表中，合并财务报表仅反映400万元商誉。只有在后续进行商誉减值测试时，会对归属于少数股东权益的商誉进行还原。

但是，在不丧失控制权情况下部分处置对子公司投资时，虽然继续维持部分商誉法处理原则，但是该部分商誉要进行“跟随锁定”，即商誉金额不变但原股权中内含的商誉随着股权处置要跟随调整到少数股东权益中，也即经过处理后，新的少数股东权益中会包含商誉（此处是一个特例，按一般原则，合并财务报表中商誉应仅反映归属于母公司股东的金额）。

例如，续前述示例背景，假设后续甲公司处置了乙公司20%的股权，新增确认的少数股东权益的金额也相应包含此部分商誉100万元（400×20%/80%=100万元），原长期股权投资中仅保留300万元商誉。

（三）商誉减值测试处理方式

在进行商誉减值测试时，由于现行准则为部分商誉法，根据资产减值准则的规定，出于减值测试的目的，应对资产组的账面值进行调整，使其包括归属于少数股东权益的商誉价值，即按照商誉初始确认时的股权比例进行还原。如果出现减值，要分别确认归属于母公司和归属于少数股东的商誉减值损失。

按前述示例背景，即将商誉价值还原为400/80%=500万元，计入可辨认净资产账面价值，再与乙公司相关资产组的可收回金额进行比较，确定商誉减值损失和可辨认资产的减值损失。

如少数股东权益对应的商誉价值不在合并财务报表中反映，则归属于少数股东的商誉减值损失亦不反映，合并财务报表只反映归属于母公司的商誉减值损失。如少数股东权益包含商誉的价值，合并财务报表中确认的商誉产生的减值损失不仅要归属于母公司，而且要归属于少数股东，即由母公司和少数股东共同承担商誉减值损失。按前述示例背景，因为新确认的少数股东权益包含20%股权对应的商誉价值，故出现商誉减值时，合并财务报表中确认的商誉减值损失不仅应分摊给母公司（60%股权对应的金额），也应分摊给少数股东（20%股权对应的金额）。

第四节 案例分析与解读

一、年初处置股权处理方式

【案例1】

假设A公司2019年1月1日支付100万元取得B公司100%股权。B公司在购买日可辨认净资产公允价值为90万元（假定相关净资产均为经营性资产，没有负债），A公司确认商誉10万元。2019年12月31日，B公司净资产公允价值为120万元（假设净资产增加全部来源于子公司净利润增加导致的留存收益增加，即B公司2019年实现净利润30万元）。A公司2020年1月1日处置其持有的对B公司长期股权投资10%的份额，处置价款为15万元（假设不计提盈余公积）。假设2020年一整年，A公司与B公司均没有发生其他任何业务，2020年年末编制合并财务报表。

【案例解析】

第一步，母公司个别财务报表确认投资收益为5万元：

借：银行存款15

　　贷：长期股权投资10

　　　　投资收益5

第二步，2020年编制合并财务报表时，按照模拟权益法调整A公司核算的长期股权投资：

借：长期股权投资——损益调整 27（90%×30）

贷：年初未分配利润 27

对于处置价款与“处置长期股权投资相对应享有子公司自购买日开始持续计算的净资产份额加商誉”的差额，调整资本公积 15-（120×10%+10×10%）：

借：投资收益 2

贷：资本公积 2

对于处置日处置长期股权投资对应的子公司净资产公允价值与“处置长期股权投资在母公司个别财务报表上账面价值减商誉”的差额［120×10%-（100×10%-10×10%）］，调整期初所有者权益（实质是将子公司在2019年实现的净利润30万元的10%，直接追溯调整未分配利润，不影响当期合并利润表）：

借：投资收益 3

贷：未分配利润——期初 3

实务界处理该问题时，存在机械适用合并财务报表准则相关规定的问题，将调整资本公积的金额计算为15-120×10%=3万元（处置价款与处置长期股权投资相对应享有子公司自购买日或合并日开始持续计算的净资产份额之间的差额，应当调整资本公积），将调整期初所有者权益金额计算为120×10%-100×10%=2万元（处置的比例对应的母公司长期股权投资账面价值，与对应的子公司自购买日或合并日开始持续计算的净资产份额的差额，追溯调整合并财务报表期初所有者权益），并未将商誉的影响恰当考虑在内。

借：实收资本——年末 90

未分配利润——年末 30

商誉 10（商誉金额保持不变）

贷：长期股权投资 117

少数股东权益 13

（130×10%=13万元，内含10%股权对应的商誉）

借：年初未分配利润 30

贷：期末未分配利润 30

经过上述处理，母公司个别财务报表确认的投资收益被全部抵销完毕，体现权益性交易原则。

第三步，商誉减值问题。

如后续需对商誉进行减值测试，将100%商誉（10万元）计入子公司可辨认净资产账面价值与可收回金额进行比较，如商誉存在减值损失的，合并财务报表中确认的商誉减值损失不仅应分摊给母公司（90%股权对应的金额），也应分摊给少数股东（10%股权对应的金额）。具体分录为：

借：少数股东权益（具体金额为分摊的减值金额）

　　贷：少数股东损益

如果A公司在初始仅收购了B公司90%的股权，即初始只确认了90%的股权对应的商誉9万元，则商誉减值时，仅考虑归属于母公司股东部分的商誉减值损失。即用计算的完全商誉减值损失金额乘以90%，作为商誉减值损失，仅归属于A公司承担，无须考虑10%少数股东权益内含商誉的减值问题。

二、年中处置股权处理方式

【案例2】

假设A公司2019年1月1日支付100万元取得B公司100%股权。B公司在购买日可辨认净资产公允价值为90万元（假定相关净资产均为经营性资产，没有负债），存在商誉10万元。2019年12月31日，B公司净资产公允价值为120万元（假设净资产增加全部来源于子公司净利润增加导致的留存收益增加），2020年6月30日，B公司净资产公允价值为130万元（上半年接受政府补助计入营业外收入10万元）。A公司2020年7月1日处置其持有的长期股权投资10%的份额，假设处置价款为17万元（假设不计提盈余公积）。此外，B公司下半年也仅有一笔业务，接受政府补助计入营业外收入10万元。

A公司2018年12月31日资产负债表如下：

表2-4-1 A公司2018年年末资产负债表

项目	金额（万元）	项目	金额（万元）
银行存款	200	负债	0
		实收资本	200

2019年1月1日A公司购买B公司100%股权后资产负债表如下：

表 2-4-2　A 公司 2019 年 1 月 1 日资产负债表

项目	金额（万元）	项目	金额（万元）
银行存款	100	负债	0
长期股权投资	100	实收资本	200

B 公司 2019 年 1 月 1 日资产负债表如下：

表 2-4-3　B 公司 2019 年 1 月 1 日资产负债表

项目	金额（万元）	项目	金额（万元）
银行存款等	90	负债	0
		实收资本	90

B 公司 2019 年 12 月 31 日资产负债表与利润表如下：

表 2-4-4　B 公司 2019 年年末资产负债表

项目	金额（万元）	项目	金额（万元）
银行存款等	120	负债	0
		实收资本	90
		未分配利润	30

表 2-4-5　B 公司 2019 年利润表

项目	金额（万元）
营业收入	120
营业成本	90
净利润	30

A 公司处置 10% 长期股权投资后资产负债表与利润表如下：

表 2-4-6　A 公司处置 10% 长期股权投资后资产负债表

项目	金额（万元）	项目	金额（万元）
银行存款	117	负债	0
长期股权投资	90	实收资本	200
		未分配利润	7

表 2-4-7　A 公司处置 10% 长期股权投资后利润表

项目	金额（万元）
投资收益	7
净利润	7

B 公司 2020 年 12 月 31 日资产负债表与利润表如下：

表 2-4-8　B 公司 2020 年年末资产负债表

项目	金额（万元）	项目	金额（万元）
银行存款等	140	负债	0
		实收资本	90
		未分配利润	50

表 2-4-9　B 公司 2020 年利润表

项目	金额（万元）
营业外收入	20
净利润	20

表 2-4-10　合并资产负债表

项目	金额（万元）	项目	金额（万元）
银行存款等	257	负债	0
商誉	10	实收资本	200
		资本公积	3
		未分配利润	49
		少数股东权益	15

表 2-4-11　合并利润表

项目	金额（万元）
营业外收入	20
净利润	20
少数股东损益	1
归属于母公司股东损益	19

【案例解析】

第一步，母公司个别财务报表确认投资收益为 7 万元：

借：银行存款 17

　　贷：长期股权投资 10

　　　　投资收益——处置收益 7

第二步，编制合并财务报表时，按照模拟权益法，调整 A 公司核算的长期股权投资：

①借：长期股权投资——损益调整 27（90%×30）

　　贷：年初未分配利润 27

借：长期股权投资——损益调整 18（90%×20）

　　贷：投资收益 18

对于处置价款与“处置长期股权投资相对应享有子公司自购买日开始持续计算的净资产份额加商誉”的差额调整资本公积 17-（130×10%+10×10%）：

②借：投资收益——处置收益 3

　　贷：资本公积 3

对于处置日处置长期股权投资对应的子公司净资产公允价值与“处置长期股权投资在母公司个别财务报表上账面价值减商誉”的差额［130×10%-（100×10%-10×10%）］，调整所有者权益：

③借：投资收益——处置收益 4

　　贷：未分配利润——期初 3

　　　　投资收益——模拟权益法调整收益 1

④借：实收资本——年末 90

　　未分配利润——年末 50

　　商誉 10（保持不变）

　　贷：长期股权投资 135

　　　　少数股东权益 15（150×10%）

⑤借：年初未分配利润 30

　　投资收益 19

　　少数股东损益 1

　　贷：年末未分配利润 50

第三步，商誉减值问题。

如前所述，不赘述。

处理后，结果验证如下：

合并财务报表层面投资收益 =7+18−3−4+1−19=0 万元

合并财务报表层面商誉 =135+15−（90+50）=10 万元，体现权益性交易，不影响损益，不影响商誉的处理原则。合并财务报表中合并工作底稿如下：

表 2-4-12　合并工作底稿

单位：万元

项目	母公司	子公司	合计数	调整分录		抵销分录		少数股东权益	合并数
				借方	贷方	借方	贷方		
银行存款等	117	140	257						257
长期股权投资	90		90				④90		0
商誉						④10			10
实收资本	200	90	290			④90			200
未分配利润	计算见表末								49
资本公积					②3				3
少数股东权益								④15	15
投资收益	7		7	②3 ③4	①18 ③1	⑤19			0
营业外收入		20	20						20
净利润	7	20	27	7					20
少数股东损益								⑤1	1
归属于母公司股东损益									19

续表

项目	母公司	子公司	合计数	调整分录		抵销分录		少数股东权益	合并数
				借方	贷方	借方	贷方		
一、年初未分配利润	0	30	30		① 27 ③ 3	⑤ 30			30
二、年末未分配利润	7	50	57	7		④ 50	⑤ 50	1	49

第五章
丧失控制权情况下处置对子公司投资疑难问题

在本编第四章，对不丧失控制权情况下部分处置对子公司投资疑难问题进行了比较深入的分析与说明，本章重点聚焦处置对子公司投资而丧失控制权后（包括出售部分对子公司股权投资丧失控制权，以及出售对子公司全部股权投资丧失控制权），合并财务报表编制中的疑难问题。对该问题，现行长期股权投资准则与合并财务报表准则已经有相关规定，但是相关规定一方面较为原则、分散；另一方面在现行准则中，对合并资产负债表与合并利润表、合并现金流量表勾稽关系脱节问题，没有专门展开分析。同时，随着新金融工具准则的发布实施，也面临原准则与新金融工具准则重新衔接的问题。本章在充分梳理现行准则规定的基础上，进一步细化相关处理原则并与新金融工具准则进行衔接。最后通过案例形式，系统阐释丧失控制权情况下处置对子公司投资中的疑难问题，包括个别财务报表的处理、合并财务报表的处理、如何解决报表之间勾稽关系脱节以及与新金融工具准则衔接等问题。

第一节　现行准则规定梳理与归纳

企业在处置部分子公司股权而丧失控制权后，剩余部分股权可能继续对被投资方具有重大影响而适用长期股权投资准则按权益法核算，也可能不能再对被投资方实施共同控制或重大影响，则应改按新金融工具准则进行会计处理。这两种情形的处理差异主要体现在个别财务报表对剩余股权的处理上，合并财务报表层面处理逻辑是相同的，且剩余股权继续适用长期股权投资准则并按权益法核算的情形相对更为复杂。为聚焦本章关注的重点问题，后续的分析针对剩余部分股权继续适用长期股权投资准则按权益法核算的情形，特此说明。

一、个别财务报表层面

长期股权投资准则规范了个别财务报表层面的处理，相关规定分散在不同准则条款之中。总结如下：

1. 因处置投资等原因导致对被投资方由能够实施控制转为具有重大影响或者与其他投资方一起实施共同控制的，首先应按处置投资的比例结转应终止确认的长期股权投资成本。

2. 比较剩余长期股权投资的成本与按照剩余持股比例计算原投资时应享有被投资方可辨认净资产公允价值的份额，前者大于后者的，属于投资作价中体现的商誉部分，不调整长期股权投资的账面价值；前者小于后者的，在调整长期股权投资成本的同时，调整留存收益。

3. 对于原取得投资时点至处置投资时点（转为权益法核算）之间被投资方实现的净损益中投资方应享有的份额，应当调整长期股权投资的账面价值。同时，对于原取得投资时点至处置投资当期期初被投资方实现的净损益（扣除已宣告发放的现金股利和利润）中应享有的份额，调整留存收益；对于处置投资当期期初至处置投资时点被投资方实现的净损益中享有的份额，调整当期损益。在被投资方其他综合收益变动中应享有的份额，在调整长期股权投资账面价值的同时，应当计入其他综合收益；除净损益、其他综合收益和利润分配外的其他原因导致被投资方其他所有者权益变动中应享有的份额，在调整长期股权投资账面价值的同时，应当计入资本公积（其他资本公积）。

4. 长期股权投资自成本法转为权益法后，未来期间应当按照长期股权投资准则规定计算确认应享有被投资方实现的净损益、其他综合收益和所有者权益其他变动的份额。

二、合并财务报表层面

合并财务报表准则规范了合并财务报表层面的处理，相关规定也分散在不同准则条款之中。总结如下：

1. 母公司因处置部分股权投资或其他原因丧失了对原有子公司控制的，在合并财务报表中，对于剩余股权，应当按照丧失控制权日的公允价值进行重新计量。处置股权取得的对价和剩余股权公允价值之和，减去按原持股比例计算应享有原有子公司自购买日开始持续计算的净资产的份额与商誉之和的差额，计入丧失控制权当期的投资收益。

2. 与原有子公司的股权投资相关的其他综合收益、其他所有者权益变动，应当在丧失控制权时转入当期损益，由于被投资方重新计量设定受益计划净负债或净资产变动而产生的其他综合收益除外。

3. 在报告期内，如果母公司处置子公司或业务，失去对子公司或业务的控制，被投资方从处置日开始不再是母公司的子公司，不应继续将其纳入合并财务报表的合并范围，在编制合并资产负债表时，不应当调整合并资产负债表的期初数；在编制合并利润表时，应当将该子公司或业务自当期期初至处置日的收入、费用、利润纳入合并利润表；在编制合并现金流量表时，应将该子公司或业务自当期期初至处置日的现金流量纳入合并现金流量表。

第二节　现行准则规定有待进一步明确的问题

一、报表之间勾稽关系脱节问题

根据现行准则，在母公司处置子公司丧失控制权后，不需要再将该子公司纳入合并财务报表范围，也即编制的合并资产负债表中，无须再包括该子公司处置日资产、负债与权益金额。但是，准则同时规定，在编制合并利润表时，应当将该子公司或业务自当期期初至处置日的收入、费用、利润纳入合并利润表；在编制合并现金流量表时，应将该子公司或业务自当期期初至处置日的现金流量纳入合并现金流量表。由此会产生两大勾稽关系脱节问题：

（一）合并利润表净利润与合并资产负债表留存收益勾稽关系脱节

由于合并资产负债表不再包括该子公司资产负债表，因此合并资产负债表的留存收益金额未包括该子公司当期期初至处置日实现的收益。但是，准则又规定，需要合并该子公司当期期初至处置日的利润表，由此合并利润表的净利润又包括被处置子公司期初至处置日实现的收益，由此导致合并资产负债表期初留存收益加合并利润表本期净利润，不等于合并资产负债表期末留存收益，二者的差额就是被处置子公司当期期初至处置日实现的收益。

（二）合并现金流量表期末现金及现金等价物余额与合并资产负债表期末货币资金余额勾稽关系脱节

同理，由于合并资产负债表中不再包括该子公司资产负债表，合并资产负债表期末货币资金余额不包括该子公司期末货币资金余额。但是，准则又规定，需要合并该子公司当期期初至处置日的现金流量表，由此合并现金流量表的期末现金及现金等价物余额又包括被处置子公司处置日现金及现金等价物余额，由此导致合并资产负债表期末货币资金余额不等于合并现金流量表的期末现金及现金等价物余额，二者的差额就是被处置的子公司处置日货币资金余额（剔除受限货币资金等其他货币资金以及短期国债投资等特殊情形）。

二、与新金融工具准则衔接问题

合并财务报表准则规定，合并财务报表层面，与原有子公司的股权投资相关的其他综合收益、其他所有者权益变动，应当在丧失控制权时转入当期损益，由于被投资方重新计量设定受益计划净负债或净资产变动而产生的其他综合收益除外。

新金融工具准则规定，企业根据本准则规定将非交易性权益工具投资指定为以公允价值计量且其变动计入其他综合收益的金融资产的，当该金融资产终止确认时，之前计入其他综合收益的累计利得或损失应当从其他综合收益中转出，计入留存收益，也即不得转入当期损益。因此，合并财务报表准则原规定与新金融工具准则需要重新衔接。

第三节 对现行准则规定的细化

一、针对报表之间勾稽关系脱节问题

（一）针对合并利润表净利润与合并资产负债表留存收益勾稽关系脱节问题

为解决该勾稽关系脱节问题，在合并财务报表时，被处置子公司期初至处置日的利润表数据，不录入合并试算平衡表中，利润表相关数据通过编制抵销分录来实现录入，将该抵销分录差异冲减“投资收益”报表项目，并剥离确认“少数股东损益”（如有）。该处理的目的即，将确认的投资收益中属于被处置子公司期初至处置日实现的净利润部分，还原为具体的收入、成本、费用等项目，从而实现勾稽关系的重新构建。

（二）针对合并现金流量表期末现金及现金等价物余额与合并资产负债表期末货币资金余额勾稽关系脱节问题

同理，为解决该勾稽关系脱节问题，在合并财务报表时，被处置子公司期初至处置日的现金流量表数据，以及被处置子公司期初现金及现金等价物余额数据，均不录入合并试算平衡表中，现金流量表相关数据通过编制抵销分录来实现录入，将该抵销分录差异冲减“处置子公司及其他营业单位收到的现金净额”报表项目。该处理的目的即站在合并财务报表层面，被处置的子公司其账面仍然持有相关现金和现金等价物的情况下，该部分现金和现金等价物应冲减处置子公司及其他营业单位收到的现金，该交易的本质是“现金换现金”，实质并未产生“净现金流入”。通过该抵销分录，一方面调整“处置子公司及其他营业单位收到的现金净额”报表项目，使该金额在合并财务报表层面反映的是净现金流入；另一方面将被处置子公司期初至处置日的现金流量表数据以及期初现金及现金等价物余额数据纳入合并现金流量表，从而实现勾稽关系的重新构建。

二、针对与新金融工具准则衔接问题

如前所述，为保持准则体系内在协调性，合并财务报表准则相关规定应修订

表述为：合并财务报表层面，与原有子公司的股权投资相关的其他综合收益、其他所有者权益变动，应当在丧失控制权时转入当期损益，由于被投资方重新计量设定受益计划净负债或净资产变动而产生的其他综合收益，以及被投资方以公允价值计量且其变动计入其他综合收益的非交易性权益工具产生的其他综合收益除外。

该规定的原理为，与原有子公司股权投资相关的其他综合收益，应当在丧失控制权时采用与被投资方直接处置相关资产或负债相同的基础进行会计处理。被投资方重新计量设定受益计划净负债或净资产变动而产生的其他综合收益以及被投资方以公允价值计量且其变动计入其他综合收益的非交易性权益工具产生的其他综合收益，终止确认相关资产、负债时，其他综合收益在所有者权益内部结转，转入留存收益而不转入当期损益。因此，投资方对此类其他综合收益也不得转入损益，应保持处理基础一致。

第四节　案例分析与解读

【案例】

2018年1月1日，甲公司支付600万元取得乙公司80%的股权（甲公司另有一全资子公司丙公司，尚未开展实际经营活动），投资当时乙公司可辨认净资产公允价值为500万元，商誉200万元。2018年1月1日至2019年6月30日，乙公司净资产增加了110万元，其中，2018年1月1日至2018年12月31日，按购买日公允价值计算实现的净利润50万元，持有非交易性权益工具投资（以公允价值计量且其变动计入其他综合收益的金融资产）的公允价值升值25万元。2019年1月1日至2019年6月30日，甲公司实现净利润400万元，乙公司按购买日公允价值计算实现的净利润35万元，非交易性权益工具投资的公允价值无变化。

2019年7月1日，甲公司转让乙公司60%的股权，收取现金726万元存入银行，转让后甲公司对乙公司的持股比例为20%，能够对其施加重大影响。2019年7月1日，即甲公司丧失对乙公司控制权日，乙公司剩余20%股权的公允价值为242万元。假设不计提盈余公积，不考虑相关税费、分配股利等其他影响因素。

其中，2018年年底，甲、乙、丙三家公司资产负债表如下：

表 2-5-1　2018 年年末甲、乙、丙公司资产负债表

单位：万元

项目	甲公司		乙公司		丙公司	
	期末余额	期初余额	期末余额	期初余额	期末余额	期初余额
货币资金	2100	2700	450	400	500	500
其他权益工具投资	0		125	100		
长期股权投资	1100	500	0		0	0
资产合计	3200	3200	575	500	0	0
负债	0	0	0	0	0	0
实收资本	2200	2200	400	400	500	500
留存收益	1000	1000	150	100	0	0
其他综合收益	0	0	25	0		
所有者权益合计	3200	3200	575	500	500	500

甲、乙、丙三家公司 2018 年利润表如下：

表 2-5-2　2018 年甲、乙、丙公司利润表

单位：万元

项目	甲公司	乙公司	丙公司
	本期金额	本期金额	本期金额
营业收入	0	600	0
营业成本	0	400	0
管理费用	0	100	0
销售费用	0	50	0
净利润	0	50	0
其他综合收益	0	25	0
综合收益	0	75	0

其中，2019 年 6 月 30 日，甲、乙、丙三家公司资产负债表如下：

表 2-5-3　2019 年年末甲、乙、丙公司资产负债表

单位：万元

项目	甲公司		乙公司		丙公司	
	期末余额	期初余额	期末余额	期初余额	期末余额	期初余额
货币资金	2500	2100	485	450	500	500
其他权益工具投资	0	0	125	125		
长期股权投资	1100	1100	0	0	0	0
资产合计	3600	3200	610	575	0	0
负债	0	0	0	0	0	0
实收资本	2200	2200	400	400	500	500
留存收益	1400	1000	185	150	0	0
其他综合收益	0	0	25	25		
所有者权益合计	3600	3200	610	575	500	500

甲、乙、丙三家公司 2019 年 1 月至 6 月利润表如下：

表 2-5-4　2019 年 1 月至 6 月甲、乙、丙公司利润表

单位：万元

项目	甲公司	乙公司	丙公司
	本期金额	本期金额	本期金额
营业收入	3000	800	0
营业成本	2000	600	0
管理费用	300	100	0
销售费用	300	65	0
净利润	400	35	0
其他综合收益	0	0	0
综合收益	400	35	0

甲、乙、丙三家公司2019年1月至6月现金流量表如下：

表2-5-5 2019年1月至6月甲、乙、丙公司现金流量表

单位：万元

项目	甲公司	乙公司	丙公司
	本期金额	本期金额	本期金额
一、经营活动产生的现金流量：			
销售商品、提供劳务收到的现金	3000	800	0
经营活动现金流入小计	3000	800	0
购买商品、接受劳务支付的现金	2000	600	0
支付给员工以及为员工支付现金	600	165	0
经营活动现金流出小计	2600	765	0
经营活动产生的现金流量净额	400	35	0
二、投资活动产生的现金流量：			
收回投资收到的现金	0	0	0
处置子公司及其他营业单位收到的现金净额	0	0	0
收到其他与投资活动有关的现金	0	0	0
投资活动现金流入小计	0	0	0
支付其他与投资活动有关的现金	0	0	0
投资活动现金流出小计	0	0	0
投资活动产生的现金流量净额	0	0	0
三、筹资活动产生的现金流量	0	0	0
筹资活动产生的现金流量净额	0	0	0
四、现金及现金等价物净增加额	400	35	0
加：期初现金及现金等价物余额	2100	450	500
五、期末现金及现金等价物余额	2500	485	500

【案例解析】

一、具体会计处理方式

针对前述交易，甲公司2018年与2019年在其个别和合并财务报表中的处理分别如下：

（一）2018年会计处理

1.个别财务报表层面

取得80%股权时会计分录如下：

借：长期股权投资 600

　　贷：银行存款 600

2.合并财务报表层面

（1）将成本法核算的结果调整为权益法核算的结果，相关调整分录如下：

①借：长期股权投资 60

　　贷：投资收益 40

　　　　其他综合收益 20

（2）长期股权投资与子公司所有者权益抵销：

②借：实收资本——乙公司 400

　　实收资本——丙公司 500

　　留存收益——期末 150

　　其他综合收益 25

　　商誉 200

　　贷：长期股权投资——乙公司 660

　　　　长期股权投资——丙公司 500

　　　　少数股东权益 115（575×20%）

（3）因已经将子公司利润表合并，将子公司投资收益抵销，还原为具体的利润表项目，同时恢复子公司被抵销的留存收益，使得合并财务报表反映包括子公司在内的整个集团的盈利情况：

③借：投资收益 40

　　其他综合收益 20

　　少数股东损益 10

　　归属于少数股东的其他综合收益 5

　　留存收益——期初 100

　　贷：留存收益——期末 150

　　　　其他综合收益 25

根据前述会计分录，编制合并资产负债表和合并利润表的试算平衡表如下：

表 2-5-6　合并工作底稿（合并资产负债表与合并利润表）

单位：万元

项目	甲公司	乙公司	丙公司	合计数	调整分录		抵销分录		少数股东权益	合并数
					借方	贷方	借方	贷方		
货币资金	2100	450	500	3050						3050
其他权益工具投资	0	125	0	125						125
长期股权投资	1100	0	0	1100	①60			②1160		0
商誉	0	0	0	0			②200			200
实收资本	2200	400	500	3100			②900			2200
留存收益	1000	150	0	见后续计算						1040
其他综合收益	0	25	0	25			②25	③25	5	20
少数股东权益	0	0	0	0					②115	115
营业收入	0	600	0	600						600
营业成本	0	400	0	400						400
管理费用	0	100	0	100						100
销售费用	0	50	0	50						50
投资收益	0	0	0	0		①40	③40			0
净利润	0	50	0	50		40	40			50
归属母公司股东的净利润	0	0	0	0						40
少数股东损益	0	0	0	0					③10	10
其他综合收益	0	25	0	25		①20	③20			25

续表

项目	甲公司	乙公司	丙公司	合计数	调整分录		抵销分录		少数股东权益	合并数
					借方	贷方	借方	贷方		
归属于母公司股东的其他综合收益	0	0	0	0						20
归属于少数股东的其他综合收益	0	0	0	0					③5	5
综合收益总额	0	75	0	75		60	60			75
归属于母公司股东的综合收益总额	0	0	0	0						60
归属于少数股东的综合收益总额	0	0	0	0					15	15
一、期初留存收益	1000	100	0	1100			③100			1000
二、期末留存收益	1000	150	0	1150		40	②150 290	③150	10	1040

其中，290 万元 =40+100+150；1040 万元 =1150+40−290+150−10。

通过勾稽关系验证前述合并财务报表数据准确性，从而也验证会计处理的准确性：

1. 资产（3050+125+200）= 负债（0）+ 所有者权益（2200+1040+20+115）= 3375 万元，合并资产负债表勾稽关系准确。

2. 期末留存收益（1040 万元）= 期初留存收益（1000）+ 本期归属母公司股东净利润（40），合并资产负债表与合并利润表留存收益勾稽关系准确。

3. 合并利润表净利润（50 万元）= 归属母公司股东的净利润（40）+ 少数股东损益（10），合并利润表内部勾稽关系准确。

（二）2019年会计处理

1.个别财务报表层面

（1）确认部分股权处置收益

借：银行存款726

　　贷：长期股权投资450（600×75%）

　　　　投资收益276（差额）

（2）对剩余股权改按权益法核算

借：长期股权投资22

　　贷：留存收益——期初10（50×80%×25%）

　　　　其他综合收益——期初5（25×80%×25%）

　　　　投资收益——本期7（35×80%×25%）

经上述调整后，在个别财务报表中，剩余股权的账面价值为172万元（600×25%+22）。

比较剩余长期股权投资的成本150万元，与按照剩余持股比例计算原投资时应享有被投资方可辨认净资产公允价值的份额100万元，前者大于后者的，属于投资作价中体现的商誉部分，不调整长期股权投资的账面价值。

2.合并财务报表层面

合并财务报表中应确认的投资收益=（726+242）-［（500+110）×80%+200］=280万元。

由于个别财务报表中已经确认了276万元的投资收益，在合并财务报表中作如下调整：

（1）对剩余股权按丧失控制权日的公允价值重新计量：

①借：长期股权投资242

　　贷：长期股权投资172

　　　　投资收益——本期70

（2）对个别财务报表中部分处置收益的归属期间进行调整：

②借：投资收益66（110×80%×75%）

　　贷：留存收益——期初30（50×80%×75%）

　　　　其他综合收益——期初15（25×80%×75%）

　　　　投资收益（处置当期部分净利润）21（35×80%×75%）

（3）将其他综合收益25万元对应的部分转入留存收益：

③借：其他综合收益20

贷：留存收益20（25×80%）

根据新金融工具准则，非交易性权益工具产生的其他综合收益，终止确认相关资产、负债时，其他综合收益在所有者权益内部结转，转入留存收益而不转入当期损益。

合并财务报表投资收益准确性验证：个别财务报表投资收益276万元＋剩余股权按丧失控制权日的公允价值重新计量调整70万元－对个别财务报表中部分处置收益归属期间进行调整66万元＝合并财务报表中应确认的投资收益280万元。

（4）将确认的投资收益中，属于该被处置子公司期初至处置日实现的净利润部分，还原为具体的收入、成本、费用等项目（同时剥离确认少数股东损益），实现勾稽关系的重新构建：

④借：投资收益28（21+7）

少数股东损益7

营业成本600

管理费用100

销售费用65

贷：营业收入800

（5）通过抵销分录，调整“处置子公司及其他营业单位收到的现金净额”报表项目，使该金额在合并财务报表层面反映的是净现金流入；同时将被处置子公司期初至处置日的现金流量表数据以及期初现金及现金等价物余额数据纳入合并现金流量表，从而实现勾稽关系的重新构建。

在编制抵销分录前，首先需要编制调整分录，将甲公司个别财务报表计入“收回投资收到的现金”的金额，转入合并财务报表的“处置子公司及其他营业单位收到的现金净额”：

借：处置子公司及其他营业单位收到的现金净额726

贷：收回投资收到的现金726

调整后，再编制抵销分录如下：

⑤借：期初现金及现金等价物余额450

销售商品、提供劳务收到的现金800

贷：购买商品、接受劳务支付的现金600

支付给员工以及为员工支付现金 165

处置子公司及其他营业单位收到的现金净额 485

合并现金流量表的抵销分录中，借记，表示现金流出减少，流入增加；贷记，表示现金流入的减少，流出增加。

（6）将对丙公司投资与丙公司所有者权益抵销：

⑥借：实收资本——丙公司 500

贷：长期股权投资——丙公司 500

根据前述会计分录，编制合并资产负债表、合并利润表、合并现金流量表的试算平衡表如下（甲公司报表数据为处置60%乙公司股权后的结果，即甲公司个别财务报表的会计处理结果已经计入甲公司个别财务报表）：

表 2-5-7　合并工作底稿（合并资产负债表与合并利润表）

单位：万元

项目	甲公司	乙公司	丙公司	合计数	调整分录		抵销分录		少数股东权益	合并数
					借方	贷方	借方	贷方		
货币资金	3226		500	3726						3726
长期股权投资	672			672	① 242	① 172		⑥ 500		242
实收资本	2200		500	2700			⑥ 500			2200
留存收益	1693		0	见后续计算						1768
其他综合收益	5	0	0	5		② 15	③ 20			0
营业收入	3000	④ 800	0	3800						3800
营业成本	2000	④ 600	0	2600						2600
管理费用	300	④ 100	0	400						400
销售费用	300	④ 65	0	365						365

续表

项目	甲公司	乙公司	丙公司	合计数	调整分录		抵销分录		少数股东权益	合并数
					借方	贷方	借方	贷方		
投资收益	283	0	0	283	② 66	① 70 ② 21	④ 28			280
净利润	683	35	0	718	66	91	28			715
归属母公司股东的净利润	0	0	0	0						708
少数股东损益	0	0	0	0					④ 7	7
其他综合收益	5	0	0	5		② 15	③ 20			0
综合收益总额	688	35	0	723	66	106	48			715
一、期初留存收益	1010	0	0	1010		② 30				1040
二、期末留存收益	1693	35	0	1728	66	121	28	③ 20	7	1768

其中，121 万元 =91+30；1768 万元 =1693+35−66+121−28+20−7。

根据前述会计分录，编制合并现金流量表的试算平衡表如下：

表 2–5–8　合并工作底稿（合并现金流量表）

单位：万元

项目	甲公司	乙公司	丙公司	调整与抵销分录		合并数
	本期金额	本期金额	本期金额	借方	贷方	
一、经营活动产生的现金流量：						
销售商品、提供劳务收到的现金	3000	⑤ 800	0			3800

续表

项目	甲公司	乙公司	丙公司	调整与抵销分录		合并数
	本期金额	本期金额	本期金额	借方	贷方	
经营活动现金流入小计	3000	800	0			3800
购买商品、接受劳务支付的现金	2000	⑤600	0			2600
支付给员工以及为员工支付现金	600	⑤165	0			765
经营活动现金流出小计	2600	765	0			3365
经营活动产生的现金流量净额	400	35	0			435
二、投资活动产生的现金流量：						
收回投资收到的现金	0	0	0			0
处置子公司及其他营业单位收到的现金净额	726	0	0		⑤485	241
收到其他与投资活动有关的现金	0	0	0			
投资活动现金流入小计	0	0	0			
支付其他与投资活动有关的现金	0	0	0			
投资活动现金流出小计	0	0	0			
投资活动产生的现金流量净额	0	0	0			
三、筹资活动产生的现金流量	0	0	0			
筹资活动产生的现金流量净额	0	0	0			

续表

项目	甲公司	乙公司	丙公司	调整与抵销分录		合并数
	本期金额	本期金额	本期金额	借方	贷方	
四、现金及现金等价物净增加额	1126	35	0		485	676
加：期初现金及现金等价物余额	2100	⑤ 450	500			3050
五、期末现金及现金等价物余额	3226	485	500		485	3726

通过勾稽关系验证前述合并财务报表数据准确性，从而也验证会计处理的准确性：

1. 资产（3726+242）= 负债（0）+ 所有者权益（2200+1768）=3968 万元，合并资产负债表勾稽关系准确。

2. 期末留存收益（1768 万元）= 期初留存收益（1040）+ 本期归属母公司股东净利润（708）+ 其他综合收益直接转留存收益（20），合并资产负债表与合并利润表留存收益勾稽关系准确。

3. 合并利润表层面投资收益（280 万元），与前面会计分录处理结果一致，投资收益数据准确。

4. 合并利润表净利润（715 万元）= 归属母公司股东的净利润（708）+ 少数股东损益（7），合并利润表内部勾稽关系准确。

5. 合并资产负债表期初货币资金（3050 万元）= 合并现金流量表期初现金及现金等价物余额（3050 万元），合并资产负债表与合并现金流量表勾稽关系准确。

6. 合并资产负债表期末货币资金（3726 万元）= 合并现金流量表期末现金及现金等价物余额（3726 万元），合并资产负债表与合并现金流量表勾稽关系准确。

7. 期末现金及现金等价物余额（3726 万元）= 期初现金及现金等价物余额（3050）+ 现金及现金等价物净增加额（676），合并现金流量表内部勾稽关系准确。

二、关于合并所有者权益变动表填列的说明

合并所有者权益变动表的“少数股东权益”项目，需要反映“少数股东权益”金额的变化过程。在合并资产负债表中，是在母公司长期股权投资与子公司所有者权益抵销时，在贷方产生少数股东权益金额，并且该金额是资产负债表日的时点余额，由于该子公司已经处置，无须编制母公司长期股权投资与子公司所有者权益抵销的分录，相应少数股东权益自然变为0。但是，在合并所有者权益变动表中，需要能完整地反映少数股东权益的变化情况，因此需要对引起少数股东权益变化的因素进行分析，并进行填列。

在2019年年初，合并财务报表中的少数股东权益金额为115万元，2019年上半年甲公司实现净利润35万元，归属于少数股东的份额为7万元（35×20%）。在2019年6月30日甲公司处置乙公司之前，少数股东权益的金额为122万元（115+7），等于2019年6月30日乙公司持续计量的可辨认净资产公允价值归属于少数股东的份额122万元（610×20%）。甲公司处置乙公司，在合并财务报表层面，根据现行的实体理论，相当于既处置了甲公司对乙公司的投资（长期股权投资），又处置了合并财务报表中少数股东对乙公司的投资（少数股东权益）。由此，少数股东权益在处置日被处置掉的金额为122万元，处置后金额为0。

在期末的合并所有者权益变动表中，乙公司的少数股东权益期初金额115万元，2019年上半年乙公司实现净利润35万元归属于少数股东的份额为7万元，填列在少数股东权益下的“综合收益总额”，处置金额122万元，填列在少数股东权益下“所有者投入和减少资本”中的“其他”栏里，相当于少数股东减少对合并主体的投资，由此使得期末乙公司合并所有者权益变动表中的少数股东权益金额变为0（115+7−122），从而保证了合并所有者权益变动表与合并资产负债表中少数股东权益金额的勾稽关系准确。

第五节 对实务中其他处理方式的说明

在实务中，对处置子公司合并财务报表的编制，也有通过所谓“单边分录”（对于前述将母公司报表确认的投资收益还原为具体的收入、成本、费用等项目的分录④，仅保留投资收益借方，贷方空白），来解决勾稽关系脱节的问题。也有通过所谓“平衡科目”（人为设定一个贷方科目，如“本年净利润”“未分配利润——本年净利润”等）来解决勾稽关系脱节问题。

笔者认为，从最终合并结果而言，上述处理只要编制过程不出现其他疏漏，也不会影响最终合并财务报表数据的准确性。但是，本章的处理方式，更有利于保持会计理论与会计实务的一致性，体现了会计“借贷平衡”的基本原理。

第六章

“一揽子交易”与“非一揽子交易”分步处置子公司疑难问题

在本编第二章中，对分步实现企业合并中的疑难问题进行了详细解析。本章将区分“一揽子交易”与“非一揽子交易”，对分步处置子公司中疑难问题进行解析。

在现行准则中，对于通过“一揽子交易”分步处置子公司的情形，规定较为原则，且准则中给出的处理示例较为精简概括，与我国合并财务报表会计实务中的处理方式存在一定差异，增加了实务界理解和执行的难度。基于此，本章将依据准则规定的基本原则，按照我国会计实务中合并财务报表编制方式，区分多次交易是否构成“一揽子交易”，进一步明确个别财务报表与合并财务报表的具体处理规范，并基于对准则应用指南中案例背景材料的改编，完整阐释“一揽子交易”分步处置子公司的处理过程。希望本章能够给实务界处理类似交易提供有益参考。

需要说明的是，对于处置子公司，现行准则并未区分“同一控制”与“非同一控制”进行差异化规定。因此也无须考虑“同一控制处置子公司”与“非同一控制下处置子公司”的区分。

第一节 多次交易分步处置子公司构成“一揽子交易”

一、具体处理规范

企业通过多次交易分步处置对子公司股权投资直至丧失控制权的，首先应结合分步交易中各个步骤的协议条款、分别取得的处置对价、出售股权的对象、处置方式、处置时点等信息来判断分步交易是否属于“一揽子交易”（“一揽子交易”的判断条件参见本编第二章，本章不再赘述）。

如果多次交易分步处置子公司构成“一揽子交易”，在个别财务报表层面和合并财务报表层面应按如下方式处理：

（一）个别财务报表处理规范

1. 总体原则

企业通过多次交易分步处置对子公司股权投资直至丧失控制权，如果属于“一揽子交易”的，应当将各项交易作为一项处置子公司股权投资并丧失控制权的交易进行会计处理，即整体应按照“丧失控制权情况下处置对子公司投资”的有关规定进行处理。但是，在丧失控制权之前每一次处置价款与所处置的股权对应的长期股权投资账面价值之间的差额，在个别财务报表中，应当先确认为其他综合收益，到丧失控制权时再一并转入丧失控制权当期的损益。

2. 处置方有义务在未来按固定价格继续出售剩余股权

如处置方与购买方在远期合同约定，处置方在处置子公司控制权后，有义务在未来按固定价格继续出售剩余股权，处置方无须在个别财务报表中确认衍生工具。但是，在按固定价格执行的远期合同中，处置方所持剩余股权投资权益通常实质已经不存在，应在处置日视同已经处置对应的剩余股权，将出售剩余股权形成的从交易对方收取现金的合同权利确认为金融资产，该金融资产视同处置股权所取得对价的一部分，财务报表中不再反映剩余股权。如果远期合同到期未被执行（如交易双方主动终止），则处置方应视同新取得一项股权投资，分别按照长期股权投资准则或新金融工具准则进行处理。如果远期合同约定，按公司章程等规定支付的股利，将减少未来出售剩余股权的对价的，则应从确认的金融资产中扣除已经收到的股利。

3. 处置方有义务在未来按公允价格继续出售剩余股权

如处置方与购买方在远期合同约定，处置方在处置子公司控制权后，有义务在未来按公允价格继续出售剩余股权，虽然通常不构成“一揽子交易”，但是该等交易中，处置方权利和义务的公允价值通常相等，该远期合同的公允价值净额为零，通常无须确认衍生工具。在按公允价格执行的远期合同中，处置方所持剩余股权投资权益通常实质继续存在，财务报表中应继续反映剩余股权。如果远期合同到期执行，处置方应按适用的长期股权投资准则或新金融工具准则进行终止确认。如果远期合同到期未执行，处置方通常无须进行处理。

对上述问题的详细分析，参见本节“一、具体处理规范”之“（三）处置方在处置子公司控制权后，有义务在未来继续出售剩余股权的，处置方财务报表是否继续反映剩余股权”。

（二）合并财务报表处理规范

1. 总体原则

企业通过多次交易分步处置对子公司股权投资直至丧失控制权，如果属于“一揽子交易”的，应将各项交易作为一项处置原有子公司并丧失控制权的交易进行会计处理，即整体应按照“丧失控制权情况下处置对子公司投资”的有关规定进行处理。其中，对于丧失控制权之前的每一次交易，处置价款与处置投资对应的享有该子公司自购买日开始持续计算的净资产账面价值的份额之间的差额，在合并财务报表中应当计入其他综合收益，在丧失控制权时一并转入丧失控制权当期的损益。

2. 处置方有义务在未来继续出售剩余股权

如处置方与购买方之间签署一项远期合同，即处置方在处置子公司控制权的协议中约定，处置方在处置子公司控制权后，有义务在未来继续出售剩余股权的，处置方在个别财务报表处理的基础上，无须在合并财务报表层面进行特殊调整。

“丧失控制权情况下处置对子公司投资”的会计处理问题详见本编第五章。

（三）处置方在处置子公司控制权后，有义务在未来继续出售剩余股权的，处置方财务报表是否继续反映剩余股权

对于远期合同而言，判断财务报表是否继续反映剩余股权，处置方应评估所持剩余股权投资权益是否实质仍然存在。具体而言，需要考虑：处置方是否具有

按固定价格执行远期股权收购合同的义务、处置方持有的股权是否实质上拥有普通股的法定表决权以及处置方所持股权相关的风险报酬实质上是否已经转移（体现为普通股的分红权、股票增值权、质押或处置权、股票下跌风险等）等因素。

在处置方与购买方之间签署的一项以固定价格结算的远期合同中，股权处置协议对处置方与购买方均具有法定约束力，不仅购买方具有到期按固定价格购买股权的强制义务，处置方也具有到期按固定价格出售股权的强制义务，该强制义务对处置方所持股权的股票增值权、质押或处置权均构成实质限制，下跌风险也被锁定。对于处置方可能仍然享有的分红权，通常仅是处置方所持剩余股权风险和报酬的极小部分，不属于处置方所持剩余股权的主要风险与报酬，不应作为判断处置方所持剩余股权投资权益是否存在的主要因素，且在此类安排中，可能会给处置方设定固定收益而限制其分红权。同时，在此类安排中，为了保护购买方合法权益，通常会限制处置方与管理层的部分权力，除维持子公司正常经营外，通常不得实施其他重大决策事项，也即处置方的表决权处于受限状态。

对于处置方与购买方之间签署的一项以公允价格结算的远期合同，与处置方所持股权相关的股票增值权、质押或处置权、分红权和表决权通常不会受到重大影响和限制，下跌风险也未被锁定。例如，对于股票增值权，如果所持剩余股权增值的，购买方所需支付的对价相应也增加。

因此，如处置方在处置子公司控制权后，明确有义务按固定价格出售剩余股权时，财务报表中通常不应再反映剩余股权。如果约定按公允价格出售剩余股权时，则财务报表中通常应继续反映剩余股权。

当然，处置日处置方所持剩余股权投资权益是否实质存在，须考虑所有合同条款和条件，实务中通常更加复杂，要全面分析各类事实和具体情况，本章的分析仅是基于实务中一般情形，无意也不可能穷尽实务中所有安排。

二、案例分析与解读

【案例】

P公司计划处置全资子公司S公司。2019年11月20日，P公司与乙公司签订不可撤销的转让协议，约定P公司向乙公司转让其持有的S公司100%股权，对价总额为1.4亿元。双方协议约定，乙公司应在2019年12月31日之前支付6000万元，以先取得S公司30%股权；乙公司应在2020年9月30日之前支付5000万元，以取得S公司剩余50%股权。

P公司与乙公司签订的协议同时约定，2020年12月31日，将以3000万元的对价，进一步收购S公司剩余20%的股权。P公司与乙公司均有强制合同义务完成剩余20%股权的交割，且为了保护乙公司利益，在乙公司取得S公司控制权后（取得80%股权之后），在继续取得剩余20%股权之前，P公司不得质押、处置所持20%的股权，不得就公司章程载明的重大事项行使表决权。

2019年12月31日至乙公司支付第二次价款（支付5000万元之前），S公司仍由P公司控制，若S公司在此期间向股东进行利润分配，则后续50%股权的购买对价按乙公司已分得的金额进行相应调整。

2019年12月31日，乙公司按照协议约定向P公司支付6000万元，P公司将S公司30%股权转让给乙公司，股权变更手续已于当日完成。当日，S公司自购买日持续计算的净资产账面价值为1亿元，具体构成为：股本7000万元，以前年度累计实现的净利润2000万元，2019年实现的净利润1000万元。处置时长期股权投资的账面价值为7000万元（初始投资为成本为7000万元，即没有商誉，且自购买日开始持续计算的净资产账面价值增加额3000万元均为实现的净利润）。

2020年9月30日，乙公司向P公司支付5000万元，P公司将S公司剩余50%股权转让给乙公司并办理完毕股权变更手续，自此乙公司取得S公司的控制权；当日，S公司自购买日持续计算的净资产账面价值为1.2亿元。2020年1月1日至2020年9月30日，S公司营业收入8000万元，发生营业成本5000万元，销售费用500万元，管理费用500万元，实现净利润2000万元，无其他净资产变动事项。

2020年12月31日，乙公司按约定向P公司支付3000万元，P公司将S公司剩余20%股权转让给乙公司并办理完毕股权变更手续，自此乙公司取得S公司100%股权。

【假定】案例中，P公司分步处置S公司100%股权的交易构成“一揽子交易”，不考虑所得税等影响。

【案例解析】

2019年12月31日至2020年12月31日，P公司个别财务报表与合并财务报表会计处理如下：

（一）个别财务报表层面

1. 2019 年 12 月 31 日，P 公司处置 S 公司 30% 股权：

借：银行存款 6000

　　贷：长期股权投资 2100（7000×30%）

　　　　其他综合收益 3900

2. 2020 年 9 月 30 日，P 公司处置 S 公司 50% 股权：

（1）借：银行存款 5000

　　　　其他应收款 3000

　　　　贷：长期股权投资 4900（7000×70%）

　　　　　　投资收益 3100

在本案例中，由于远期合同义务的限制，处置方 P 公司所持 20% 剩余股权投资权益实质已经不存在，应在处置日视同已经处置对应的 20% 剩余股权，将出售 20% 剩余股权形成的从交易对方收取现金的合同权利确认为金融资产（3000），该金融资产视同处置股权所取得对价的一部分，财务报表中不再反映剩余股权。

（2）借：其他综合收益 3900

　　　　贷：投资收益 3900

3. 2020 年 12 月 31 日，P 公司支付剩余 20% 股权对价：

借：银行存款 3000

　　贷：其他应收款 3000

如果双方最后未执行该远期合同，则 P 公司应按新取得 S 公司 20% 股权进行处理。

（二）合并财务报表层面

1. 2019 年 12 月 31 日，P 公司在合并财务报表中，由于第一次交易并未丧失控制权，处置价款（6000 万元）与处置投资对应的享有该子公司自购买日开始持续计算的净资产账面价值的份额（10,000×30%=3000 万元）之间的差额（3000 万元），在合并财务报表中应当计入其他综合收益。

（1）对于处置的 30% 股权，调整处置收益归属期间：

借：其他综合收益 900

　　贷：年初未分配利润 600（2000×30%）

　　　　投资收益 300（1000×30%）

个别财务报表计入其他综合收益的金额中，有900万元属于子公司自购买日开始持续计算的净资产账面价值增加额中（10,000−7000）×30%，归属于P公司的部分。

（2）按模拟权益法调整剩余长期股权投资：

借：长期股权投资 2100

贷：年初未分配利润 1400（2000×70%）

投资收益 700（1000×70%）

（3）抵销S公司净资产与长期股权投资：

借：股本 7000

盈余公积 300（3000×10%）

年末未分配利润 2700（3000×90%）

贷：长期股权投资 7000（7000−2100+2100）

少数股东权益 3000（10,000×30%）

（4）抵销P公司确认的投资收益，恢复S公司留存收益，并剥离确认少数股东损益：

借：投资收益 1000（300+700）

少数股东损益 0（2019年12月31日处置股权，因此本年不存在少数股东损益）

年初未分配利润 1800（2000×90%）

贷：提取盈余公积 100（1000×10%）

年末未分配利润 2700（1800+900）

经过上述个别财务报表层面与合并财务报表层面的会计处理，在合并财务报表层面的效果是：

借：银行存款 6000

贷：其他综合收益 3000

少数股东权益 3000

2．2020年9月30日，P公司合并财务报表处理

2020年合并财务报表中应确认的投资收益 =（处置价款5000万元 + 后续应收取20%剩余股权对价3000万元 + 处置全部完成后P公司仍持有的剩余股权的公允价值0万元）−［按原持股比例计算应享有原有子公司自购买日开始持续计算的净

资产的份额（12,000×70%）+ 商誉（0）］+ 原合并财务报表暂计入其他综合收益的金额（3000 万元）=2600 万元。

由于个别财务报表中已经确认了 7000 万元的投资收益，在合并财务报表中做如下调整：

（1）处置全部完成后 P 公司仍持有的剩余股权按丧失控制权日的公允价值重新计量：

本案例中，处置全部完成后，P 公司不再持有任何剩余股权，无须重新计量。

（2）对个别财务报表中的部分处置收益的归属期间进行调整：

借：投资收益 3500

　　贷：年初未分配利润 2100（3000×70%）

　　　　投资收益 1400（2000×70%）

贷方 1400 万元投资收益为处置当期 S 公司净利润中，P 公司应享有部分，并非处置损益。

（3）处理其他综合收益

将上年度合并财务报表处理分录，按连续编制要求，过入本年：

借：其他综合收益——年初 900

　　贷：年初未分配利润 900

在上年度合并财务报表中，已经把第一次处置形成的 3900 万元其他综合收益中的 900 万元归属期间进行了调整，本年又将 3900 万元其他综合收益在个别财务报表层面全部转入了当期投资收益，由此导致合并财务报表中当期投资收益整体多转入 900 万元，因此应该冲回个别财务报表中多转入当期投资收益的 900 万元：

借：投资收益 900

　　贷：其他综合收益 900

合并财务报表投资收益准确性验证：个别财务报表当期投资收益（7000 万元 = 3100+3900）+ 处置全部完成后 P 公司仍持有的剩余股权按丧失控制权日的公允价值重新计量（0 万元）－对个别财务报表中部分处置收益的归属期间进行调整（3500 万元）－合并财务报表层面冲回多转入当期投资收益的其他综合收益（900 万元）= 合并财务报表中应确认的当期投资收益 2600 万元［其中，第（2）步对部分处置收益的归属期间进行调整而在贷方形成的投资收益，与处置损益无关，属于按持股比例 P 公司在当年应享有的 S 公司损益的部分，在后续第（4）步抵销分录中进行消除］。

（4）由于P公司已经丧失S公司控制权，无须再编制合并资产负债表，但应当将S公司当期期初至处置日的收入、费用、利润纳入合并利润表，因此无须编制S公司净资产与长期股权投资抵销的分录。

同时，将P公司报表确认的投资收益中，属于S公司期初至处置日实现的净利润部分，还原为具体的收入、成本、费用等项目（同时剥离确认少数股东损益），实现勾稽关系的重新构建（该处理的详细解析请参见本编第五章）：

借：投资收益 1400（2000×70%）

少数股东损益 600（2000×30%）

营业成本 5000

管理费用 500

销售费用 500

贷：营业收入 8000

3. 2020 年 12 月 31 日，在个别财务报表已经处理的基础上，P公司合并财务报表层面无须特别处理。

第二节　多次交易分步处置子公司不构成“一揽子交易”

如果多次交易分步处置子公司不构成“一揽子交易”，则应按如下方式进行处理：

一、总体原则

丧失对子公司控制权以前的各项交易，应按照“母公司在不丧失控制权的情况下部分处置对子公司投资”的有关规定进行会计处理。导致丧失对子公司控制权的交易，应按照“丧失控制权情况下处置对子公司投资”的有关规定进行会计处理。“母公司在不丧失控制权的情况下部分处置对子公司投资”和“丧失控制权情况下处置对子公司投资”的具体会计处理以及分析，详见本编第四章与第五章，本章不再赘述。

二、个别财务报表特殊处理

如处置方在丧失对子公司控制权后，继续在未来出售剩余股权不构成“一揽子交易”的，如协议约定，处置方未来有权将其持有的股权按固定价格出售给购买方，即处置方取得一份以子公司普通股为基础的看跌期权，或者购买方未来有权按固定价格收购处置方持有的剩余股权，即处置方向购买方签出一份以子公司普通股为基础的看涨期权，处置方应在个别财务报表中就前述看跌期权或看涨期权确认一项衍生工具（一项以约定价格处置子公司剩余股权的衍生金融工具），并以该衍生工具的公允价值进行初始确认和后续计量。在确定衍生工具公允价值时，需要基于处置方所持剩余股权的约定出售价格与剩余股权的公允价值之间的差异，并综合考虑剩余行权期限、所持剩余股权的波动性等因素。

需要说明的是，如处置方在丧失对子公司控制权后，签出或取得期权由于满足特定条件而导致处置日处置方所持剩余股权投资权益实质已经不存在，实质上形成“一揽子交易”的，应参照本章第一节的规范进行处理，即处置方无须在个别财务报表中确认衍生工具。前述特定条件具体分析如下：

（一）处置方取得一份以子公司普通股为基础的看跌期权

如协议约定，处置方在丧失对子公司控制权后，处置方未来有权将其持有的股权按固定价格出售给购买方，即处置方取得一份以子公司普通股为基础的看跌期权，处置方应评估该看跌期权是否满足以下两个条件之一：

1. 是否在取得看跌期权的同时签出一项条件对等的看涨期权。如果处置方在取得一份以子公司普通股为基础的看跌期权的同时，向购买方签出一份以子公司普通股为基础的看涨期权，且看涨期权与看跌期权的行权价、行权期限等条件均等同的，则其商业效果实质等同于处置方与购买方签署了一项固定价格的远期合同，通常可以确定处置方或购买方行权为确定性事件。因为如股权公允价值跌至行权价以下，则处置方将行使看跌期权并出售股份；如股权公允价值涨至行权价以上，则购买方将行使看涨期权并购买股份。

2. 该项看跌期权是否为重大价内期权，处置方是否具有行权的重大经济动因。如该项看跌期权为重大价内期权，处置方具有行权的重大经济动因，则实质上看跌期权对处置方形成一项重大经济约束，如果处置方不行使该看跌期权会遭受损失。处置方在判断看跌期权是否为重大价内期权，处置方是否具有行权的重大经济动因时，应当综合考虑各种相关因素，包括看跌期权行权价格与预计行权时所持子公司剩余股权公允价值的关系以及期权的到期日等。当行权价格明显高于行权时所持子公司剩余股权公允价值时，通常表明处置方有行权的重大经济动因。

如满足前述 1、2 两个条件之一的，通常表明处置方所持剩余股权投资权益实质已经不存在，应参照本章第一节“一、具体处理规范”之“个别财务报表处理规范”中“处置方有义务在未来按固定价格继续出售剩余股权”的规范处理，即应在处置日视同已经处置对应的剩余股权，将出售剩余股权形成的从交易对方收取现金的合同权利确认为金融资产，该金融资产视同处置股权所取得对价的一部分，财务报表中不再反映剩余股权。

如不满足前述 1、2 两个条件之一的，通常表明处置方所持剩余股权投资权益实质存在，应参照本章第一节“一、具体处理规范”之“个别财务报表处理规范”中“处置方有义务在未来按公允价格继续出售剩余股权”的情形进行处理，财务报表中应继续反映剩余股权。

（二）处置方向购买方签出一份以子公司普通股为基础的看涨期权

如协议约定，处置方在丧失对子公司控制权后，购买方未来有权按固定价格收购处置方持有的剩余股权，即处置方向购买方签出一份以子公司普通股为基础的看涨期权，处置方应评估该看涨期权是否满足以下两个条件之一：

1. 是否在签出看涨期权的同时取得一项条件对等的看跌期权。具体分析参见本节“处置方取得一份以子公司普通股为基础的看跌期权”部分，不再赘述。

2. 该项看涨期权是否为重大价内期权，购买方是否具有行权的重大经济动因。如该项看涨期权为重大价内期权，购买方具有行权的重大经济动因的，则实质上该看涨期权对购买方形成一项重大经济约束，如果购买方不行使该看涨期权会遭受损失。处置方在判断看涨期权是否为重大价内期权，购买方是否具有行权的重大经济动因时，应当综合考虑各种相关因素，包括看涨期权行权价格与预计行权时所持子公司剩余股权公允价值的关系以及期权的到期日等。当行权价格明显低于行权时所持子公司剩余股权公允价值时，通常表明购买方有行权的重大经济动因。

如满足前述 1、2 两个条件之一的，通常表明处置方所持剩余股权投资权益实质已经不存在，应参照本章第一节“一、具体处理规范”之“个别财务报表处理规范”中“处置方有义务在未来按固定价格继续出售剩余股权”的规范处理，即应在处置日视同已经处置对应的剩余股权，将出售剩余股权形成的从交易对方收取现金的合同权利确认为金融资产，该金融资产视同处置股权所取得对价的一部分，财务报表中不再反映剩余股权。

如不满足前述1、2两个条件之一的，通常表明处置方所持剩余股权投资权益实质存在，应参照本章第一节“一、具体处理规范”之“个别财务报表处理规范”中“处置方有义务在未来按公允价格继续出售剩余股权”的情形进行处理，财务报表中应继续反映剩余股权。

三、合并财务报表特殊处理

处置方对前述衍生工具在个别财务报表处理的基础上，无须在合并财务报表层面进行特殊调整。

此外，需要说明的是，企业因出售对子公司的投资等原因导致其丧失对子公司控制权的，还应评估是否需要按照《企业会计准则第42号——持有待售的非流动资产、处置组和终止经营》的相关规定，进行相应的会计处理和列报。

第七章

同一控制下处置子公司能否确认损益

第一节　实务中产生该问题的原因

该问题引起关注，缘起我国资本市场的保壳行为。诸多自身盈利能力欠佳但有保壳需求的上市公司，基于保壳目的，将子公司（某些子公司净资产甚至已经为负数）处置给控股股东（或控股股东控制的子公司），从而确认一笔巨额处置收益。此种资产交易行为，引起了监管部门以及市场各方的高度关注，由此确认的巨额收益是否恰当，也引起了较大争议。目前我国准则对于同一控制下企业合并的处理原则是采用权益结合法，整个交易的处理过程中，不产生新的资产、负债，不会确认新的商誉，也不影响损益。对于同一控制下处置子公司，是否应该采用类似处理原则，不确认损益呢?

现行准则中，企业合并准则与长期股权投资准则存在“非对称安排”。即我们根据参与合并的企业在合并前后是否受同一方或相同的多方非暂时性地最终控制，将取得子公司股权区分为“同一控制下企业合并”与“非同一控制下企业合并”，而在公司处置子公司股权时，并未根据参与股权处置的企业在处置前后是否受同一方或相同的多方非暂时性地最终控制，而将处置子公司股权区分为“同一控制下处置子公司”与“非同一控制下处置子公司”。由此可以发现，准则的“非对称安排”是该问题产生争议的原因之一。

第二节　准则制定部门的响应与实务界存在的争议

一、准则制定部门的响应

其实该问题早在2014年就引起了监管部门的注意。2014年1月2日，证监会会计部给财政部会计司发出了《关于向控股股东出售子公司股权相关会计处理的征询函》（会计部函〔2013〕号566号，以下简称征询函）。根据征询函提出的案例，甲公司（上市公司）将2008年自控股股东处取得的A公司全部股权，于2013年转让给其控股股东。此时，甲公司能否确认转让A公司股权取得的投资收益呢？如前所述，现行企业合并准则规定了通过同一控制下企业合并取得子公司的会计处理，但并未规定在以后期间向其控股股东处置该子公司的会计处理。实务中，关于此类交易，是否应参照适用企业合并准则关于同一控制的原则和理念来进行会计处理呢？

从前述问题背景描述来看，当年将同一控制下处置子公司是否适用同一控制的原则和理念限定在该子公司原是通过同一控制下企业合并取得的范畴。也即如果企业通过非同一控制下企业合并取得对子公司股权投资，在以后期间处置给控股股东或其控制的子公司时，是否适用同一控制下的原则和理念，并不在此次征询函讨论范围。

针对上述问题，准则制定部门起草了《企业合并准则补充规定——同一控制下处置子公司的相关会计处理（征求意见稿）》（以下简称《企业合并准则补充规定征求意见稿》），拟规范此类交易。具体内容如下：

企业通过同一控制下企业合并取得的股权投资，在以后期间处置给控股股东或其控制的子公司，且丧失了对原有子公司的控制权的，应当区分个别财务报表和合并财务报表进行相关会计处理：

1. 在个别财务报表中，企业通过同一控制下企业合并取得的股权投资，其初始投资成本与合并对价之间的差额，应当调整资本公积；资本公积不足冲减的，调整留存收益。企业在以后期间将该股权投资处置给控股股东或其控制的子公司时，其账面价值与转让对价之间的差额，应当按照以上相反的顺序分别计入留存收益和资本公积。同时，对于处置后的剩余股权（如有），应当按其账面价值确认为长期股权投资或其他相关金融资产。处置后的剩余股权能够对原有子公司实施共同控制或重大影响的，按照长期股权投资准则关于成本法转权益法的规定进行会计处理。

2. 在合并财务报表中，处置对价与所处置的股权所对应的原有子公司净资产账面价值（在该企业处置股权之前的合并财务报表上的账面价值）之间的差额，以及剩余股权投资（如有），应当比照第一点的规定处理。

企业还应当在附注中披露该业务事项对当期财务报表产生的影响。

企业通过同一控制下企业合并取得子公司，以后期间在同一控制下转让该子公司的有关资产或资产负债的组合，应当关注有关资产或资产负债的组合是否构成业务，构成业务的，应当参照处理。

根据《企业合并准则补充规定征求意见稿》给出的处理意见可以发现，准则制定部门当年在规范该问题时，是非常谨慎的。将同一控制下处置子公司适用同一控制的原则和理念进行会计处理的范围严格进行了界定：处置的子公司必须是原同一控制下企业合并取得。通过该界定，将同一控制下取得的子公司及其后续同一控制下处置的会计处理进行了协调与统一，但是并未将该处理扩大适用到非同一控制下取得的子公司后续发生同一控制下处置的交易中。

二、实务界存在的争议

上述征求意见稿发布后，实务界也存在一些不同的观点，《企业合并准则补充规定征求意见稿》最终未形成正式规定对外发布。实务界存在的不同观点包括但不限于：

（一）《企业合并准则补充规定征求意见稿》处理意见在类似交易中未得到一致运用

有观点认为，如果处置的子公司虽为非同一控制下取得，取得之后该子公司也已经成为最终控制方控制的经济资源，此后进行同一控制下处置时，相对最终控制方而言，仍然不改变其所能控制的经济资源，仍然是集团内部经济资源的重组。因此，如果按《企业合并准则补充规定征求意见稿》的处理方式，那么对于非同一控制下取得子公司，后续发生的同一控制下处置也应适用相同的处理方式。但《企业合并准则补充规定征求意见稿》却要求，处置的子公司必须是原同一控制下企业合并取得，该限制导致其处理规定在类似交易中未得到一致运用。

（二）“同一控制下交易”处理原则应进行统筹规范，避免加剧准则体系的内在冲突

有观点认为，同一控制下企业合并处理原则本身就是现行准则体系的一个例外规定，就理论体系内在一致性而言，如果真正要系统化规范同一控制下企业合并与处置的会计处理，应该将该议题纳入“同一控制下交易”这一整体框架之下进行一并规范与考量。因为“同一控制下交易”包括同一控制下企业之间发生的所有交易，包括企业合并、分立、对外投资以及不构成业务的资产交易等。在对同一控制下非企业合并的其他交易是否应当使用与同一控制下企业合并相同会计处理原则尚未作出统筹规范以前，单独要求同一控制下处置子公司需要参照同一控制下企业合并处理原则，并不是一个恰当的选择，加剧了准则体系的内在冲突。

此外，还有观点认为，权益结合法全部以账面价值计量，未能公允反映被收购方在购买日的价值，包括净资产的公允价值以及被收购方账面虽然未反映但实际持有的某些无形资产的价值等。因此，从准则决策有用性以及技术中立的角度分析，权益结合法更多的是基于监管逻辑的产物，是为了防止非公允交易操纵报表，其提供的信息有效性其实不如购买法，因此应尽量避免权益结合法在准则体系内扩围。

第三节 建议处理方式

由于《企业合并准则补充规定征求意见稿》未正式对外发布，同一控制下处置子公司究竟应该如何进行会计处理，目前并没有一个明确、权威的处理规定。

基于会计准则体系后续演化以及监管关注要点，笔者就该事项会计处理提出以下建议：就总体原则而言，在准则制定部门就“同一控制下企业合并项目”形成统筹性、一致性处理规则以前，建议将同一控制下处置子公司交易的处理纳入权益性交易范畴统一考虑。同时，就监管部门关注要点，即处置子公司为对价形成新的同一控制下企业合并的，结合该交易“一体两面”的特殊性，保持与同一

控制下企业合并相同的处理方式，维持同一事项会计处理逻辑的一致性。具体如下：

一、同一控制下处置子公司未形成新的同一控制下企业合并

在该情况下，如果公司并非以处置子公司作为对价取得同一控制下的另一子公司（例如，A 公司处置了同一控制下的 B 公司给控股股东甲公司，甲公司付出的对价为货币资金或者其他非货币资产），那么可以将该类交易纳入权益性交易范畴统一处理。

（一）我国准则体系与监管规则中与权益性交易相关的规定

准则制定部门发布的《关于做好执行会计准则企业 2008 年年报工作的通知》（财会函〔2008〕60 号），首次在我国准则体系中引入权益性交易概念。上述通知明确，如果接受控股股东或控股股东的子公司直接或间接的捐赠，从经济实质上判断属于控股股东对企业的资本性投入的，应作为权益性交易，将相关利得计入所有者权益（资本公积）。

证券监管部门发布的《关于做好上市公司 2009 年年度报告及相关工作的公告》规定，上市公司的控股股东、控股股东控制的其他关联方、上市公司的实际控制人等对上市公司进行直接或间接的捐赠、债务豁免等，从经济实质上判断属于资本投入性质的，上市公司取得的经济利益流入应计入所有者权益。上市公司的控股股东、控股股东控制的其他关联方、上市公司的实际控制人等与上市公司之间发生的交易，如果交易价格显失公允，上市公司对于取得的超过公允价值部分的经济利益流入应比照上述原则处理。

2014 年修订后的《企业会计准则第 30 号——财务报表列报》，正式提出了与所有者的资本交易（权益性交易）的定义："与所有者的资本交易，是指企业与所有者以其所有者身份进行的、导致企业所有者权益变动的交易。"

《监管规则适用指引——会计类第 1 号》（以下简称《1 号指引》）对权益性交易进行了较为全面的规范。《1 号指引》明确，对于上市公司的股东、股东控制的其他关联方、上市公司的实际控制人对上市公司进行直接或间接的捐赠、债务豁免等单方面的利益输送行为，由于交易是基于双方的特殊身份才得以发生，且使得上市公司明显地、单方面地从中获益，因此，应认定其经济实质具有资本

投入性质，形成的利得应计入所有者权益。上市公司在判断是否属于权益性交易时应分析该交易是否公允以及商业上是否存在合理性。上市公司与潜在股东之间发生的上述交易，应比照上述原则进行处理。

综上规定，在与控股股东或其控制的其他关联方交易中，如果交易对价超过交易标的公允价值的，则应认定为属于权益性交易，其差额应该计入资本公积，而不应该影响损益。相关规定同时意味着，如果交易对价公允，则无须认定为权益性交易，其差额可以正常计入损益。

（二）同一控制下企业合并处理原则与权益性交易关系

根据准则规定，同一控制下企业合并采用的是权益结合法。权益结合法是站在集团最终控制方的角度，将集团内各级公司之间的企业合并交易，视为由最终控制方出于其股东身份而主导或影响的、集团内权益的重组交易，此类交易并非出于合并方和出售方正常的商业目的，交易不会引起集团所控制资源的增加或减少，对于合并方和被合并方构成的合并主体，支付的合并对价与所获得权益份额之间的差额，属于最终控制方以股东身份进行的资本投入或资本分配，该差额直接计入所有者权益（资本公积），不采用购买法处理，不会产生商誉或负商誉，不影响合并主体的当期损益。可以发现，同一控制下企业合并，符合权益性交易的定义。对此类交易中权益结合法的使用，在一定程度上可以理解为权益性交易处理原则在企业合并领域的应用。也即在同一控制下企业合并交易中，准则直接将该交易认定为权益性交易，而不再考虑其交易定价是否公允的问题。在一般交易中，将一项与控股股东或其控制的其他关联方的交易认定为权益性交易的前提，是要分析其交易定价是否公允，只有认定为不公允的，才按权益性交易原则处理。

（三）具体处理建议

笔者建议，就同一控制下处置子公司的交易而言，应将该交易视同一项普通交易，运用权益性交易原则进行处理。即我们应首先判断处置对价的公允性，如果处置对价公允，则可以将处置对价与账面价值之间的差额计入当期损益。如果处置对价不公允，则应将处置对价与公允值之间的差额计入资本公积而视同权益性交易；对于公允值与账面值之间的差额，仍然可以计入当期损益。

需要说明的是，从会计准则规范完善性层面，更合适的表述可能为：以交易是否具有商业实质作为划分标准，如果具有商业实质，处置对价与账面价值差额可以计入当期损益；反之，视同权益性交易计入资本公积。然而，在实务中，企业合并交易是否具有商业实质，目前并没有明确的指引且难以准确判断。就交易对价的公允性而言，其判断难度小于对商业实质的判断。同时，交易对价的公允性在现行准则体系下相对可以量化并可获得。就交易对价公允性与商业实质的辩证关系而言，具有商业实质的交易，其交易对价一般而言均是公允值。因此，交易对价的公允性可以作为判断是否具有商业实质的重要特征。所以，就目前实务操作而言，以交易对价的公允性作为划分不同会计处理模式的依据，兼顾了规范完善性与实务可操作性。

二、同一控制下处置子公司为对价形成新的同一控制下企业合并

如公司处置子公司给控股股东作为对价，新取得控股股东控制的其他子公司，则在处置子公司的同时，形成了一项新的同一控制下企业合并事项。该事项可以理解为公司与其控股股东之间的资产置换交易。对于该交易，换入的股权投资（取得控股股东其他子公司）属于典型的同一控制下企业合并，因此毫无争议应该作为同一控制下企业合并处理。考虑到同一项交易同时形成了“同一控制下企业合并”与“同一控制下处置子公司”，此时我们不应该将一项同一控制下的企业合并交易割裂成两项独立的交易，并基于不同的原则予以会计处理。基于同一事项会计处理逻辑的一致性考虑，我们应该将此类交易中伴生的“同一控制下处置子公司”交易作为权益性交易处理，不能确认转让损益。

需要说明的是，如本编第二章第三节所述，国际准则制定机构已经就《同一控制下企业合并》项目发布讨论稿，后续准则制定部门如就本章所讨论的交易形成明确处理规定的，应以其规定为准。

第四节　实务执行中关注要点

如前所述，此类交易可能是上市公司基于保壳需求而产生，交易本身带有盈余管理的性质。很多上市公司，为了最大程度规避损益确认的不确定性，并不直接将子公司处置给控股股东或其控制的子公司，而是由实际控制人安排一家表

面与上市公司毫无关联关系的公司作为交易对方，并聘请评估机构对交易标的公允价值出具评估报告来背书（依据评估值确定交易对价），由此规避权益性交易的认定（如前所述，权益性交易认定一般需要考虑两个条件是否同时满足：一是交易对方是否为控股股东或其控制的主体以及其他关联方；二是交易对价是否公允）。

为了确保此类交易得到规范处理，外部审计机构还应该关注此类交易存在的盈余管理风险。建议重点关注并核查以下问题：

一、深度挖掘交易对方与控股股东的关联关系

随着互联网技术的发展，现在有诸多提供企业工商信息查询的服务商。建议审计机构充分运用此类查询工具，深度挖掘控股股东与交易对方的关联关系，包括核查上市公司控股股东的实际控制人与董事、监事及高级管理人员（以下统称董监高）个人控制的公司与交易对方的关联关系、核查上市公司控股股东控制的上市公司体系外的其他子公司及其董监高与交易对方的关联关系、核查交易对方的历史股东、历史董监高、现任股东、现任董监高，关注以上人员是否同时担任控股股东的董监高、是否同时担任上市公司控股股东控制的除上市公司体系外其他子公司的董监高。如在交易发生前，交易对方发生股东、董监高等人员变动，且变动前股东、董监高与上市公司控股股东、上市公司等存在关联关系的，需关注该变动的真实性，关注是否存在股权代持及其他特殊利益安排。

二、关注交易对方基本情况、支付能力、资金来源并关注交易商业合理性

如果交易对价较大，而通过对交易对方基本情况核查发现，交易对方成立时间较短、实缴注册资本较少、没有实质经营业务且根据获取的交易对方财务数据判断，其不具备支付交易对价能力的，需要关注交易对方的资金来源，关注是否存在上市公司控股股东等直接或通过其他主体间接将款项转付给交易对方后，再由交易对方支付交易对价的情形。特别是交易对方如果未直接付款而是委托第三方代付款的，需要重点关注该第三方的支付能力以及与上市公司控股股东等是否存在关联关系。

此外，需要关注交易对方的主营业务，分析交易对方收购标的公司是否具有

商业合理性，包括交易对方的管理层是否明显不具备标的公司所处行业的管理经验。如果上市公司处置明显盈利能力欠佳甚至净资产为负的公司，要关注交易对方参与交易的商业合理性。

三、审慎核查评估结果的公允性

上市公司在处置子公司时，一般均有评估机构就子公司的股权价值出具评估报告，并参考评估报告的评估值作为交易对价。作为审计机构，不能不加复核直接信赖评估结果。审计机构应该基于自身的专业判断，仔细审阅资产评估报告，了解计算评估值所采用的评估方法和评估的主要参数与假设，分析相关假设的合理性与适当性，审慎引用与信赖评估结果。

第八章
长期股权投资顺逆流交易疑难问题

关于长期股权投资中涉及的投资企业与其联营企业或合营企业之间发生的未实现内部交易损益的处理，在初始发布的2006年版《企业会计准则讲解》中并未明确，在2007年11月16日发布的《企业会计准则解释第1号》中明确了这一问题。随后出版的2008年版《企业会计准则讲解》根据《企业会计准则解释第1号》进行了补充和修订，并通过示例说明了顺流、逆流交易的具体会计处理。

由此可见，《企业会计准则讲解》在此处的示例及其分析都较为原则，对于合并财务报表层面的调整分录，未详细分析其背后的逻辑。由于该问题会计处理的复杂性，成为会计实务中一个常见的难题。因此，笔者通过理论与案例两个层面对长期股权投资顺逆流交易会计处理进行解读，希望能有助于实务界理解和掌握相关会计处理规定。

第一节　抵销未实现内部交易损益处理规定及其制定原因

一、抵销未实现内部交易损益处理规定

为了理解准则中的处理规定，需要先厘清一个概念——权益法。所谓权益法，是指投资企业长期股权投资的账面价值反映其在被投资企业

所有者权益中占有份额的一种会计方法。其具有以下四个特点：

1. 投资企业按照其占被投资企业的投资份额，将被投资企业所实现的净利润或所发生的净亏损确认为投资收益或投资亏损。

2. 被投资企业宣告或发放的股利，不是投资企业的收入，而是投资企业对被投资企业投资的部分清算，即当投资企业从被投资企业收到股利时，应减少其投资的账面价值。

3. 投资企业要调整投资时被投资方可辨认资产公允价值和账面价值的差额对当期损益的影响，计算被投资方调整后的净利润，并在其账上逐期调整长期股权投资的账面价值和投资企业在被投资企业的净利润或净亏损份额。

4. 投资企业还需要调整抵销投资企业和被投资企业内部交易中未实现损益，并也在其账上逐期调整长期股权投资的账面价值和投资企业在被投资企业的净利润或净亏损份额。

如果是只具备上述前两点的权益法，被称为简单权益法；如果同时满足上述前三点则被认为是购买法的权益法；而如果同时具备以上四个特点，则是完全权益法。

在《企业会计准则讲解》中，明确述及了该事项的处理原则应该按照完全权益法处理。《企业会计准则讲解》指出，对于投资企业与其联营企业或合营企业之间发生的未实现内部交易损益应予抵销。即投资企业与联营企业或合营企业之间发生的未实现内部交易损益按照持股比例计算归属于投资企业的部分，应当予以抵销，在此基础上确认投资损益。同时，投资企业与其联营企业或合营企业之间的未实现内部交易损益抵销仅仅是投资企业或是纳入投资企业合并财务报表范围的子公司享有联营企业或合营企业的权益份额。

应当注意的是，该未实现内部交易损益的抵销既包括顺流交易（投资企业向其联营企业或合营企业出售资产），也包括逆流交易（联营企业或合营企业向投资企业出售资产）。对于顺流交易中产生的损益，按照持股比例计算确定归属于本企业的部分不予确认，同时调整对联营企业或合营企业长期股权投资的账面价值；对于逆流交易，也不应确认联营企业或合营企业因该交易产生的损益中本企业应享有的部分，也应同时调整对联营企业或合营企业长期股权投资的账面价值。

如果投资企业还需要对外编制合并财务报表，则需要进一步处理。在顺流交易时，应在合并财务报表中对投资收益及包含未实现内部交易损益的营业收入、营业成本进行调整，抵销有关利润中包含的未实现内部交易损益，并相应调整对联营企业或合营企业的投资收益；在逆流交易时，应在合并财务报表中对长期股权投资及包含未实现内部交易损益的资产账面价值进行调整，抵销有关资产账面价值中包含的未实现内部交易损益，并相应调整对联营企业或合营企业的长期股权投资。

二、抵销未实现内部交易损益处理规定制定原因的分析

在分析准则制定原因之前，先需要对实体理论进行基本介绍。因为这是顺逆流交易会计处理的一个理论基础。实体理论核心就是要将与母公司有关的联营企业、合营企业、子公司等作为一个整体来反映，合并财务报表是以整个企业集团为会计主体而编制的，应该是服务于企业集团的所有股东的，而不仅仅是母公司。在企业会计准则中，虽然并没有规定要将联营企业与合营企业纳入合并财务报表范围，但是可以发现，通过对联营企业与合营企业的投资进行权益法处理后，联营企业与合营企业的净资产和净利润中归属于投资企业的部分已经进入投资企业财务报表（相当于实质上与投资企业编制了投资企业层面的合并财务报表），同时通过投资企业的财务报表计入了所属集团财务报表，相当于实质上也并入了集团层面的合并财务报表。

那么，我们可以明确，既然联营企业与合营企业的净资产和净利润中归属于投资企业的部分计入了投资企业的财务报表，实质上与投资企业编制了投资企业层面的合并财务报表，那么他们之间的交易也应该按照母子公司之间的交易一样进行抵销。众所周知，之所以要求母子公司之间编制合并财务报表，抵销内部交易，一方面是为了准确反映企业集团整体的财务状况与经营成果，避免多计资产与业绩；另一方面也是为了避免母公司通过与子公司的内部关联交易来虚增或者隐瞒利润，粉饰财务报表。因此，之所以要求抵销与联营企业或合营企业内部交易中的未实现损益，也是为了真实反映包含投资企业与联营企业或合营企业的实体的真实财务状况，不然可能会多计该实体的资产或利润。例如，在顺流交易中，投资企业可以通过向联营企业或合营企业出售商品增加投资企业个别财务报表中的营业收入与营业成本，进而增加投资企业的净利润，但在联营企业或合营企业

将商品对外出售之前，其中部分收入并未真正实现，而由于不需要与联营企业或合营企业编制合并财务报表，这部分未实现的利润并没有被抵销；在逆流交易中，投资企业可以让被投资企业向自己出售商品，增加联营企业或合营企业个别财务报表上的利润，进而增加投资企业的投资收益，也因为最终不需要与联营企业或合营企业编制合并财务报表，从而虚增了投资企业净利润。

综上分析，准则之所以要求抵销对于投资企业与其联营企业或合营企业之间发生的未实现内部交易损益，其背后的重要出发点仍然是避免多计资产与业绩，同时也防止投资企业通过与联营企业或合营企业之间的交易虚增利润，粉饰报表。

第二节　案例分析与解读

前部分从理论层面分析了我国准则对抵销未实现内部交易损益是如何规定的，以及规定背后的原因。下面，结合具体案例详细解读该项会计处理。

一、逆流交易案例分析与解读

【案例1】

甲公司于2019年1月取得乙公司20%有表决权股份，能够对乙公司施加重大影响。假定甲公司取得该项投资时，乙公司各项可辨认资产、负债的公允价值与其账面价值相同。2019年8月，乙公司将其成本为600万元的某商品以1000万元的价格出售给甲公司，甲公司将取得的商品作为存货。至2019年资产负债表日，甲公司仍未对外出售该存货。乙公司2019年实现净利润为3200万元。为简化起见，假定不考虑所得税因素。我们分两种情形进行分析：

【案例解析】

先假定甲公司没有其他子公司，无须对外编制合并财务报表：

第一步，先不考虑未实现内部交易损益，正常处理：

A：借：长期股权投资 640（3200×20%）

　　贷：投资收益 640（3200×20%）

第二步，根据准则规定，抵销未实现内部交易损益：

B: 借：投资收益 80（400×20%）

贷：长期股权投资 80（400×20%）

对于这两步会计处理，分析如下：

首先，为什么只是按照 20% 进行抵销而不是全额抵销？在此例中，乙公司实现的净利润中有 20% 应归属于甲公司，当然这里的未实现内部交易损益也应有 20% 归属于甲公司（因为未实现内部交易损益最终包含在乙公司的利润中），而这 20% 应归属于甲公司的未实现内部交易损益实质上相当于甲公司先自己出高价购得存货(这个“高价”是指相对于存货的成本 600 万元而言)，再通过投资收益增加了利润，本质上是甲公司通过“投资收益”自己赚取了自己的利润。对于未实现内部交易损益中属于乙公司其他股东的份额，并不属于甲公司自己与自己交易的范畴，甲公司个别财务报表可以确认相关损益。因此，此处只需按照 20% 进行抵销而不是全额抵销。

其次，说明抵销未实现内部交易损益会计分录的意义。为此，需要引入一个概念：单行合并。所谓单行合并是相对于完全合并而言的。按照实体理论的要求，必须把包含联营、合营企业的部分都纳入广义合并范围，可是联营、合营企业因为对其没有控制，不能按照合并财务报表的常规方法处理（把联营、合营企业的资产、负债、收入、成本等直接并入投资企业财务报表），而只能通过单行合并方式进行处理。即对于投资企业与联营、合营企业合并后整体资产的增加或减少，不能直接增减相应的资产，而只能通过对投资企业长期股权投资账面价值进行调整的方式进行反映（例如，联营、合营企业净资产增加了 100 万元，投资企业持股 20%，那么投资企业只能通过对长期股权投资调增 20 万元来反映整体资产的增长，而不能调整具体的资产项目）。而对于整体资产的虚增，也只能通过抵销长期股权投资来反映，不能抵销具体的资产项目；同理，对于投资企业与联营企业或合营企业合并后整体利润的增加或减少，也只能通过对投资企业投资收益账面价值的调整进行反映(例如，联营企业或合营企业利润增加了 100 万元，投资企业持股 20%，那么投资企业只能通过调增投资收益 20 万元来反映整体利润的增加，而不能调整具体的损益项目）。对于整体利润的虚增，也只能通过抵销投资收益进行反映，也不能抵销具体的损益项目。由此形成一个已经抵销了与联营企业或合营企业未实现内部交易损益后的“单行合并财务报表”。

在此例中，我们也需要把甲公司与乙公司作为一个实体进行分析。可以发现，在此项交易中，包含甲公司与乙公司的实体利润虚增80万元，根据单行合并要求，甲公司只能把投资收益调减80万元。另外，实体存货的价值虚增80万元，也只能调减长期股权投资80万元。经过抵销未实现内部交易损益后，甲公司资产增加560万元，利润也只增加560万元，均未虚增。从本质看，抵减的长期股权投资80万元，正是甲公司存货虚增部分；抵减的投资收益80万元也恰是乙公司利润虚增部分。

在对甲公司个别财务报表进行上述处理后，如果甲公司有子公司，需要对外编制合并财务报表，应在合并财务报表中进行以下调整：

C:借：长期股权投资80

贷：存货80

对于这笔会计分录，分析如下：

由于此时甲公司有子公司，需要对外编制合并财务报表，那么甲公司会编制相应的抵销分录来抵销内部交易。此时，可以把对于子公司、联营企业、合营企业的所有抵销分录放在期末统一进行处理，在发生时暂不抵销。即先不考虑未实现内部交易损益，正常处理：

D:借：长期股权投资640（3200×20%）

贷：投资收益640（3200×20%）

同时，此时按照实体理论编制合并财务报表时，不仅仅是包含甲公司与乙公司的“单行合并财务报表”，而是一个包含甲公司、乙公司、甲公司子公司的更大范围的“单行合并财务报表”。因为甲公司必须跟其子公司编制完全合并财务报表，再把该完全合并财务报表用来与联营企业、合营企业来编制新的“单行合并财务报表”，以反映整个实体真实的资产、利润等情况。

因为在完全合并财务报表中，甲公司抵销了与其子公司的内部交易，并且此时抵销分录抵销的就是相应虚增项目（例如，子公司把价值70万元的存货以90万元卖给甲公司，站在整体看存货虚增20万元，直接抵销存货项目20万元）。为了使得对外报出的完全合并财务报表具有内在一致性（因为如果甲公司与其子公司有内部存货逆流交易，在甲公司与其子公司编制的抵销分录中，就是抵销甲公司报表上的存货项目），就要求把跟乙公司的内部交易未实现损益导致的存货虚增80万元部分就按照抵销“存货”项目进行处理，对于乙公司虚增的营业收入、营业成本就按照“营业收入”与“营业成本”进行抵销：

E:借：营业收入200（1000×20%）

贷：营业成本 120（600×20%）

存货 80（400×20%）

但如前所述，联营、合营企业并未纳入完全合并财务报表范围，联营、合营企业的相关项目无法在完全合并财务报表上直接反映，而甲公司由于其进入了完全合并财务报表范围，甲公司报表项目可以在完全合并财务报表上反映。那么，对于E笔分录，存货虚增部分由于在甲公司报表中，也就体现在完全合并财务报表中，可以按照“存货”项目进行抵销。而对于乙公司虚增的营业收入和营业成本，却依然只能以甲公司与乙公司编制的完全合并财务报表中的“投资收益”减少来代替：

F:借：投资收益 80（400×20%）

贷：存货 80（400×20%）

此时，把D笔分录与F笔分录合并可得：

G:借：长期股权投资 640

贷：投资收益 560

存货 80

从最终的合并分录G，我们可以发现，通过增加长期股权投资使得资产增加 640 万元，通过抵减存货使资产又减少了 80 万元，最终使资产增加 560 万元，由于最终投资收益增加 560 万元，那么利润也只增加 560 万元。与前述假如甲公司不编制合并财务报表时对于资产、利润的影响金额完全一致，完全合并财务报表反映了整个实体的真实财务状况与经营成果。

此时，我们再来进一步解释说明C笔分录，就比较易于理解。这里有一个前提也要首先厘清。即甲公司在没有子公司不需要编制合并财务报表时的会计处理与甲公司假如有子公司需要编制合并财务报表时的会计处理在本质上是相互独立的，各自没有联系。也即一种处理是假如不需要编制合并财务报表，顺逆流交易的抵销该如何处理；另一种处理是假定甲公司需要编制合并财务报表，对于顺逆流交易的抵销该如何处理。显然，这只是按照两种不同假定前提进行的不同会计处理。可是在形式上，由于甲公司先按第一种假定进行了处理（编制了A、B笔分录），为了使这两种不同假定前提下的处理真正达到本质上独立（使两种不同假设前提下的处理最终对于实体财务报表中资产、利润的影响金额都只是560万元，而不至于出现虚增），就必须在形式上考虑A、B笔分录的影响（《企业会计准则讲解》特别强调了“进行上述处理后”，也就是作出了A、B笔分录后，甲公司如果此时又需要对外编制合并财务报表，则再做C笔分录）。也就意味着，我们在甲公司A、B笔分录的基础上，必须通过编制一笔C分录，使A、B、C合并后最终与G分录一致，才能保证在实质上的独立，使其在第二种假定前提下的处理对于实体财务报表中资产、利润的影响金额都只是560万元。

简言之，即此时再采取第二种假定前提进行处理，编制分录的科目和金额会受到第一种假定前提下A、B笔分录的影响（形式上会受到影响），我们必须考虑到之前的影响，在此基础上，再编制抵销分录，以使按照第二种假定前提编制的分录，其最终对实体财务报表中资产、利润的影响金额都是560万元，而不会与第一种假定前提的处理产生差异（即实质上独立）。我们可以总结为：为了保持实质上的独立，我们必须考虑形式上的影响。下面通过分录进行说明：

在甲公司正常编制合并财务报表时，如前所述，通过D、F笔分录就可得到最终分录G，而此处前提为甲公司已经做了一笔：

借：长期股权投资 560［（3200-400）×20%］

　　贷：投资收益 560［（3200-400）×20%］

从形式上看，这笔分录和最终分录G只差C笔分录，调整C笔分录后，就实现了保证实质独立的目的。

但是，我们仍需要从实际意义上说明C笔分录。如前分析，在A、B笔分录中甲已经通过把长期股权投资抵销80万元，实现了抵销虚增资产的目的，而甲公司账面上真正虚增的是存货而非长期股权投资（当时抵销长期股权投资是由于甲公司不用编制完全合并财务报表，采取的替代措施）。此时，既然甲公司已经需要对外编制完全合并财务报表，并且虚增的存货体现在甲公司财务报表上，能够进入完全合并财务报表的范围，那么应该通过真正抵销存货而非替代性的长期股权投资来实现抵销虚增资产的目的。所以，只需要再做C笔分录，就可以把抵销的长期股权投资恢复，并抵销真正虚增的存货。而对于虚增的营业收入与营业成本，由于联营企业、合营企业的报表仍然不并入完全合并财务报表而只能继续以投资收益的抵销来替代，所以不用考虑恢复已抵销的投资收益。

二、顺流交易案例分析与解读

【案例2】

甲公司持有乙公司20%有表决权股份，能够对乙公司的财务和生产经营决策施加重大影响。2019年，甲公司将其账面价值为600万元的商品以1000万元的价格出售给乙公司。至2019年资产负债表日，该批商品尚未对外部第三方出售。假定甲公司取得该项投资时，乙公司各项可辨认资产、负债的公允价值与其账面价值相同，两者在以前期间未发生内部交易。乙公司2019年净利润为2000万元。假定不考虑所得税因素。

【案例解析】

先假定甲公司没有其他子公司，无须对外编制合并财务报表：

第一步，先不考虑未实现内部交易损益，进行正常处理：

a: 借：长期股权投资 400

　　贷：投资权益 400

第二步，根据准则规定，抵销未实现内部交易损益：

b: 借：投资收益 80

　　贷：长期股权投资 80

对于这两步会计处理，也可以做如下分析：

首先，需要分析为什么只是按照20%进行抵销而不是全额抵销？在此例中，甲公司实现的净利润400万元中有20%属于甲公司赚取的乙公司中甲公司自己所投入的资金。也即甲公司通过高价把存货卖给乙公司（这个“高价”也是指相对于存货的成本600万元而言），赚取了400万元利润，而由于甲公司是乙公司的股东之一（持股20%），乙公司多出的400万元当中有80万元是由甲公司负担的，也即意味着其中80万元利润在本质上是甲公司自己赚取自己的利润，并不是实际实现的利润，其本质只是资产的内部转移。所以在顺流交易中甲公司应当在个别财务报表中抵销对于未实现内部交易损益按持股比例计算归属于甲公司的份额。其他320万元是甲公司赚取的乙公司中属于其他股东的利润，不应该抵销。

其次，说明抵销未实现内部交易损益分录的意义。我们在前面分析逆流交易时已经引入“单行合并”的概念，我们依旧可以进行如下理解：

在此例中，我们也需要把甲公司与乙公司作为一个实体进行分析。可以发现，在此项交易中，实体利润虚增80万元，根据单行合并要求，甲公司只能把投资收益调减80万元。另外，实体中存货价值虚增80万元，根据单行合并要求，也只能调减长期股权投资80万元。经过抵销未实现内部交易损益后，甲公司资产增加金额为320万元，利润也只增加了320万元，均未虚增。从本质看，抵减的长期股权投资80万元，正是乙公司存货虚增部分；抵减的投资收益80万元也恰是甲公司利润虚增部分。

在对甲公司个别财务报表进行上述处理后，如果甲公司有子公司，需要对外编制合并财务报表，应在合并财务报表中进行以下调整：

c: 借：营业收入 200（1000×20%）

　　贷：营业成本 120（600×20%）

　　　　投资收益 80（400×20%）

对于这笔会计分录，也可以作出如下分析：

由于此时甲公司有子公司，需要对外编制合并财务报表，那么甲公司会编制相应的抵销分录来抵销内部交易。此时，可以把对于子公司、联营企业、合营企业的所有抵销分录放在期末统一进行处理，在发生时暂不抵销。即先不考虑未实现内部交易损益，正常处理：

d: 借：长期股权投资 400（2000×20%）

　　贷：投资收益 400（2000×20%）

同样，因为甲公司必须跟其子公司编制完全合并财务报表，再把该完全合并财务报表用来与联营企业、合营企业来编制新的“单行合并财务报表”，以反映整个实体真实的资产、利润等情况。那么同理，为了使对外报出的完全合并财务报表具有内在一致性，就要求把由于甲公司与乙公司之间的未实现内部交易损益所导致的虚增利润80万元部分按照“营业收入”和“营业成本”项目进行抵销，对于乙公司虚增存货80万元部分，按照存货进行抵销：

e: 借：营业收入 200（1000×20%）

　　贷：营业成本 120（600×20%）

　　　　存货 80（400×20%）

但如前所述，联营企业、合营企业并未纳入完全合并财务报表范围，联营企业、合营企业的相关项目也没有办法在完全合并财务报表上直接进行反映，而甲公司由于其进入了完全合并财务报表范围，甲公司报表项目可以在完全合并财务报表上进行反映。那么，对于e笔分录，由于利润的虚增部分在甲公司财务报表中，也就体现在完全合并财务报表中，可以按照“营业收入”和“营业成本”项目进行抵销。对于乙公司虚增的存货，由于其未能体现在完全合并财务报表中，依然只能继续按照单行合并的要求，以“长期股权投资”的减少来代替：

f: 借：营业收入 200（1000×20%）

贷：营业成本 120（600×20%）

长期股权投资 80（400×20%）

此时，把d笔分录与f笔分录合并可得：

g: 借：长期股权投资 320

营业收入 200

贷：投资收益 400

营业成本 120

从最终的合并分录g发现，通过增加投资收益使利润增加400万元，通过抵减营业收入与营业成本使利润又减少了80万元，最终使利润增加320万元，由于最终长期股权投资增加320万元，那么资产也只增加320万元。与前述假如甲公司不编制合并财务报表时对于资产、利润的影响金额一致，完全合并财务报表中反映了整个实体的真实财务状况与经营成果。

根据逆流交易部分已论及的处理原则，为了保持实质上的独立，我们必须考虑形式上的影响。同逆流交易部分分析，此时再采取第二种假定前提进行处理，编制分录的科目和金额会受到第一种假定前提下a、b笔分录的影响，我们必须考虑到之前的影响，在此基础上，再编制抵销分录，以使按照第二种假定前提编制的分录，其最终对实体财务报表中资产、利润的影响金额都是320万元，而不会与第一种假定前提的处理产生差异（实质上独立）。下面也继续通过分录进行说明：

在甲公司正常编制合并财务报表时，通过d、f笔分录就可得到最终分录g，而此处前提为甲公司已经作了一笔：

借：长期股权投资 320［（2000−400）×20%］

贷：投资收益 320［（2000−400）×20%］

从形式上看，这笔分录和最终分录g只差c笔分录，调整c笔分录后，就实现保证实质独立的目的。

但是，我们仍需要从实际意义上说明c笔分录。同理，可以发现，在a、b笔分录中甲已经通过把投资收益抵销80万元，实现了抵销虚增利润的目的，而甲公司账面上真正虚增的是营业收入与营业成本（当时抵销投资收益是由于甲公司不用编制完全合并财务报表，而采取的替代措施）。此时，既然甲公司已经需要对外编制完全合并财务报表，并且虚增的营业收入与营业成本在甲公司报表上，能够进入完全合并财务报表的范围，那么应该通过真正抵销营业收入与营业成本而非替代性的投资收益来实现抵销虚增利润的目的。所以，只需要再做c笔分录，就可以把抵销的投资收益恢复，并抵销虚增的营业收入与营业成本。而对于虚增的存货，由于联营企业、合营企业的报表仍然不并入完全合并财务报表，只能继续以长期股权投资的抵销来替代，所以不用考虑恢复已抵销的长期股权投资。

第三节　顺逆流交易递延所得税影响

一、权益法核算的长期股权投资的所得税影响

《企业会计准则第18号——所得税》（以下简称所得税准则）规定，对于采用权益法核算的长期股权投资，其账面价值与计税基础产生的暂时性差异是否应确认相关的所得税影响，应考虑该项投资的持有意图：

1. 如果企业拟长期持有该项投资，则因初始投资成本的调整产生的暂时性差异预计未来期间不会转回，对未来期间没有所得税影响；因确认投资损益产生的暂时性差异，如果在未来期间逐期分回现金股利或利润时免税（我国税法规定，居民企业之间的股息、红利免税），也不存在对未来期间的所得税影响；因确认应享有被投资单位其他权益的变动而产生的暂时性差异，在长期持有的情况下预计未来期间也不会转回。因此，在准备长期持有的情况下，对于采用权益法核算的长期股权投资账面价值与计税基础之间的差异，投资企业一般不确认相关的所得税影响。

2. 如果投资企业改变持有意图拟对外出售的情况下，按照税法规定，企业在转让或者处置投资资产时，投资资产的成本准予扣除。在持有意图由长期持有转变为拟近期出售的情况下，因长期股权投资账面价值与计税基础不同产生的有关暂时性差异，均应确认相关的所得税影响。如长期股权投资账面价值大于计税基

础，应确认递延所得税负债；如长期股权投资账面价值小于计税基础，符合条件的应确认递延所得税资产。

二、被投资方资产、负债调整的所得税影响

被投资方利润表中的净利润是以其持有的资产、负债账面价值为基础持续计量的，而投资方在确认应享有被投资方净损益份额时，应当以取得投资时被投资方可辨认净资产公允价值为基础，对被投资方的净利润进行调整后确认，确认的投资收益代表的是被投资方资产、负债在公允价值计量的情况下在未来期间通过经营产生的损益中归属于投资方的部分。因此，当被投资方资产、负债的价值存在重新计量时，则计算持有被投资方股权的投资收益时，需先确认资产、负债重新计量差额的递延所得税影响。

需要注意的是，该调整并非权益法核算的长期股权投资本身账面价值与计税基础差异问题，与权益法核算的长期股权投资，其计税基础与账面价值产生的有关暂时性差异是否应确认相关的所得税影响问题无关，无须考虑该项投资的持有意图来决定是否确认所得税影响。但如果被投资方可辨认净资产的公允价值与账面价值一致，则无须考虑被投资方资产、负债按公允价值调整的所得税影响。

三、未实现内部交易损益调整的所得税影响

如前分析，在个别财务报表层面，投资方与联营、合营企业之间顺逆流交易形成的未实现内部交易损益，按照应享有的比例计算归属于投资方的部分，应当予以抵销，在此基础上确认投资损益。在合并财务报表层面，按照单行合并的原则，逆流交易下需要调整恢复被抵销的长期股权投资，同时抵销存货；顺流交易下需要调整恢复被抵销的投资收益，同时抵销营业收入与营业成本。合并财务报表层面调整抵销完毕后，需要按照合并财务报表相关的要求对与之相关的递延所得税影响（如存货的账面价值与计税基础的差异）进行处理。

四、所得税影响案例分析与解读

【案例3】

相关案例背景与【案例1】相同，同时假定甲公司所得税税率为25%，乙公司为高新技术企业，所得税税率为15%。

【案例解析】

甲公司预计将长期持有对乙公司的投资，因此甲公司对于长期股权投资账面价值与计税基础之间的差异，不确认相关的所得税影响。同时，由于乙公司各项可辨认资产、负债的公允价值与其账面价值相同，也无须考虑被投资方资产、负债按公允价值调整的所得税影响。

而如【案例1】分析，甲公司编制合并财务报表时抵销了80万元存货的账面价值，但存货的计税基础仍然是甲公司购入存货的成本1000万元，账面价值920万元小于计税基础1000万元的部分属于可抵扣暂时性差异，应确认递延所得税资产和所得税费用20万元。之所以按甲公司所适用的所得税率计算递延所得税影响，是因为后续存货对外部独立第三方出售之后，甲公司在纳税申报时可以将1000万元存货账面价值作为成本进行税前扣除。同时，随着甲公司对外部独立第三方出售上述存货，与该笔存货相关的所得税影响也会逐步转回。

第九章
合并现金流量表编制中疑难问题

对一些准则规定不是特别明确的特殊交易，如何恰当进行现金流量表编制，在实务中存在较多争议。为了真实公允地反映企业的现金流量情况，需要我们从商业实质角度进行分析，才能得出一个比较合理的报表结果。

第一节　企业合并中现金流量表编制问题

企业当期新取得子公司，需要在合并当年资产负债表日编制合并现金流量表。对于母公司投资子公司，取得子公司控制权的交易，在现金流量表如何进行抵销处理，实务中存在争议。我们需要具体分析合并的商业实质，才能选择合适的处理方式。下面区分不同情形进行分析。

一、母公司从子公司其他所有者处直接收购股权而取得子公司控制权

从商业实质角度分析可以发现，在此项交易中，子公司并没有产生现金流入，相关的现金其实流入了子公司原股东。但是母公司确实产生了现金流出。

如果子公司在购买日持有现金和现金等价物的，在企业合并当期，

母公司购买子公司及其他营业单位支付对价中以现金支付的部分与子公司及其他营业单位在购买日持有的现金和现金等价物应当相互抵销，具体如下：

1. 子公司及其他营业单位在购买日持有的现金和现金等价物小于母公司支付对价中以现金支付的部分，按减去子公司及其他营业单位在购买日持有的现金和现金等价物后的净额在“取得子公司及其他营业单位支付的现金净额”项目反映，应编制的抵销分录为：借记“取得子公司及其他营业单位支付的现金净额”项目，贷记“年初现金及现金等价物余额”项目。

2. 子公司及其他营业单位在购买日持有的现金和现金等价物大于母公司支付对价中以现金支付的部分，按减去子公司及其他营业单位在购买日持有的现金和现金等价物后的净额在“收到其他与投资活动有关的现金”项目反映，应编制的抵销分录为：借记“取得子公司及其他营业单位支付的现金净额”项目和“收到其他与投资活动有关的现金”项目，贷记“年初现金及现金等价物余额”项目。

【案例】

P公司在购买日（2020年1月1日）支付银行存款500万元购得S公司100%的股份，从而取得对S公司的控制权，使S公司成为其子公司。S公司仍然作为独立实体经营。在该日，S公司实际持有货币资金300万元，在编制合并现金流量表时，应在合并工作底稿中编制如下抵销分录：

借：取得子公司及其他营业单位支付的现金净额 300

　　贷：年初现金及现金等价物余额 300

如何理解上述处理呢？假设P公司与S公司的2020年1月1日资产负债表如下：

表2-9-1　2020年1月1日P公司与S公司资产负债表

P公司	金额（万元）	S公司	金额（万元）
库存现金	1000	库存现金	300
资产	1000	固定资产	200
所有者权益	1000	资产	500
		所有者权益	500

假设当年 P 公司除了该笔收购外没有发生任何业务。由此可以发现，P 公司支付的 500 万元，流向了 S 公司原股东，超出 P 公司与 S 公司的实体范围，S 公司并没有得到任何资金。与此同时，由于 S 公司自有 300 万元现金，P 公司收购 S 公司后同时取得 300 万元，相当于 P 公司期末的库存现金余额应为 800 万元，期末 P 公司资产负债表如下：

表 2-9-2　2020 年年末 P 公司资产负债表

P 公司	金额（万元）
库存现金	500
长期股权投资	500
资产	1000
所有者权益	1000

P 公司与 S 公司编制合并资产负债表如下（长期股权投资与子公司所有者权益抵销）：

表 2-9-3　2020 年年末合并资产负债表

合并主体	金额（万元）
库存现金	800
固定资产	200
资产	1000
所有者权益	1000

站在企业集团角度，合并资产负债表的库存现金应为 800 万元。我们进一步通过合并现金流量表抵销分录试算底稿验证如下：

表 2-9-4　2020 年合并现金流量表工作底稿

项目	P 公司	S 公司	抵销		合并结果
			借	贷	
一、经营活动产生的现金流量：					
销售商品、提供劳务收到的现金					
收到的税费返还					
收到其他与经营活动有关的现金					

续表

项目	P公司	S公司	抵销		合并结果
			借	贷	
经营活动现金流入小计					
购买商品、接收劳务支付的现金					
支付给员工以及为员工支付的现金					
支付的各项税费					
支付其他与经营活动有关的现金					
经营活动现金流出小计					
经营活动产生的现金流量净额					
二、投资活动产生的现金流量：					
收回投资收到的现金					
取得投资收益收到的现金					
处置固定资产、无形资产和其他长期资产所收回的现金净额					
处置子公司及其他营业单位收回的现金净额					
收到其他与投资活动有关的现金					
投资活动现金流入小计					
购建固定资产、无形资产和其他长期资产所支付的现金					
投资支付的现金					
取得子公司及其他营业单位支付的现金净额	500		300		200
支付其他与投资活动有关的现金					
投资活动现金流出小计	500		300		200
投资活动产生的现金流量净额	–500		300		–200
三、筹资活动产生的现金流量：					
吸收投资收到的现金					
其中：子公司吸收少数股东投资收到的现金					

续表

项目	P公司	S公司	抵销		合并结果
			借	贷	
取得借款所收到的现金					
收到其他与筹资活动有关的现金					
筹资活动现金流入小计					
偿还债务所支付的现金					
分配股利、利润或偿付利息所支付的现金					
其中：子公司支付给少数股东的股利、利润					
支付其他与筹资活动有关的现金					
筹资活动现金流出小计					
筹资活动产生的现金流量净额					
四、汇率变动对现金及现金等价物的影响					
五、现金及现金等价物净增加额	–500		300		–200
加：期初现金及现金等价物余额	1000	300		300	1000
六、期末现金及现金等价物余额	500	300			800

我们可以发现，合并现金流量表中“期初现金及现金等价物余额”与“期末现金及现金等价物余额”分别为1000万元和800万元，与资产负债表保持勾稽。

如果子公司在被收购时自身没有现金，则不需要编制任何抵销分录。

二、母公司直接增资子公司取得子公司控制权

在该交易方式下，子公司作为法人实体取得了母公司增资投入的资金，但资金仍然在企业集团体内。母公司对子公司投资所产生的现金流量在母公司个别现金流量表中体现为“投资活动产生的现金流量”中“投资支付的现金”增加，而在接受投资的子公司个别现金流量表中则体现为“筹资活动产生的现金流量”中“吸收投资收到的现金”增加。因此，编制合并现金流量表时将其予以抵销即可。

借：投资支付的现金

　　贷：吸收投资收到的现金

第二节　母子公司之间资金拆借现金流量表编制问题

对于非金融企业之间发生的资金拆借，会计准则并没有明确说明应如何进行处理。但是，在实务中，关联方之间的资金拆借时常发生。那么对于此种行为，在现金流量表中如何处理呢？

例如，A公司的子公司是B公司，A公司给B公司提供了200万元资金，供B公司项目开发使用。A公司初始认为，关联方此类资金拆借是一种日常行为，属于经营活动产生的现金流中“支付其他与经营活动有关的现金”。但是，关联方之间资金拆借能否计入经营活动现金流，还需要充分考虑商业实质。

如果借款没有借款协议，不收取利息，发生频繁、周期较短、单笔金额较小，主要用于短期资金周转，则确实应该认定为经营活动现金流更为合适。因为没有借款协议，且不计算利息，即表明相关资金拆借并不以获取利息为目的。站在资金拆出一方，不能认定为投资活动，相应的资金拆入一方也没有支付利息，不能认定为筹资活动。

但如果关联方之间资金拆借有借款协议且收取利息，则不能再认定属于经营活动现金流，但具体是归入投资活动现金流还是筹资活动现金流需要进一步分析。

沿用上例，如果A公司以公司自有货币资金拆借给B公司（无论A公司货币资金之前是如何取得），A公司与B公司签订借款协议且收取利息，那么对于A公司而言应认定为属于投资活动产生的现金流，可以计入“支付的其他与投资活动有关的现金”，对于收到借款的资金拆入方B公司而言，应该认定为属于筹资活动产生的现金流，可以计入 “收到其他与筹资活动有关的现金”。

但如果B公司无法从银行获取贷款，由母公司A公司专门从银行借入200万元转借给B公司，A公司按照其从银行借入该笔款项的利息对B公司收取利息。此时，商业实质相当于出借方A公司替子公司B公司从银行取得贷款，根据实质重于形式的原则，出借方应该计入“支付其他与筹资活动有关的现金”，而借入方仍然计入“收到其他与筹资活动有关的现金”。因为A公司行为的商业实质是为了给 B 公司借款而筹集资金，且 A 公司出借给 B 公司的款项并没有加收额外利息，不应认定为投资行为，计入“支付其他与筹资活动有关的现金”更符合商业实质。

第十章
商誉减值测试中疑难问题

商誉减值一直是会计准则实务中一个热点和难点问题，无论是准则制定部门还是证券监管部门都高度关注。近年来，笔者注意到，在商誉减值测试实务中，存在各类普遍性误区，影响了商誉减值测试的准确性。本章根据相关准则，对商誉减值测试实务中存在的疑难问题进行解析。

第一节　对“年度商誉减值测试”的理解

就商誉减值测试而言，企业在每个资产负债表日应当首先判断，已经分摊商誉的资产组或资产组组合是否存在减值迹象，只要存在减值迹象，即应当估计相关资产组或资产组组合的可收回金额，进行减值测试，而不能等到年底再进行减值测试。在实务中，很少有公司执行“减值迹象条件下商誉减值测试”，几乎均默认商誉减值测试一年做一次即可。

需要明确的是，由于商誉不再摊销，为了确保商誉的账面价值不会超过其可收回金额，需要增加对减值测试的依赖，现行准则在执行“减值迹象条件下商誉减值测试”外，额外增加了“年度商誉减值测试”，即“无论是否存在减值迹象，每年都应当进行减值测试”。因此，“年度商誉减值测试”并非对“减值迹象条件下商誉减值测试”的替代，而是对其的补充。

第二节 与商誉减值测试有关的资产组如何界定

一、分摊商誉至资产组或资产组组合

虽然商誉的产生是由于收购了标的公司股权，且商誉的初始价值也是在购买日，将支付的对价与标的公司净资产的公允价值进行比较后割差确认。但是，一旦收购完成，企业在购买日就应当按照合理的方法，将商誉分摊至从企业合并的协同效应中受益的相关资产组或资产组组合，后续进行商誉减值测试的范围就不再是原标的公司的股权，而是相关资产组或资产组组合。

部分公司在商誉减值测试中，没有执行该步骤，而是默认将收购的标的公司作为分摊商誉的唯一资产组，该处理方式并不符合准则规定。下面通过一个案例说明。

【案例1】

A公司为我国知名互联网企业，旗下除了电子商务业务外，还经营其他互联网业务，包括云计算、互联网金融、物流平台等。其2020年收购了B社交网络公司，收购对价100亿元，形成商誉90亿元。收购完成后，A公司对收购形成的90亿元商誉进行分摊。A公司需要识别哪些资产组或资产组组合将从此次收购的协同效应中受益。经过分析识别，A公司认为，由于B社交网络公司未来主要将给其电子商务业务引入流量，因此整个电子商务事业群均会从此次收购中受益。电子商务事业群下设有多个可独立产生现金流的电子商务网站，即多个独立资产组，A公司无法用合理的方法再将商誉分摊至独立资产组，因此A公司决定将部分商誉分摊至整个电子商务事业群（由多个独立电子商务网站资产组组成的资产组组合）。

A公司分摊商誉账面价值的计算方式为，将商誉账面价值按各资产组或资产组组合的公允价值所占比例进行分摊。假定经过计算，A公司电子商务事业群作为资产组组合，分摊了40亿元商誉，剩余50亿元商誉分摊至B公司。后续，进行商誉减值测试时，需要分别测试电子商务事业群分摊的40亿元商誉与B公司分摊的50亿元商誉是否存在减值，不能直接将90亿元商誉均分摊到B公司进行减值测试。

二、商誉减值测试中资产组账面价值的构成

对于资产组账面价值的构成如何认定，是商誉减值测试的关键，关乎商誉减值测试的准确性。根据减值测试的要求，企业需要预计包含商誉的资产组或资产组组合的可收回金额和包含商誉的资产组或资产组组合的账面价值，并将两者进行比较，如果资产组或资产组组合的可收回金额低于其账面价值的，表明商誉发生了减值。因此，资产组或资产组组合账面价值的确定基础应当与其可收回金额的确定方式相一致，确保口径可比以正确测算商誉减值损失。在个别上市公司中，由于对资产组账面价值构成的认定存在不同观点，导致前任和后任审计机构对于商誉是否应该减值得出了截然相反的结论。

在实务中，大部分公司将商誉分摊至原收购的标的公司，在商誉减值测试评估报告中，评估的对象通常界定为原收购的标定公司"全部资产和全部负债组成的资产组"，实际即是标的公司的股东权益，评估方法也是采用评估股东权益价值的方法，其现金流评估公式为股权现金流模型，该现金流模型其实并不符合会计准则规定。具体为：

资产组价值（标的公司全部股东权益价值）= 企业整体价值 – 付息债务 = 企业自由现金流评估值（经营性资产价值）+ 非经营性资产价值 + 溢余资产价值 – 付息债务

其中，所谓非经营性资产或负债，是指对企业主营业务没有直接贡献或暂时不能为主营产生贡献的资产或负债，一般将其他货币资金中的保证金、交易性金融资产、其他应收款中的出口退税、往来款等确认为非经营性资产；一般将交易性金融负债、其他应付款中与公司主营业务不相关的部分确认为非经营性负债。溢余资产，是指虽然相关资产是经营性资产，但是超出了正常生产经营需要，一般为富余的现金。

从规则层面而言，如前所述，商誉减值测试的范围不是原标的公司的股权，而是被分摊商誉的资产组或资产组组合。因此，从评估角度需要明确股东权益与资产组的区别。

我们可以将资产负债表中相关项目，以是否与正常经营活动相关为标准，将流动资产、非流动资产、流动负债和非流动负债进行拆分，并将长短期资产负债合并，重新归集组合，将资产负债表资产项目分类为营运资金、溢余资产及非经

营性资产、经营性长期资产。资产减值测试中的资产组（资产组组合）对应的是经营性长期资产，而并非资产负债表右边的股东权益。

也即，从准则角度，资产组中不应该包括流动资产、流动负债、非流动负债、溢余资产以及非经营性资产，也即与商誉相关的资产组应该只包括相关经营性长期资产。因此，股权现金流模型中的非经营性资产价值、溢余资产价值和付息债务均无须考虑。准则还规定，企业预计的资产未来现金流量，不应当包括筹资活动产生的现金流入或者流出以及与所得税收付有关的现金流量。同时，由于仅需评估经营性长期资产价值，还需要扣除营运资金。

考虑上述因素后，用于商誉减值的资产组价值评估公式为：

资产组价值＝企业自由现金流折现后的评估值（经营性资产价值）－期初营运资金

其中，企业自由现金流＝息税前利润（EBIT）＋折旧及摊销－营运资本增加额－资本性支出

资本性支出＝资产性更新投资＋新增长期资产投资（新增固定资产或其他长期资产）

具体到评估实务，资产减值准则给出了一定的豁免，即为了便于评估资产组可收回金额的未来现金流量，可以将营运资金纳入现金流预测模型不予扣除，那么此时用于对比的包含商誉的资产组账面价值中也应包含营运资金，即资产组中不得剔除与经营活动相关的流动资产和流动负债。

就折现率而言，准则规定，计算资产未来现金流量现值时所使用的折现率应当是反映当前市场货币时间价值和资产特定风险的税前利率，也即与资产未来现金流量的估计基础保持一致，均采用税前口径。

第三节　商誉减值测试中资产组账面价值计量基础

一、现行准则对被购买方资产、负债计量的规定

现行准则对母公司非同一控制下收购子公司使用的是购买法。根据准则规定，购买方一般应于购买日编制合并资产负债表，反映其于购买日开始能够控制的经济资源情况。在合并资产负债表中，合并中取得的被购买方各项可辨认资产、负

债应以其在购买日的公允价值计量，长期股权投资的成本大于合并中取得的被购买方可辨认净资产公允价值份额的差额，体现为合并财务报表中的商誉。因此，在非同一控制下企业合并中，作为购买方的母公司在进行有关会计处理后，应单独设置备查簿，记录其在购买日取得的被购买方各项可辨认资产、负债的公允价值以及因企业合并成本大于合并中取得的被购买方可辨认净资产公允价值的份额应确认的商誉金额，作为企业合并当期以及以后期间编制合并财务报表的基础。企业合并当期期末以及合并以后期间，应当纳入合并财务报表中的被购买方资产、负债等，是以购买日确定的公允价值为基础持续计算的结果。由此可见，商誉金额是以被购买方可辨认净资产公允价值为基础割差确定的，后续在对商誉进行减值测试时，为准确计量商誉减值损失，必须保持计量基础的一致性。

根据准则规定，在商誉减值测试时，我们会比较包含商誉的资产组或资产组组合的账面价值（包括所分摊的商誉的账面价值）与其可收回金额，如相关资产组或资产组组合的可收回金额低于其账面价值的，应当就其差额确认减值损失，减值损失金额应当首先抵减分摊至资产组或资产组组合中商誉的账面价值。

二、实务中对资产组账面价值计量存在的误区与影响

根据上述规定，如果我们在商誉减值测试时，对资产组或资产组组合的账面价值计量存在错误，则会影响商誉减值测试的准确性，甚至会在实质存在商誉减值的情况下，认为不存在商誉减值，产生重大问题。

笔者注意到，部分公司在进行商誉减值测试时，使用的子公司资产组的账面价值为子公司个别财务报表层面的数据，而非以购买日确定的公允价值为基础持续计算的结果，也即非合并财务报表层面资产组的账面价值，从而得出相关年份无须计提商誉减值的结论。但如果使用合并财务报表层面的资产组账面价值数据，即按购买日公允价值持续计算的资产组账面价值重新计算后发现，存在大额商誉减值。

由于被购买方资产在购买日的公允价值很可能大于其在个别财务报表中的账面价值，因此以购买日确定的公允价值为基础持续计算的资产组账面价值通常大于被购买方个别财务报表中资产组的账面价值，如果错误使用被购买方个别财务报表中资产组的账面价值，通常会导致低估商誉减值损失。

【案例2】

A 公司 2020 年 5 月通过非同一控制下企业合并的方式取得 B 公司 60% 的股权，并能够对 B 公司实施控制。A 公司因该项企业合并确认了商誉 7200 万元。假设 B 公司没有负债，2020 年 12 月 31 日，B 公司个别财务报表中与商誉相关的资产组账面价值为 8000 万元，按购买日公允价值持续计算的账面价值为 18,800 万元。A 公司将 B 公司认定为一个资产组，确定该资产组在 2020 年 12 月 31 日的可收回金额为 22,000 万元。经评估，A 公司判断 B 公司资产组不存在减值迹象。假定不考虑其他因素。

在本案例中，考虑少数股东权益的影响，还原 A 公司收购 B 公司形成的完全商誉 =7200/60%=12,000 万元。在如下两种计算方式下，对于商誉是否存在减值将得出截然相反的结论：

方式一：如果 A 公司在进行商誉减值测试时，使用的 B 公司与商誉相关的资产组账面价值数据为其个别财务报表的结果 8000 万元，则商誉减值测试情况如下：B 公司包含完全商誉的资产组账面价值 =8000+12,000=20,000 万元，可收回金额为 22,000 万元，可收回金额大于包含完全商誉的资产组账面价值，包含完全商誉的资产组不存在减值，无须计提商誉减值损失。由于该计算方式使用数据存在错误，导致得出无须计提商誉减值损失的错误结论。

方式二：如果 A 公司在进行商誉减值测试时，使用的 B 公司与商誉相关的资产组账面价值数据为按照购买日公允价值持续计算的结果 18,800 万元，则商誉减值测试情况如下：包含完全商誉的资产组账面价值 =18,800+12,000=30,800 万元，可收回金额为 22,000 万元，可收回金额小于包含完全商誉的资产组账面价值，包含完全商誉的资产组发生减值损失 8800 万元（30,800−22,000），按准则规定应当首先冲减商誉的账面价值。A 公司合并财务报表中只反映归属于母公司股东的商誉，所以 A 公司合并财务报表中应确认的商誉减值损失 =8800×60%=5280 万元。在正确使用数据的情况下，将得出需要计提商誉减值损失的结论。

第四节 商誉减值测试三步法如何理解与执行

根据资产减值准则规定，商誉减值测试分三步，首先对不包含商誉的资产组或资产组组合进行减值测试，计算可收回金额，并与相关账面价值相比较，确认相应的减值损失；然后再对包含商誉的资产组或资产组组合进行减值测试，比较这些相关资产组或资产组组合的账面价值（包括所分摊的商誉的账面价值）与其可收回金额，如相关资产组或资产组组合的可收回金额低于其账面价值的，应当就其差额确认减值损失，减值损失金额应当首先抵减分摊至资产组或资产组组合中商誉的账面价值；再根据资产组或资产组组合中除商誉之外的其他各项资产的账面价值所占比重，按比例抵减其他各项资产的账面价值。

实务界部分观点认为，三步法中的第一步“多此一举”，一般直接进入第二步，即仅对包含商誉的资产组或资产组组合进行减值测试。其实，准则此处的规定有其内在逻辑，并非“多此一举”，如果没有严格按准则规定的步骤和程序进行减值测试，会导致商誉减值测试出现错误。

一、当商誉分摊至资产组组合时

当商誉无法分摊至单个资产组，而是分配至某个资产组组合时，该资产组组合中的单个资产组均与商誉有关，但是没有分摊确定的商誉金额。此时，对已经分摊商誉的资产组组合进行减值测试时，如果资产组组合中的资产组有减值迹象时，应当首先对不含商誉的资产组进行减值测试，资产组出现减值损失的，按规定确认减值损失，并调整资产组的账面价值。之后，再将经调整账面价值的资产组纳入资产组组合，进行商誉减值测试。

二、当商誉分摊至具体资产组时

在该种情况下，其整体逻辑与上一种情形类似，即如果资产组中的单项资产有减值迹象时，应当首先对单项资产进行减值测试，单项资产出现减值损失的，按规定确认减值损失，并调整单项资产的账面价值。之后，再将经调整账面价值的单项资产纳入资产组进行商誉减值测试。

该种情形的特殊性在于，由于单项资产可能无法独立产生现金流，我们才引入资产组的概念，并将单项资产纳入资产组计算其可收回金额。因此，资产组内部的单项资产出现减值迹象时，可能无法计算单项资产的可收回金额。

因此，我们首先需要判断能否计算单项资产的可收回金额。当单项资产的可收回金额无法计算时，若单项资产所在的相关资产组经过测试没有减值，即使某单项资产公允价值减去处置费用后的净额已低于其账面价值，仍然不需要对该单项资产确认减值损失。除非管理层已经明确承诺将处置该资产并重置，预期从当前到处置该资产时，其持续使用带来的现金流量可忽略不计时，可以将该资产的可收回金额确定为公允价值减去处置费用后的净额，并确认资产减值损失，无须再考虑其所在的资产组未来现金流量现值。

准则之所以对商誉减值采用三步法，先确认资产组或者单项资产的减值损失，是考虑到按照资产减值准则的规定，在单项资产和资产组存在明显减值迹象时，只有先对单项资产和资产组进行减值测试并确认减值损失后，再假定相关分摊了商誉的资产组或资产组组合的减值损失与商誉相关并优先抵减商誉账面价值，才合乎逻辑。

第五节　准确理解归属于少数股东商誉的处理方式

一、一般情形下对归属于少数股东商誉的处理

部分公司在进行商誉减值测试时，未将归属于少数股东的商誉调整计入相关资产组或资产组组合账面价值，导致商誉减值测试出现错误。

根据企业合并准则规定，在合并财务报表中反映的商誉仅为归属于母公司股东的商誉，不包括归属于少数股东的商誉。因此，在对与商誉相关的资产组或资产组组合进行减值测试时，由于其可收回金额的预计包括归属于少数股东的商誉，为了使减值测试建立在一致的基础上，企业应当调整资产组的账面价值，将归属于少数股东的商誉包括在内，然后将调整后的资产组账面价值与其可收回金额进行比较，确定资产组（包括商誉）是否发生减值。同时，由于根据上述方法计算的商誉减值损失包括应由少数股东承担的部分，而少数股东拥有的商誉价值及其减值损失都不在合并财务报表中反映，合并财务报表只反映归属于母公司的商誉减值损失，因此应当将商誉减值损失在母公司和少数股东之间按比例进行分摊，以确认归属于母公司的商誉减值损失。

二、特殊情形下对归属于少数股东商誉的处理

有部分公司，在报告期内存在不丧失控制权情况下部分处置对子公司投资，或者进一步收购子公司少数股权的情形，此时对商誉减值测试的处理也存在一些

误区。具体可参见本编第三章与第四章，此处概述如下：

（一）不丧失控制权情况下部分处置对子公司投资时

在未丧失控制权之前，合并财务报表中的商誉金额不得因母公司持股比例降低而改变。母公司通过处置部分股权减少了享有子公司净资产份额的比例，而该部分份额在母公司初始纳入合并范围时确认了商誉。因此，该部分商誉要“跟随锁定”，即商誉金额不变但原股权中内含的商誉随着部分股权的处置，要跟随调整计入少数股东权益中。经过处理后，按照规定计算少数股东权益，新增确认的少数股东权益金额相应包含部分商誉。

在资产负债表日进行商誉减值测试时，与一般情形不同，由于此时少数股东权益包含初始确认的部分商誉，合并财务报表中确认的商誉减值损失不仅要归属于母公司股东，而且要归属于少数股东，即由母公司股东和少数股东按比例分担报表上确认的商誉减值损失。

（二）进一步收购子公司少数股权时

母公司进一步收购子公司少数股权时，在初始企业合并时这些份额没有确认出对应的商誉，进一步收购子公司股权时不应确认新的商誉。按照合并财务报表准则规定处理时，只是将少数股东权益的账面金额调减，并将其与支付对价的差额计入资本公积。由于进一步收购子公司少数股权时，少数股东权益对应的商誉价值在合并财务报表中没有反映，因此合并财务报表中不应出现归属于少数股东的商誉减值损失。

第十一章 商誉减值规定最新讨论稿的重要决定与变化述评

近年来，由于商誉减值等相关问题在实务中引起了较大的关注和争议，国际准则制定机构为回应利益相关方的诉求，自 2015 年 2 月开始启动了商誉与减值项目的研究。根据相关准则实施后审议期间收到的反馈意见以及各类专题会议的讨论与研究，经过长达 5 年的时间，国际准则制定机构在 2020 年 3 月正式发布了商誉与减值项目的讨论稿。讨论稿就实务界、监管部门等利益相关方重点关注的商誉相关问题以及争议焦点进行了系统、全面的回应，并明确了国际准则制定机构的最新意见。基于我国会计准则和国际财务报告准则持续趋同的安排，本章将系统述评国际准则制定机构在最新讨论稿中对商誉及其减值问题的最新意见。

第一节 明确拒绝回到商誉摊销法，保留现行单一减值测试法

一、国际准则制定机构的最新决定

在最新讨论稿中，国际准则制定机构明确，对于商誉的后续计量将

保持现行的单一减值测试法，不再重新回到商誉摊销法。

二、国际准则制定机构拒绝回到商誉摊销法的决策逻辑与依据

国际准则制定机构在决定是否回到商誉摊销法时，其决策逻辑链为：首先需要明确，现行商誉减值测试的方法存在哪些问题？相关问题是否可以通过对减值测试方法技术层面的改进加以解决？如果不能通过对减值测试方法技术层面的改进加以解决，那么是否需要重新回到商誉摊销法，或者采用其他方法？

（一）现行商誉减值测试方法存在的问题

1. 2004 年国际准则制定机构将商誉由摊销法改为单一减值测试法的考虑因素

2004 年之前，准则规定商誉的后续会计处理方法为摊销法（在摊销法下，如果存在减值迹象，仍然需要对商誉进行减值测试，所以摊销法的实质为摊销加减值）。国际准则制定机构 2004 年在修订资产减值准则时发现，商誉的使用寿命及消耗模式无法准确预测，确定一个摊销的期间并在该期间摊销商誉，该摊销金额的估计过于随意，因此无法给报表使用者提供有用的信息，不符合决策有用论。

基于上述考虑，2004 年国际准则制定机构决定，将商誉摊销法改为单一减值测试法，并要求无论是否存在减值迹象，至少每年对商誉进行减值测试。国际准则制定机构认为，通过设计一套可严格遵循并具有可操作性的减值测试方法，可以向报表使用者提供更多决策有用的信息。

2. 现行商誉减值测试方法存在的问题以及问题产生原因

（1）现行商誉减值测试方法存在的问题

根据单一减值测试法的规定，由于商誉难以独立产生现金流量，为了进行商誉减值测试，应当自购买日起按照合理的方法将商誉分摊至相关的资产组；难以分摊至相关的资产组的，应当将其分摊至相关的资产组组合。后续商誉减值测试的具体步骤与方法，可参见本编第十章，此处不赘述。

在 2004 年准则引入单一减值测试法核算商誉后，经过实务中较长时间的适用，很多利益相关方认为，现行单一减值测试法是一种间接测试，减值测试的单元是资产组或资产组组合（需要将商誉分摊至相关的资产组或资产组组合进行减值测试），无法直接测算商誉本身的可收回金额，很多企业未能及时确认商誉减

值损失，且确认的减值损失金额明显不足，导致会计的稳健性受到影响。因此，利益相关方希望国际准则制定机构进一步完善商誉的核算方法，以使商誉减值损失能够得到更及时充分的确认，提升商誉减值测试的有效性。

（2）问题产生的原因

国际准则制定机构经过调查与研究后认为，导致商誉减值损失未得到及时充分确认的两大原因为：

①管理层在对商誉进行减值测试时，所使用的假设、关键参数、未来现金流量等过于乐观，不够谨慎。

对于该问题，国际准则制定机构认为，对资产组可收回金额的预估不可避免地会涉及一些主观判断和假设。资产减值准则已经明确要求，企业管理层应当在合理和有依据的基础上对资产剩余使用寿命内整个经济状况进行最佳估计，并将资产未来现金流量的预计，建立在经企业管理层批准的最近财务预算或者预测数据之上。同时，准则还要求，除非企业能够证明更高的增长率是合理的，否则管理层所使用的增长率不应当超过企业经营的产品、市场、所处的行业、所在国家和地区的长期平均增长率，或者该资产所处市场的长期平均增长率。企业管理层在每次预计资产未来现金流量时，应当首先分析以前期间现金流量预计数与现金流量实际数出现差异的情况，以评判当期现金流量预计所依据的假设合理性。国际准则制定机构认为，准则前述规定，从技术层面已经可以防止企业预估可收回金额时过于乐观。

国际准则制定机构认为，如果在实务中，管理层在对商誉进行减值测试时，所使用的假设、关键参数、未来现金流量等仍然过于乐观，则需要由独立审计师和相关监管部门通过加强审计与监管来解决，并不属于通过修订会计准则能够解决的问题。有研究也表明，在准则执行水平较高的国家和地区，相关企业确认商誉减值损失往往更加及时充分。这充分说明，对准则良好的执行，是准则发挥作用的重要条件。总之，国际准则制定机构认为，该问题属于准则执行层面的问题，而非准则本身的问题，不应通过修订准则来解决。

②现行商誉减值测试无法避免净空高度所带来的掩护效应，导致商誉减值损失未能及时充分确认。

国际准则制定机构将资产组的可收回金额超过账面价值（包括商誉）的部分

称为“净空高度”，将未确认的“净空高度”与已确认的“外购商誉”的账面价值之和称为“总商誉”。国际准则制定机构认为，净空高度之所以存在，是因为相关资产组的价值并没有完全在企业报表上得到体现，净空高度的金额包括企业在并购前已存在的自创商誉、尚未在报表中确认的资产以及报表中已经确认的资产其账面价值与可收回金额的差额中尚未确认的部分等。按现行准则规定，总商誉出现减值时，所产生的相关减值损失为净空高度所吸收，因为相关减值被优先分摊至净空高度。只有当净空高度变为零时，才会开始确认商誉的减值，也即净空高度会掩护并购产生的商誉，使其免于被确认减值损失。因此，尽管被收购的公司可能业绩不佳，但如果购买方有足够的净空高度用以承担减值损失，便不会就外购商誉确认减值损失。例如，购买方相关资产组在收购前就存在净空高度，与被购买方业务并不相关，该净空高度对于外购商誉的掩护效应可能就是未及时确认外购商誉减值损失的原因。后续案例 1 将进一步具体解释上述概念。

需要特别说明的是，如果被购买方的业务独立于购买方运营，并将被购买方的资产组单独进行减值测试，则此类由于购买方原有业务净空高度带来的掩护效应是不存在的。

（二）通过对减值测试方法技术层面的改进解决前述问题的尝试及其面临的新问题

1. 对减值测试方法技术层面的改进尝试

为了解决前述净空高度所带来的掩护效应，国际准则制定机构考虑引入“更新的净空高度法”来改进现行商誉减值测试方法，使商誉减值损失能够被更加及时充分地确认。该方法要求将购买方自身原部分资产组（收购后将会被分摊商誉的资产组）的可收回金额超过账面价值的部分（净空高度），加到需要进行商誉减值测试的资产组中，增加资产组的账面价值，再去跟相关资产组可收回金额比较。同时，由于净空高度金额会随企业合并协同效应而变化，企业需要在每期商誉减值测试时采用最近一期减值测试所更新的净空高度金额。国际准则制定机构通过案例说明了该方法计算过程：

【案例】

A 公司 2020 年 12 月 31 日进行商誉减值测试时，相关数据如下：

表 2-11-1 商誉减值测试表（更新的净空高度法）

单位：万元

项目	2020.12.31	2019.12.31
企业合并中外购商誉金额 a	100	100
其他与商誉相关的资产组账面价值 b	510	525
包含商誉相关资产组账面价值 c=a+b	610	625
与商誉相关资产组可收回金额 d	695	730
未确认的净空高度金额 e=d−c	85	105
总商誉 f=a+e	185	205

根据现行商誉减值测试方法，由于可收回金额 695 万元大于资产组账面价值 610 万元，不需要确认商誉减值损失。

根据更新的净空高度法，需要将最近一期减值测试所更新的净空高度金额加到需要进行商誉减值测试的资产组中，增加资产组的账面价值，增加后资产组的账面价值 =610+105=715 万元。可收回金额 695 万元小于包含净空高度的资产组账面价值金额 715 万元，存在 20 万元的总商誉减值损失。

2. 改进方法所面临的新问题

如前所述，由于净空高度的存在，现行减值测试方法会自动将减值损失先抵减净空高度，而不会确认商誉减值损失。但是，如案例所示，按照净空高度法计算出 20 万元的总商誉减值损失后，究竟分配多少金额到外购商誉减值损失，仍然需要进一步明确。

国际准则制定机构设想了三种减值金额的分配方法，包括：①按净空高度和商誉金额的相对比例进行分配；②优先分配给企业合并中确认的商誉；③假定减值是由商誉引起，但是如果企业能够提供其他充分证据证明，减值并非全部是由于商誉引起的，则可以进行调整。

但是，这三种分配方法都存在一些理论上无法解决的矛盾。对于按比例分配或者优先分配给商誉的做法，可能无法如实反映被购买方的业绩情况。例如，如果总商誉的减值是由于与被购买方明显无关的原因引起的，将减值金额简单分配至商誉，不能如实反映被购买方经营业绩。第三种分配方式则面临更多的主观判断，其实施成本和复杂性更高，只有在部分比较简明的情况下，确定减值金额产生的原因并进行精确确认才具有可操作性。

同时，根据现行减值准则的规定，在估计可收回金额时，资产公允价值减去处置费用后的净额与资产预计未来现金流量的现值，只要有一项超过了资产组或资产组组合的账面价值，就表明资产没有发生减值，无须再估计另一项金额。但为了确定净空高度，企业可能不得不同时计算资产公允价值减去处置费用后的净额与资产预计未来现金流量的现值，以确定到底哪个金额更高，从而更准确确定净空高度金额，这会增加减值测试的成本。如果企业在频繁发生并购重组或者处置业务时，相关资产组的构成会发生变化，也会增加该方法实务中操作的复杂程度。

因此，由于商誉难以独立产生现金流量，只能结合与其相关的资产组或资产组组合进行减值测试，“更新的净空高度法”虽然一定程度上能够降低掩护效应，但是由于分配减值金额的三种方法都不完善，并不能彻底消除掩护效应。如果被购买方的业绩表现没达到预期，但合并后的其他业务表现很好时，可能导致总商誉即不存在减值损失，仍然会对外购商誉形成掩护效应。

考虑了“更新的净空高度法”实施所需增加的成本、实务中应用的复杂程度以及该方法自身存在的问题，国际准则制定机构最终认为，在合理的成本范围内，难以通过对减值测试方法技术层面改进，解决商誉减值损失确认不及时、不充分的问题，也即在合理的成本范围内，商誉减值测试的有效性得不到显著提升。

（三）重新评估四种商誉核算方法——单一减值测试法、摊销法、一次注销法、要素分割法

在确定难以通过对减值测试方法技术层面的改进，解决商誉减值损失确认不及时、不充分的问题后，国际准则制定机构对单一减值测试法、摊销法、一次注销法、要素分割法这四种商誉核算方法再次进行了全面研究，并对是否需要重新引入摊销法进行了重点关注。

1. 主张重新引入摊销法的依据

（1）单一减值测试法并没有按照国际准则制定机构的初始意图得到有效执行

如前所述，国际准则制定机构 2004 年决定将商誉的核算方法由摊销法改为

单一减值测试法，其主要考虑依据是摊销金额无法给报表使用者提供有用的信息。通过设计一套可严格遵循并具有可操作性的减值测试方法，可以向报表使用者提供更多决策有用的信息。根据部分利益相关方的反馈意见，商誉减值损失并没有得到及时充分的确认，由此导致其提供的信息往往是滞后的，通常为事后验证性质的信息，不具有前瞻性预测价值。加之商誉减值测试在实务操作中复杂且执行成本较高，减值测试在实务中并没有按照国际准则制定机构的初始意图得到有效执行。

（2）单一减值测试法下商誉账面价值被高估，不利于管理层负责任地进行收购活动

有部分利益相关方认为，实务中很多并购最终被证明是失败的，但由于净空高度的掩护效应以及其他原因导致的商誉减值损失确认不充分，企业报表中商誉的账面价值虚高，并不能如实反映资产的特性（预期会给企业带来经济利益）。由于无法从技术层面改进减值测试，摊销法是减少商誉账面价值，防止资产虚增的有效方法。

同时，有部分利益相关方认为，由于减值测试没有得到有效执行，可能会让报表使用者误以为并购是成功的，管理层可能不会认真对待收购中存在的高溢价、高商誉，从而无法有效督促企业管理层负责任地进行收购活动。改为摊销法后，商誉摊销的费用化金额最终需要企业通过其经营利润来弥补。如果商誉摊销的金额无法通过企业经营利润得到弥补，则表明收购并不成功。这将有利于更有效地反映管理层的履职情况，也将给管理层带来相当的压力，从而能够让管理层在收购活动中更加负责。

（3）商誉是一种使用寿命有限的可以被消耗的资产，摊销可以恰当反映商誉的消耗

有部分利益相关方认为，一方面，市场中存在的竞争将会弱化相关商誉给企业带来经济利益的能力；另一方面，企业为了维护自身的品牌形象和竞争力而发生的相关支出，可能会在企业内部产生新的自创商誉，而并不是维持收购中取得的外购商誉。该观点认为，在企业实际经营过程中，存在一个外购商誉不断被消耗，并被企业内部自创商誉所覆盖的过程。此外，还有部分商誉的构成要素本身具有一定生命周期，如收购中取得的管理团队，在一定期间内会面临离职、退休

等各种损耗。

因此，该观点认为，商誉是一种使用寿命有限的可以被消耗的资产，企业在消耗商誉资产获得经济利益的同时，在报表中确认商誉摊销费用，体现了会计的配比性原则。管理层通过估计商誉的使用寿命并恰当地进行摊销，能够给报表使用者提供有用的信息。由于准则禁止确认企业内部自创商誉，通过将外购商誉及时地摊销费用化，避免被内部自创商誉覆盖，从而避免内部自创商誉被间接在报表中被确认。

（4）摊销法可以降低商誉会计核算成本

还有部分利益相关方认为，摊销法下商誉的账面价值将随着时间的流逝而逐步减少，发生减值的概率反而降低，企业在减值测试上需要投入的成本将降低。摊销法并不排斥减值，在存在减值迹象时仍然要进行减值测试。在收购完成后初始几年，企业仍然可能通过减值测试提供与收购相关的信息。在后续年度，经过多年的运行与整合，被购买方的业务可能已经与购买方业务难以有效区分，在后续年度按减值测试法确认的减值损失通常难以提供与被购买方业绩相关的信息。因此，虽然随着摊销金额增加，摊销法下商誉减值测试的可能性越来越低，但并不会造成有效信息的严重缺失。

2. 主张保留现行单一减值测试法的依据

（1）相比摊销法，单一减值测试法给报表使用者提供了更多的有用信息

支持保留现行单一减值测试法的观点坚持认为，如果商誉的使用寿命及消耗模式无法准确预测，确定一个摊销的期间并在该期间摊销商誉，该摊销金额的估计过于随意，因此该摊销金额无法给报表使用者提供有用的信息。

虽然部分利益相关方的反馈表明，单一减值测试法给报表使用者提供的信息可能没有达到国际准则制定机构的初始预期（例如，部分信息只有事后验证价值），但是通过减值计提能够较好地反映公司之间商誉资产风险的差异，仍然提供了部分有用信息。例如，部分意外确认的减值损失明显对企业的股价造成了负面影响，这表明相关信息的有效性。

支持保留单一减值测试法的观点还认为，企业之间是存在实质差异的，对于不确定性的经济业务和会计事项，需要给企业管理层留下适当的估计与判断的空间。商誉减值测试方法更能使会计信息反映各企业的经济实质，可以帮助报表使

用者评价管理层的能力、核实并购是否达到预期成果。

在摊销法下，一方面，无论企业商誉资产价值是否下降，一律按固定年限进行摊销，从而使商誉价值难以很好地反映各企业的业绩状况，无法向报表使用者提供有用的信息。另一方面，由于摊销金额的估计过于随意，可能导致无论是外部报表使用者评价企业业绩时，还是企业内部评价管理层业绩时，都会将商誉的摊销金额剔除掉不予考虑，违背了商誉会计核算的初衷。

此外，摊销法下商誉的摊销金额可能会形成信息误导，即企业可能将部分事实上属于减值损失的金额，摊销计入了费用，由此更难以评价管理层的收购行为。

（2）如果单一减值测试法被恰当地执行，则该方法能够实现国际准则制定机构的初始意图

有部分利益相关方认为，实施后审议的相关研究并没有表明，减值测试没有得到正常执行。而且，如果减值测试执行层面出现问题，应该通过强化执行而不是通过修订准则来解决。

该观点认为，因为考虑到无法单独计量收购后企业内部自创商誉，外购商誉将始终受到净空高度掩护效应的保护而不能及时确认减值损失，减值测试的意图仅是确保商誉的账面金额能够从取得的商誉和企业合并后的自创商誉预期带来的未来现金流量中收回。国际准则制定机构在确定采用单一减值测试法核算商誉时，已经充分考虑了可能存在的掩护效应，并明确了减值测试的意图。因此，如果减值测试被恰当地执行，则可以确保实现国际准则制定机构的初始意图。

（3）商誉并非一种具有有限寿命的可以被消耗的资产，摊销违反商誉的内在性质

有部分利益相关方认为，商誉并非一种具有有限寿命的可以被消耗的资产，而是一种使用寿命不确定的资产，在某些情况下其账面价值并不一定随着时间流逝而减少。例如，收购完成后预计将持续给企业带来的成本费用的节省、通过收购掌握了某些知识与技能，能够给企业未来带来长久的回报，前述回报超过了企业报表中已经确认的相关被购买方资产所能产生收益的期间。该观点认为，我们无法在最初时定量预计商誉能够带来的经济利益，购买方之所以愿意为商誉支付溢价，是因为购买方预期外购商誉所能够产生的价值可以长久得到维持。因此，简单地通过摊销减少商誉账面价值，可能违反了商誉资产的内在性质，无法如实

反映商誉将给企业带来的未来经济利益流入。

此外，该观点认为，在企业内部区分外购商誉与自创商誉没有经济意义，因此该观点不认同摊销法支持者所提出来的观点，即在企业实际经营过程中，存在一个外购商誉不断被消耗，并被企业内部自创商誉所覆盖的过程。

（4）重新引入摊销法并不会显著降低商誉会计核算成本

由于重新引入摊销法并不会导致豁免减值测试，因此在收购后几年，摊销并不一定会显著降低商誉会计核算成本。在摊销法下，如果设计一个足够稳健的商誉摊销模型，可能反而会增加商誉会计核算的复杂程度。例如，估计商誉使用寿命需要管理层的专业判断，并且需要依赖一些会计估计，此类会计估计与商誉减值测试下预计未来现金流量的一些估计相同。

3. 主张一次注销法的依据

有个别利益相关方建议国际准则制定机构采用一次注销法，即将在收购中取得的外购商誉，在收购时点一次性注销确认为费用，或者冲减其他综合收益等所有者权益。该观点认为，一次注销法将彻底解决商誉是应该减值还是摊销的争论，并避免商誉后续会计核算的复杂性和所需的核算成本。同时，该方法还将消除后续无法通过经营利润收回商誉账面价值的风险，且保持了准则对外购商誉与内部自创商誉处理的一致性（均不予以确认）。

4. 主张要素分割法的依据

还有个别利益相关方主张采用要素分割法来对商誉进行后续核算。国际准则制定机构曾经将商誉分割成以下六种要素：要素 1：购买日被购买方净资产公允价值超过其账面价值的部分。要素 2：被购买方之前未确认的其他净资产的公允价值。它们之前未被确认的原因可能是因为它们不满足确认标准，或者存在计量上的困难，也可能因为存在禁止对其进行确认的要求，甚至可能是因为被购买方单独确认此类资产的成本大于其收益。要素 3：被购买方现存业务持续经营要素的公允价值。持续经营要素代表企业通过有机结合净资产建立的业务，比单独使用净资产能获得更高收益的能力。这部分价值源于被购买方净资产的协同效应，也源于其他的收益（如获得垄断收益的能力及对潜在竞争者设置的市场进入障碍等）。要素 4：将购买方和被购买方的净资产整合之后，所产生的协同效应和其他收益的公允价值。要素 5：由于对购买方所支付的非货币性对价估值产生了偏差，导致对购买方支付的非货币性对价估值偏高。例如，在发行股份购买资产中，由于二级市场中交易的股票数量通常较少，如将目前股票二级市场的价格直接乘以发行的股票数量，得出的价值可能高于将这些股票全部卖出换成现金后，再使用现金支付合并对价所形成的价值。要素 6：购买方过高的出价。例如，在竞价购买时，被购买方价格被抬高，可能导致购买方出价过高。

基于以上要素划分，该观点认为，应该将商誉按要素分割为不同部分，并对每个组成部分采用不同的会计核算办法，以恰当反映该组成部分的性质。例如，摊销法可能更适合要素 1 和要素 2，一次注销法可能更适合要素 5 和要素 6。

（四）国际准则制定机构的决定以及考虑因素

国际准则制定机构全面评估了前述四种方法，但国际准则制定机构不同理事的观点仍然存在明显分歧。

1. 赞成重新引入摊销法的理事关注重点

赞成重新引入摊销法的理事认为，国际准则制定机构作出决定时，应该更加重视以下观点：

（1）由于已经证明，在合理的成本范围内，难以通过对减值测试方法技术层面改进，解决商誉减值损失确认不及时、不充分的问题，因此应该重新引入摊销法，以回应实施后审议期间的反馈意见（商誉减值损失没有得到充分及时的确认）。

（2）相关数据显示，商誉金额一直在不断积累增加，如果不通过摊销进行及时消化，难以督促管理层负责任地实施并购决策，会导致高溢价收购以及带来的高商誉进一步积累，最后会对财务报告的可靠性产生负面影响。

（3）商誉是一种使用寿命有限的可以被消耗的资产，重新引入摊销法是恰当反映商誉消耗情况的唯一合适方法。

2. 赞成保留单一减值测试法的理事关注重点

赞成保留单一减值测试法的理事认为，国际准则制定机构作出决定时，应该更加重视以下观点：

（1）虽然现行商誉减值测试方法是一种间接测试而非直接测试，但是，如果测试结果是确认了减值损失，则提供了重要的验证性信息，即使该信息存在一定延迟，也证实了报表使用者之前的判断，即被购买方的业绩已经不如收购时点的预期，有助于给管理层施加压力，并增强管理层的责任意识。由于我们无法准确预测商誉资产的使用寿命，对商誉进行摊销的金额过于随意，最终会导致无论是外部报表使用者评价企业业绩时，还是企业内部评价管理层业绩时，都会将商誉摊销金额剔除掉不予考虑，违背了商誉会计核算的初衷，也无法增强管理层对并购的责任意识。

（2）商誉作为一种使用寿命不确定的资产，在某些情况下其账面价值并不一定随着时间流逝而减少，甚至反而是在增加。例如，由于经济不断发展，未被确认的某些无形资产可能产生更大的价值。因此，国际准则制定机构如果仅仅因为担忧减值测试没有被实务界严格执行，或者仅仅为了将积累的商誉账面价值减少而重新引入摊销法，将违反商誉资产的内在性质。

（3）目前没有充足的证据显示，重新引入摊销法能够显著改善向报表使用者提供的财务信息质量。也没有充足的证据显示，重新引入摊销法能够显著降低商誉核算成本，特别是在收购完成后的几年。

3. 国际准则制定机构不赞同采用一次注销法和要素分割法的理由

国际准则制定机构认为，商誉是一种预期能够给企业带来经济利益流入的经济资源，符合资产的定义，应该确认为一项资产，而不应一次性注销。如果直接将商誉注销，并冲减所有者权益，则类似于将购买方的收购行为在会计上反映为对所有者的权益分配，这会产生误导。一次注销商誉后，报表使用者也无法再获取与商誉相关的资产组减值测试的信息。

国际准则制定机构同时认为要素分割法也不合适。首先，现行准则要求企业精确计量交易对价，对合并中取得的被购买方净资产应当以公允价值计量而不是账面价值计量，对被购买方拥有但账面未确认的无形资产应进行确认，以充分剔除要素 1、要素 2、要素 5 的影响。其次，要素分割法将增加商誉会计后续核算的复杂性与主观性，不同企业之间可比性将受到冲击。最后，由于商誉属于不可辨认、无法直接计量的资产，因此无法再对其组成部分进行可靠的拆分与计量。

4. 国际准则制定机构的决定

国际准则制定机构承认，商誉会计的核算问题，无论是在理论界还是实务界一直存在很大分歧。无论是单一减值模型还是摊销模型，都有其自身的局限性。单一减值模型下，只能间接测试商誉是否减值，无法直接测试；摊销模型下，又难以确定商誉的使用寿命和摊销的具体方法。

作为国际准则制定机构，每次决定修订准则时必须确信，其修订的准则能够在未来足够长的时间内得到适用，而不需要频繁进行实质性修订。对会计核算方法经常进行实质性变更，对任何利益相关方都没有益处。因此，只有在有充分的证据表明，国际准则制定机构必须修改现行准则，且修订准则所带来的收益将超过修订所需的成本以及修订所带来的干扰时，国际准则制定机构才会修改相关准则。

最终，国际准则制定机构就“保留现行单一减值测试法，不重新回到摊销法”这一决定进行投票表决，14 位理事中有 8 位同意该决定，6 位反对该决定，这也说明国际准则制定机构内部对此依然存在较大的分歧。正因为分歧较大，国际准则制定机构欢迎利益相关方积极提出反馈意见，并提交支撑反馈意见的证据材料，以供其后续决定如何进一步推动该项目。

此外，由于商誉的会计核算（无论是单一减值测试法还是重新引入摊销法）并不能够提供与收购是否成功相关的信息，为了给报表使用者提供与收购相关的更多信息，国际准则制定机构决定，要求企业在报表中披露管理层的收购目标，以及收购是如何实现这些目标的，同时增加披露收购的后续业绩信息。

三、对国际准则制定机构拒绝回到商誉摊销法的述评

如前所述，商誉采用减值测试方法在理论上更为完备，如果该方法在实务中能够得到良好的运用，则本不会出现重新引入摊销法的争论。理论上更为完备的会计方法，能否提供更高质量的会计信息，有赖于该方法能否契合相关的实务环境。我国商誉减值测试在核算中存在如下问题：

（一）商誉减值测试方法的主观判断空间导致其在实务中未能充分发挥相应作用，且产生监管难题

如前所述，由于商誉减值测试依赖于管理层的财务预测，主观判断空间较大，我国审计机构与评估机构的规范和发展程度都有待提升，导致实务中商誉减值测试未能起到有效识别商誉减值风险的目的。

同时，由于商誉减值测试过程中主观判断空间过大，导致监管部门在监管过程中也面临难题，因为通常难以取得充分恰当的证据纠正企业某些不规范的行为，这也在一定程度上导致商誉减值测试中各种乱象难以得到充分整治。特别是如果

财务报表的商誉长期未计提减值，商誉资产还会让财务报表使用者误以为一项可能失败的并购是成功的，给市场传递了误导性信息。

（二）商誉减值测试方法的复杂性导致其在实务操作中存在各种问题，影响了减值测试的有效性

从商誉确认环节对被购买方拥有但账面未确认的无形资产的识别，到商誉减值测试环节与商誉相关资产组的识别、商誉的分摊、商誉减值的测试步骤、资产组账面价值的计算、资产组可收回金额的测算方法与过程，均较为复杂。在实务中，无论是企业还是审计机构、评估机构均存在较多应用难题。

无论是商誉确认时相关无形资产未能被充分识别，还是商誉减值测试中存在的各种技术性错误，都可能导致商誉减值损失未能得到及时充分的确认，影响了减值测试有效性。

（三）进一步提供商誉减值测试指南，并降低减值测试复杂度

如果国际准则制定机构决定保留现行商誉减值测试方法而不考虑重新引入摊销法，建议进一步完善相关应用指南，就商誉减值测试提出更为明确、具体的指导性意见和判断标准，提供更多的案例指引，同时进一步优化精简减值测试的具体细节和流程（如取消强制使用税前现金流和税前折现率的规定等），并加强定期报告中与商誉减值测试相关的程序、方法和依据的信息披露要求。

第二节　取消年度强制商誉减值测试

一、国际准则制定机构的最新决定

在最新讨论稿中，国际准则制定机构决定，取消年度强制商誉减值测试的规定，改为采用迹象唯一法，即只有存在减值迹象时，企业才需进行商誉减值测试。对于使用寿命不确定的无形资产及尚未达到可使用状态的无形资产，采用与商誉相同的豁免方法。

二、国际准则制定机构的考虑

（一）问题的提出

部分利益相关方提出，由于现行减值测试方法较为复杂、耗时，年度减值测

试增加了企业的操作成本，但是，在没有出现减值迹象时，却只向报表使用者提供了较少的有用信息。因此，年度强制商誉减值测试不符合成本效益原则。

（二）取消年度强制商誉减值测试，是否会影响会计稳健性

部分利益相关方担忧，取消年度强制商誉减值测试的规定后，可能会进一步导致商誉减值损失确认延迟。因为判断是否存在减值迹象更加依赖管理层的判断，可能导致管理层更加不主动确认减值损失。

此外，每年进行商誉减值测试也是一种外部治理机制，可以促使管理层每年评估相关并购业务的运行情况，而且每年披露的减值测试信息，如评估假设、关键参数、预计未来现金流等，都是对报表使用者有用的信息。如果取消年度强制商誉减值测试的规定，企业将不再提供此类信息。

（三）国际准则制定机构的决定以及考虑因素

国际准则制定机构经过充分研究与考虑后认为，取消年度强制商誉减值测试的规定确实可以降低企业执行减值测试的成本，而且基于以下三点理由，取消年度强制减值测试要求不会对会计稳健性带来显著负面影响：

1. 年度强制商誉减值测试最终确认减值损失的前提，仍然是管理层识别到了减值迹象并且有了明确的定性意见后，其才可能在财务预测中反映这种不利变化。如果管理层没有识别到减值迹象并且没有明确的定性意见，年度强制商誉减值测试的结果几乎肯定是不存在减值。此时，进行减值测试的收益与付出的成本相比，是不符合成本效益原则的。

2. 由于商誉减值损失的确认通常是重大事件，一旦出现减值迹象，则通常是较为明显的，企业管理层不太可能无法识别。因此，由于要求在存在减值迹象时，企业仍然需要进行减值测试，并且需要在定期报告中披露是否存在减值迹象，不会对会计稳健性造成太大影响。

3. 目前实务中商誉减值损失确认的滞后和不充分，是由于减值测试频率以外的原因导致的，增加商誉减值测试的频率并不能缓解该问题。相应地，取消年度强制商誉减值测试，降低商誉减值测试频率，并不会增强商誉减值测试的随意性和可操纵性。如前所述，每年进行商誉减值测试，既不能解决管理层估计过于乐观的问题，也不能消除净空高度的掩护效应。

三、对国际准则制定机构取消年度强制商誉减值测试的述评

（一）迹象唯一法将进一步增强商誉减值测试的随意性和可操纵性

1. 年度强制商誉减值测试引入现行准则的原因

要求商誉每年强制进行减值测试的一个重要原因在于，由于商誉资产无须摊销，基于会计谨慎性原则，需要增加减值测试的频率，以确保商誉的账面价值不超过其可收回金额。年度商誉减值测试并不是对减值迹象条件下商誉减值测试的替代，而是有效补充。

2. 现行商誉减值测试在实务中存在的问题

在目前我国商誉减值测试实务中，商誉减值测试一方面依赖于管理层的财务预测，另一方面依赖于审计机构与评估机构的规范和发展程度。这两个方面目前都有待提升，导致实务中商誉减值测试在部分时候流于形式，未能起到有效识别商誉减值风险，尽早足额确认商誉减值损失的目的。例如，在实务中，部分公司多年未计提商誉减值，然后在某一年突然计提大额商誉减值，加剧了企业业绩波动。

3. 取消年度强制商誉减值测试将面临的风险

在现行规则要求年度强制商誉减值测试的前提下，商誉减值损失的确认仍然显得滞后且不充分。如果现在进一步取消年度强制商誉减值测试要求，改为迹象唯一法，将给管理层更多的主观判断空间，管理层将更加倾向于作出过于乐观的预测以避免确认商誉减值损失，从而进一步增强商誉减值测试的随意性和可操纵性，也进一步增加了审计与监管难度。

（二）年度强制商誉减值测试的信息披露价值和外部监督价值

年度强制商誉减值测试，除了增强商誉减值的稳健性以外，还有其信息披露价值和外部监督价值，这两大价值有利于保护投资者的知情权，也有利于外部监管部门开展有效监管，从而对管理层形成一定约束。

具体而言，根据我国企业会计准则和证券监管部门的信息披露规则，企业需要在定期报告中披露与商誉减值相关的所有重要、关键信息，包括商誉所在资产组或资产组组合的相关信息；商誉减值测试的过程与方法，包括但不限于可收回金额的确定方法、重要假设及其合理理由、关键参数（如预计未来现金流量现值时的预测期增长率、稳定期增长率、利润率、折现率、预测期等）及其确定依据等信息；形成商誉时并购重组相关方有业绩承诺的，还需要披露业绩承诺的完成

情况及其对商誉减值测试的影响。

如果不再要求企业进行年度强制商誉减值测试，则企业仅会在存在减值迹象并进行减值测试的年份披露上述信息，一方面不利于报表使用者及时了解企业与商誉资产相关的信息，另一方面不利于监管部门进行监管。信息披露压力和监管压力的减轻，实质上导致对管理层的外部监督变少，会使管理层在并购决策时，要么缺乏审慎而显得更加激进，要么缺乏责任意识而显得更加随意，二者均不利于保护投资者合法权益。

如果国际准则制定机构在取消年度强制商誉减值测试的同时，要求企业额外披露与收购相关的信息，可以在一定程度上弥补所带来的信息披露价值损失。

第三节　单独列示不含商誉的权益总额

一、国际准则制定机构的最新决定

由于商誉存在不可直接计量、无法独立于其他资产或资产组产生现金流量、无法单独出售、清算时很难全部转换为现金等不同于其他资产的特性，为了突出企业商誉存在的风险，更好地理解企业的财务状况，国际准则制定机构决定在资产负债表中单独列示不含商誉的权益总额。

二、如何单独列示不含商誉的权益总额

国际准则制定机构给了两种列示方法，具体如下：

表 2–11–2　不含商誉的权益总额列示方法示例

单位：万元

资产	2020.12.31	2019.12.31
流动资产：		
货币资金	312,400	322,900
存货	135,230	132,500
应收账款	91,600	110,800
其他流动资产	25,650	12,540
流动资产合计	564,880	578,740

续表

资产	2020.12.31	2019.12.31
非流动资产：		
长期股权投资	100,150	110,770
其他权益工具投资	142,500	156,000
固定资产	350,700	360,020
商誉	80,800	91,200
其他非流动资产	227,470	227,470
非流动资产合计	901,620	945,460
资产总计	1,466,500	1,524,200
负债和所有者权益		
流动负债：		
应付账款	115,100	187,620
预收账款	5000	4800
短期借款	150,000	200,000
应交税费	35,000	42,000
一年内到期的非流动负债	10,000	20,000
流动负债合计	315,100	454,420
非流动负债：		
长期借款	120,000	160,000
长期应付款	28,850	52,240
递延所得税负债	28,800	26,040
非流动负债合计	177,650	238,280
负债合计	492,750	692,700
所有者权益：		
实收资本	650,000	600,000
留存收益	243,500	161,700
其他权益工具	10,200	21,200
归属于母公司股东的权益合计	903,700	782,900

续表

资产	2020.12.31	2019.12.31
少数股东权益	70,050	48,600
所有者权益合计 （不含商誉的所有者权益合计： 2020.12.31：892,950; 2019.12.31：740,300；）（方法一）	973,750	831,500
负债和所有者权益总计	1,466,500	1,524,200
不含商誉的所有者权益合计（方法二）	892,950	740,300

三、对单独列示不含商誉的权益总额的述评

（一）商誉项目在资产端已经单独列示，报表使用者关注的相关指标简单计算即可获得

在现行财务报表中，商誉项目已经在资产端单独列示，报表使用者需要获取扣除商誉的任何财务指标，经过简单计算即可获得，单独为方便报表使用者获取某财务指标去改动报表列报格式，不符合成本效益原则，不利于保持会计准则的稳定性。

（二）列示不含商誉的权益总额的理念无法得到一致运用

如国际准则制定机构所言，由于商誉资产存在较大风险，基于谨慎性考虑，建议列示不含商誉的权益总额。那么，企业除了商誉资产外，还存在其他无形资产等高风险资产，包括在并购时确认的被购买方拥有但账面未确认的无形资产，由于该等资产估值的主观性，也存在较大的风险。甚至对于不同企业，其可能存在符合其自身特点的高风险资产，那么是否应该采用相同的理念，列示不含其他高风险资产的权益总额以及哪类资产应该被这样列示，不同的报表使用者都会有不同的要求，难以形成一致的意见。因此，列示不含商誉的权益总额的理念无法得到一致运用。

第四节　降低商誉减值测试复杂性

一、国际准则制定机构的最新决定

在最新讨论稿中，国际准则制定机构决定，为降低商誉减值测试的复杂性，

计算资产预计未来现金流量的现值时，允许包括与将来可能会发生的、尚未作出承诺的重组事项或者与资产改良有关的预计未来现金流量（以下称允许包括与扩张性资本支出有关的预计未来现金流量），允许使用税后现金流和税后折现率，只要企业采用具有内在一致性的现金流量和折现率计算即可（同为税前或税后输入值）。

二、国际准则制定机构的考虑

现行资产减值准则规定，资产预计未来现金流量的现值，应当按照资产在持续使用过程中和最终处置时所产生的预计未来现金流量，选择恰当的折现率对其进行折现后的金额加以确定。预计资产的未来现金流量，应当以资产的当前状况为基础，不应当包括与扩张性资本支出有关的预计未来现金流量。折现率是反映当前市场货币时间价值和资产特定风险的税前利率。如果用于估计折现率的基础是税后的，应当将其调整为税前的折现率。

利益相关方表示，在计算资产预计未来现金流量时，要求扣除与扩张性资本支出有关的预计未来现金流量，导致实务中执行起来非常复杂，执行成本很高。例如，企业管理层可能需要调整其财务预算才能剔除前述影响，而从财务预算中区分哪些属于维持性资本支出，哪些属于扩张性资本支出较为困难。

利益相关方同时表示，税前折现率难以理解且无法观察，计算起来也比较复杂，也没有能够提供更有价值的信息，在估值实务中通常采用的是税后折现率。

（一）关于允许考虑与扩张性资本支出有关的预计未来现金流量

1. 降低操作层面复杂性

国际准则制定机构认为，计算资产组预计未来现金流量的现值时，允许考虑与扩张性资本支出有关的预计未来现金流量，可以降低商誉减值测试的成本与复杂度。同时，企业在依赖内部财务预测数据预测未来现金流量时，不用进行调整，减值测试准确性更高，执行难度更小。

2. 解决准则内在理论问题

国际准则制定机构同时认为，允许考虑与扩张性资本支出有关的预计未来现金流量，还有利于解决资产预计未来现金流量的现值与公允价值减去处置费用后的净额的计量单元不一致的问题。

现行准则规定，资产公允价值减去处置费用后的净额，应当根据公平交易中销售协议价格减去可直接归属于该资产处置费用的金额确定。根据公平交易中资产的销售协议价格减去可直接归属于该资产处置费用的金额确定资产公允价值减去处置费用后的净额，是估计资产公允价值减去处置费用后的净额的最佳方法，该价格对处置费用以及交易日和估计日之间经济环境发生的变化均进行了考虑和调整。

因此，在评估相关资产组公允价值减去处置费用后的净额时，其实考虑了各种潜在的重组与改良事项预期能够带来的收益，但由于在预计资产未来现金流量现值时，要求扣除与扩张性资本支出有关的预计未来现金流量，导致二者计量单元不一致。计量单元的不一致引起的实质后果是，企业需要评估两种不同的资产（一种资产扣除了与扩张性资本支出有关的预计未来现金流量，另一种没有扣除），哪个价值更大，可收回金额此时实质上等于两种不同资产中价值较大者。因为在其他条件相同的情况下，如果资产预计未来现金流量的现值与公允价值减去处置费用后的净额均可以可靠估计与计算，则资产组的可收回金额通常是公允价值减去处置费用后的净额，而不是金额较低的资产预计未来现金流量的现值。

要求可收回金额应当根据资产公允价值减去处置费用后的净额与资产预计未来现金流量的现值两者之间较高者确定，是为了反映在作出资产减值决策时，出售或持续使用资产哪一个是更优方案。如果由于计量单元不一致，导致公允价值减去处置费用后的净额高于资产预计未来现金流量的现值，这并不符合可收回金额的本意。

3. 如何解决可能存在的过度乐观预测

国际准则制定机构考虑到，计算资产预计未来现金流量的现值时，可以包括与扩张性资本支出有关的预计未来现金流量，企业管理层在预计时可能会更加乐观，从而导致不够谨慎。但国际准则制定机构认为，估计未来现金流量时过度乐观的问题，仍然是一个审计与监管问题，需要由独立审计师和相关监管部门通过加强审计与监管来解决，并不属于通过修订会计准则能够解决的问题。

（二）关于允许使用税后现金流和税后折现率

1. 关于重复计算问题

国际准则制定机构认为，之前准则要求使用税前现金流和税前折现率，是因为企业在预测税后现金流时，需要剔除所得税暂时性差异对未来税收现金流的影响，以避免重复计算。国际准则制定机构认为，这会给企业增加额外的负担（由于某些税收现金流可能已经反映在递延所得税负债或资产的计量中，如果在计算资产预计未来现金流量的现值时，将这些税收现金流再次纳入，可能发生重复计算）。

但国际准则制定机构明确，只要税前折现率是由税后折现率按照未来税收现金流量的特定金额和时间进行调整得出的，以税后折现率折现税后现金流和以税前折现率折现税前现金流就会得出相同的结果。因此，无论企业使用税前折现率与税前现金流，还是税后折现率与税后现金流，由此计算的资产预计未来现金流量的现值均是该资产的税后价值。也即，无论使用税前折现率还是税后折现率，都可能存在重复计算的问题。

2. 增强实务可操作性与可理解性

税前折现率通常不方便理解与观察，取消强制使用税前现金流和税前折现率的要求，将使现金流与折现率的使用更加契合评估实务。使用税后现金流与税后折现率，更加有利于实务界和报表使用者理解。

3. 保持准则体系内在一致性

在《企业会计准则第 39 号——公允价值计量》中，并没有强制要求一定要使用税前现金流和税前折现率，只要求企业采用具有内在一致性的现金流量和折现率计算即可（同为税前或税后输入值），没有理由在减值测试预计未来现金流量的现值时另行作出特别规定。

三、对降低商誉减值测试复杂性的述评

（一）关于允许考虑与扩张性资本支出有关的预计未来现金流量

1. 考虑抵销效应后，取消该规定并不一定能够降低减值测试成本

如部分利益相关方反馈，减值测试成本高且复杂的原因之一就是在计算预计未来现金流量的现值时，要求扣除与扩张性资本支出有关的预计未来现金流量。但是，需要考虑到，如果取消该规定，企业在计算预计未来现金流量的现值时，则需要考虑与扩张性资本支出有关的预计未来现金流量，对这种高度不确定潜在现金流量的预计，反过来会增加报表编制人员和相关中介机构的工作量和工作复

杂程度，进而增加减值测试成本，二者影响相互抵销后，取消该规定并不一定能够降低减值测试成本。

2. 将使商誉减值损失的确认更加延后且不充分，进一步增加监管难度

如前所述，现行商誉减值测试中，商誉减值损失的确认已经存在确认滞后且不充分的问题，如果允许管理层将与扩张性资本支出有关的预计未来现金流量纳入预计未来现金流量现值的预测，其在执行商誉减值测试时将更加乐观，叠加部分企业盈余管理的动机，将使未来现金流量的预计变得更加不稳健，商誉减值测试的风险有进一步恶化的可能，也进一步增加了外部监管的难度。

（二）关于允许使用税后现金流和税后折现率

1. 税前折现率增加实务界理解和操作难度且未提供更有价值的会计信息

在实务中，商誉减值测试通常依赖资产评估机构的评估报告。资产评估机构在执行商誉减值测试目的评估时，采用现金流量折现法测算资产预计未来现金流量的现值时，应付所得税通常会从现金流中扣除，相关的现金流折现率也为税后折现率。资产评估准则更加强调的是，资产评估人员应当确信折现率与预期收益口径保持一致，而并没有强调税前现金流和税前折现率的问题。

为了满足现行资产减值准则的要求，企业通常在用税后现金流和税后折现率计算资产的预计未来现金流量现值后，再倒推计算税前折现率。因此，实务中税前折现率并非一个独立的数值，而是一个通过税后数值倒推的结果。由此，税前折现率作为倒算的输入值增加了实务界理解和操作难度且未提供更有价值的会计信息。

2. 重复计算问题的实务解决与后续展望

如前所述，无论使用税前折现率还是税后折现率，都可能存在重复计算的问题。在实务之中为了避免产生重复计算问题，可以考虑采取如下方法进行调节：

（1）计算资产预计未来现金流量现值时

现行资产减值准则明确规定应使用税前现金流和税前折现率计算资产预计未来现金流量现值，因此资产预计未来现金流量现值的结果应该是税前的，则相应在确定资产组账面金额时不应包含递延所得税负债和资产，以确保资产组账面金额的确定基础，与其可收回金额的确定基础保持一致。

（2）计算资产公允价值减去处置费用后的净额时

资产公允价值减去处置费用后的净额，通常反映的是资产如果被出售或者处置时可以收回的净现金流入。然而，实务中通常没有相关资产组或资产组组合的活跃市场，因此一般按照第三层次输入值确定资产的公允价值，且最常用的方法是收益法评估。那么应考虑收益法评估所采用的折现率及未来现金流量是税前还是税后的。

在实务中，收益法评估通常采用的是税后现金流和税后折现率，则可收回金额的结果也是税后的，相应地在确定资产组账面金额时应包含递延所得税负债和资产。如果采用的是税前现金流和税前折现率，则评估的公允价值也是税前的，进而可收回金额的结果也是税前的，则在确定资产组账面金额时不应包含递延所得税负债和资产。

如果要从准则层面彻底厘清该问题，还有待国际准则制定机构对资产减值准则、所得税准则进行更加全面的讨论，进一步明确预计未来现金流量现值的定义，以确定计算预计未来现金流量现值时哪些税收影响应予以考虑和反映。

第三编

新收入准则

第一章

新收入准则下 PPP 项目疑难问题

政府和社会资本合作项目（以下简称 PPP 项目）的会计处理问题，一直是实务中一个难题。在《企业会计准则第 14 号——收入》（2006 年）（以下简称原收入准则）框架下发布的《企业会计准则解释第 2 号》（以下简称解释公告 2 号）明确了 BOT 业务的会计处理规则。但随着《企业会计准则第 14 号——收入》（2017 年）（以下简称新收入准则）与《政府会计准则第 10 号——政府和社会资本合作项目合同》（以下简称 10 号政府准则）的发布，原解释公告 2 号中有关 BOT 项目的相关规定也需要同步更新，以实现与新收入准则和 10 号政府准则的衔接。近年来，随着 PPP 项目的普遍化以及运作方式的多元化，相关部委也出台了多项规定对 PPP 项目进行指导与规范。此外，国际财务报告准则已经基于新收入准则对《国际财务报告解释公告第 12 号——服务特许权协议》进行了修订。基于前述背景，为充分解决会计实务问题，保持与国际财务报告准则的持续趋同，进一步规范 PPP 业务的会计处理，我国准则制定部门在 2021 年 1 月底发布了《企业会计准则解释第 14 号》（以下简称解释公告 14 号），对 PPP 项目的会计处理进行了系统的规范，并取代了解释公告 2 号的相关规定。

由于解释公告的规则层次较高，相关规定是高度精练与概括的。PPP

项目的会计处理涉及新收入准则、新金融工具准则、《企业会计准则第 6 号——无形资产》（以下简称无形资产准则）、《企业会计准则第 13 号——或有事项》（以下简称或有事项准则）、《企业会计准则第 17 号——借款费用》（以下简称借款费用准则）等多个准则的理解与适用，本身较为复杂。因此，自原解释公告 2 号发布以来，由于理解差异，实务界对于 BOT 业务如何进行会计处理，未形成非常统一的做法。解释公告 14 号发布以来，综观各类分析解读文章也可以发现，实务界对于新规仍然存在各种不同理解，其中部分解读分析由于存在偏差，很可能对实务界形成误导，不利于会计准则高质量实施。

本章将结合解释公告 14 号的相关规定，对实务界争议较大、理解较容易出现偏差的问题进行系统分析，并以国际财务报告准则中提供的案例背景材料为基础，按我国准则要求，全流程解析金融资产模式、无形资产模式与混合模式下 PPP 项目具体如何进行会计处理，以期能厘清相关疑难问题，为实务界高质量执行解释公告 14 号的相关规定提供参考。

第一节　PPP 项目会计处理规定中疑难问题解析

一、社会资本方是否确认建造服务收入

解释公告 14 号规定，社会资本方提供建造服务或发包给其他方等，应当按照新收入准则确定其身份是主要责任人还是代理人，并进行会计处理，确认合同资产。该条规定明确，社会资本方是否确认建造服务收入，需要按新收入准则关于主要责任人与代理人的规定，判断社会资本方是否为主要责任人，如果社会资本方是主要责任人的，应该确认建造服务相关收入。该条规范主要是为了进一步澄清原解释公告 2 号的规定。

在原收入准则下，没有明确提出主要责任人与代理人的概念以及总额法、净额法的区分。因此，原解释公告 2 号规定，社会资本方提供建造服务的，应当确认建造服务收入；社会资本方未提供建造服务的，不得确认建造服务收入。根据此规定，社会资本方只需提供少量建造服务即可确认所有建造服务收入，而不提供建造服务则不能确认建造服务收入。结合新收入准则主要责任人与代理人的相关规定可以发现，如果社会资本方是建造服务的主要责任人，无论其是否直接提

供建造服务，均应当按总额法确认建造服务收入。例如，新收入准则明确规定，企业能够主导第三方代表本企业向客户提供服务，则企业也属于主要责任人。

在 PPP 项目中，社会资本方通常实质操盘并负责整个项目，承担了类似总包人的责任。无论社会资本方将建造服务是否外包给其他方，通常社会资本方需要对 PPP 项目的施工进度、工程管理、预算管理、安全管理以及最后的工程质量承担责任，属于“企业能够主导第三方代表本企业向客户提供服务”的情形。站在政府方角度，其通常也会认为社会资本方承担主要责任。因此，除非有充分证据表明，社会资本方实质上不是 PPP 项目的总包负责人，不承担 PPP 项目的主要责任，社会资本方通常应按总额法确认建造服务收入。

二、合同资产与金融资产、无形资产的转化

（一）对解释公告 14 号相关规定内在逻辑的解释

解释公告 14 号规定，社会资本方（后续也可使用“企业”替代社会资本方）对于建造服务，在按新收入准则进行会计处理时，应当确认合同资产。

解释公告 14 号同时规定，对于无形资产模式，在项目运营期间，有权向获取公共产品和服务的对象收取费用，但收费金额不确定的，该权利不构成一项无条件收取现金的权利，应当在 PPP 项目资产达到预定可使用状态时，将相关 PPP 项目资产的对价金额或确认的建造收入金额确认为无形资产。对于金融资产模式，在项目运营期间，满足有权收取可确定金额的现金（或其他金融资产）这一条件的，应当在社会资本方拥有收取该对价的权利（该权利仅取决于时间流逝）时确认为应收款项。可以发现，解释公告 14 号明确，企业在确认收入的同时，应该先确认合同资产。后续，对于无形资产模式，只有当 PPP 项目资产达到预定可使用状态时，才能将合同资产转为无形资产。对于金融资产模式，只有当企业拥有收取该对价的权利，且该权利仅取决于时间流逝时，才能将合同资产转为应收款项。

原解释公告 2 号规定，对于金融资产模式或无形资产模式，企业应当在确认收入的同时确认金融资产或无形资产，无论此时 PPP 项目资产是否达到预定可使用状态，也无论企业收取对价的权利是否仅取决于时间流逝。

对于前述新旧规定之间的差异，我们应该结合新收入准则的相关规定进行理解。新收入准则明确，应收款项是企业无条件收取合同对价的权利。只有在合同

对价到期支付之前仅仅随着时间的流逝即可收款的权利，才是无条件的收款权。合同资产和应收款项都是企业拥有的有权收取对价的合同权利，二者的区别在于，应收款项代表的是无条件收取合同对价的权利，即企业仅仅随着时间的流逝即可收款，而合同资产并不是一项无条件收款权，该权利除了时间流逝之外，还取决于其他条件（例如，履行合同中的其他履约义务）才能收取相应的合同对价。

对于建设施工项目，企业在建设阶段，通常按照履约进度（如完工百分比）确认收入，在此期间，企业确认收入的同时，形成收取对价的合同权利，并非仅取决于时间的流逝，还取决于其他条件，包括企业应当完成后续的建设义务等。因此，企业在建设阶段确认收入的同时，借方只能对应形成合同资产（如果定期与客户进行结算，相关的结算金额可以计入应收款项）。

当建造服务提供完毕，项目资产达到预定可使用状态，政府方进行结算的时候，政府方理论上有三种结算方式：一次性支付现金结算、分期付款结算、以非现金对价结算。PPP 项目本身是政府方一种融资行为，通常不会一次性支付现金结算。如果政府方决定分期付款结算，则企业取得无条件收款权，会形成应收款项（金融资产）。具体处理而言，企业在贷记合同资产的同时，借记应收款项。后续政府方分期付款时，企业应确认收到相关货币资金，同时冲减应收款项，详细处理方式可见本章第二节案例 1。

如果政府方决定以非现金对价结算。例如，对于高速公路 PPP 项目，政府方以高速公路经营权（无形资产）结算，则认为政府方已经通过支付非现金对价，结算了建造服务。企业应当确认收到的非现金对价（无形资产）。具体处理而言，企业在贷记合同资产的同时，借记无形资产。后续企业运营该高速公路，属于企业经营自身无形资产产生的收入，企业需要再次确认收入（如过路费），并结转成本（包括无形资产摊销成本），详细处理方式可见本章第二节案例 2。

（二）实务中具体会计处理难点解析

1. 关于合同资产会计科目的使用

在建造服务确认收入过程中，通常对于同一建造合同同时存在合同资产以及合同负债。新收入准则规定，由于同一合同下的合同资产和合同负债应当以净额列示，企业也可以设置“合同结算”科目（或其他类似科目），以核算同一合同下属于在某一时段内履行履约义务涉及与客户结算对价的合同资产或合同负债，并在此科目下设置“合同结算—价款结算”科目反映定期与客户进行结算的金额，设置“合同结算—收入结转”科目反映按履约进度结转的收入金额。资产负债表日，“合同结算”科目的期末余额在借方的，根据其流动性，在资产负债表中分别列示为“合同资产”或“其他非流动资产”项目；期末余额在贷方的，根据其流动性，在资产负债表中分别列示为“合同负债”或“其他非流动负债”项目。

基于此规定，本章后续三个案例的处理，使用“合同结算”科目进行。

2. 关于重大融资成分

对于金融资产模式，政府方通常约定在未来很多年分期支付款项，该等安排一般具有融资性质，因而存在重大融资成分。

根据新收入准则规定，当企业将商品的控制权转移给客户的时间与客户实际付款的时间不一致时，如企业以赊销的方式销售商品，或者要求客户支付预付款等，如果各方以在合同中明确（或者以隐含的方式）约定的付款时间为客户或企业就转让商品的交易提供了重大融资利益，则合同中包含重大融资成分。合同中存在重大融资成分的，企业应当按照假定客户在取得商品控制权时即以现金支付的应付金额（现销价格）确定交易价格。企业在确定该重大融资成分的金额时，应使用将合同对价的名义金额折现为商品现销价格的折现率。企业确定的交易价格与合同承诺的对价金额之间的差额，应当在合同期间内采用实际利率法摊销。

因此，对于政府方分期支付款项结算建造服务对价的安排，通常需要识别出重大融资成分，并相应进行会计处理。详细处理方式可见本章第二节案例 1。

3. 关于非现金对价公允价值

在无形资产模式中，政府方实际是以非现金资产（如高速公路经营权等无形资产）作为对价，结算了建造服务。此时，涉及如何计量非现金对价公允价值，也即如何确定交易价格的问题。新收入准则规定，企业通常应当按照非现金对价在合同开始日的公允价值确定交易价格。非现金对价公允价值不能合理估计的，企业应当参照其承诺向客户转让商品的单独售价间接确定交易价格。

在 PPP 项目中，由于直接估计无形资产的公允价值较为困难，企业通常按建造服务的单独售价间接确定交易价格，也即无形资产的公允价值。详细处理方式可见本章第二节案例 2。

三、金融资产模式与无形资产模式的差异及其对财务报表的影响

金融资产模式与无形资产模式，除了结算对价形式不同以外，在内在逻辑上也存在重大差异，从而会对财务报表产生较大影响。

在无形资产模式下，准则认为政府方在建造完成后即以无形资产（如高速公路经营权）结算了建造服务（因此，一般不考虑该部分的重大融资成分），企业同时确认了第一组收入（建造服务收入）。后续，企业通过无形资产（如高速公路经营权）取得的收入，属于另一事项产生的第二组收入，即在无形资产模式下，就建造服务的结果而言，PPP 项目产生了两组收入，一组是建造服务自身的收入，政府方在建造完成后，即已经通过支付无形资产结算完成；另一组是企业通过运营无形资产（如高速公路经营权）产生的收入（如过路费）。无形资产模式下，企业确认的收入明显会超过实际现金流入（根据本章第二节案例 2，实际现金流入为 1600 万元，但确认的收入金额为 2650 万元 = 525+525+200×8）。

在金融资产模式，对建造服务形成的应收款项的结算，是在后续年度分期付款完成的。政府方每年支付的对价视同为应收款项的回款，企业能够确认收入的履约义务，在初始即已经确定。就建造服务结果而言，仅需要确认建造服务这一组收入，不存在运营无形资产产生的第二组收入（以高速公路经营权为例，后续高速公路的过路费收入，企业不得确认为自身收入）。金融资产模式下确认的收入金额不会超过实际现金流入（根据本章第二节案例 1，实际现金流入为 1600 万元，实际确认的收入金额为 1256 万元 =525+525+12×8+110，差额部分被分配至融资成分）。

造成前述两种模式收入确认金额差异的根源，就在于无形资产模式下，建造服务在确认无形资产时就视同结算完成，确认了一组收入。之后企业运营无形资产又产生了一组新的收入。

需要说明的是，无论是无形资产模式、金融资产模式还是混合模式，在其他

条件均相同的情况下，最后累计产生的利润是一致的，也即不会影响最后的经营成果，但三种模式下，PPP 项目期具体每一年的利润表，包括收入、成本、费用与利润金额，均存在较大差异。本章第二节案例 1、案例 2 以及案例 3 最后的会计处理结果可以更加具体说明该情况。

四、借款费用资本化中疑难问题

解释公告 14 号规定，在 PPP 项目资产建造过程中发生的借款费用，企业应当按照借款费用准则的规定进行会计处理。对于按规定确认为无形资产的部分，企业在相关借款费用满足资本化条件时，应当将其予以资本化，并在 PPP 项目资产达到预定可使用状态时，结转至无形资产。除上述情形外的其他借款费用，应予以费用化。

（一）解释公告 14 号与解释公告 2 号关于借款费用资本化的规定是否存在差异

对于借款费用资本化的理解，实务中存在较大争议。解释公告 2 号仅规定，建造过程如发生借款利息，应当按照借款费用准则的规定进行处理。因此，有观点认为，按解释公告第 2 号的规定，建造过程中借款费用的资本化对象是存货［例如，《企业会计准则第 15 号——建造合同》（以下简称原建造合同准则）下已完工未结算的工程施工，视同为建造施工企业生产的存货］，即企业将建造过程中发生的借款利息资本化金额作为建造成本的一部分计入存货，对价类型（无形资产、金融资产或二者混合）对借款费用资本化没有影响。解释公告 14 号明确借款费用的资本化对象是无形资产，对于对价类型是金融资产或者是混合模式下的金融资产部分，相关借款费用均应予以费用化。

前述观点其实是一种误读。解释公告 2 号虽然规定较为原则，但是《企业会计准则讲解》进一步明确，合同规定项目公司在有关基础设施建成后，从事经营的一定期间内有权利向获取服务的对象收取费用，但收费金额不确定的，该权利不构成一项无条件收取现金的权利，项目公司应当在确认收入的同时确认无形资产。建造过程如果发生借款利息，应当按照借款费用准则的规定处理。也即借款费用资本化仅限于形成无形资产的部分。因此，就借款费用资本化问题，解释公告 14 号与解释公告 2 号规定不存在实质差异。那么，需要重点说明的是，为何仅有形成无形资产的部分允许借款费用资本化呢?

（二）仅有形成无形资产的部分允许借款费用资本化的原因

借款费用准则规定，符合资本化条件的资产是指需要经过相当长时间的购建或者生产活动才能达到预定可使用或者可销售状态的固定资产、投资性房地产和存货等资产。虽然存货可能是符合资本化条件的资产，但是并非所有存货都是符合资本化条件的资产。例如，在存货已经达到随时可销售状态时，虽然存货可能还处于生产过程中，也不是需要相当长的时间才能达到可销售状态的存货，因此也不属于符合资本化条件的资产。同时，就 PPP 项目而言，对于建造服务阶段的履约义务，企业按一段时间内履行的履约义务确认收入，从而按照履约进度（如完工百分比）确认收入，也即属于在一段时间内持续转让商品控制权的情形。根据新收入准则，对于此类建造服务，企业已经履行履约义务但尚未与客户结算的部分，应该作为合同资产而非存货列示。因为相关存货的控制权已经转让给客户，并不存在受企业控制的存货。相应地，也可以理解为，相关存货在建造过程中随时处于可转让或可销售状态，并不需要经过相当长的时间才能达到可销售状态，因此，不存在将借款费用资本化计入存货的问题。

对于 PPP 项目中确认为金融资产（应收款项）的部分，也不属于符合资本化条件的资产。因为金融资产按公允价值初始计量，所产生的借款费用并不会影响其初始计量金额。国际财务报告准则明确规定，金融资产不属于符合资本化条件的资产。

对于 PPP 项目中确认为无形资产的部分，是符合资本化条件的资产。虽然我国借款费用准则未明确列示出无形资产属于符合资本化条件的资产，但我国准则界定符合资本化条件的资产时，表述为“固定资产、投资性房地产和存货等资产”，因此可以合理推定无形资产属于符合资本化条件的资产。同时，无形资产准则规定，内部开发活动形成的无形资产，其成本由可直接归属于该资产的创造、生产并使该资产能够以管理层预定的方式运作的所有必要支出组成，包括按照借款费用准则的规定资本化的利息支出（需要强调的是，PPP 项目确认为无形资产的部分属于企业提供建造服务收取的非现金对价。引用无形资产准则的上述规定，仅是为了说明无形资产属于符合资本化条件的资产，并不是表明 PPP 项目确认为无形资产的部分，属于企业内部开发活动形成的无形资产）。国际财务报告准则也明确规定，无形资产属于符合资本化条件的资产。基于前述原因，借款费用资本化仅适用于按规定确认为无形资产的部分，而不适用于确认为金融资产的部分，也不存在资本化计入存货的问题。

（三）关于合同资产资本化问题

通常而言，合同资产的预期用途（收取现金或其他金融资产）并非需要经过相当长时间才能达到，一般不认为属于符合资本化条件的资产。但在 PPP 项目建设阶段，无形资产暂时体现为合同资产，且因相关项目资产尚未达到预定可使用状态，借款费用资本化金额不能直接计入无形资产，只能先资本化计入合同资产，在结算后再转入无形资产。准则此处规定属于 PPP 项目会计处理的特殊之处，与一般理解（合同资产不属于符合资本化条件的资产）存在差异。如后续准则制定部门有更加细化的指引，进一步明确 PPP 项目建设阶段借款费用资本化应计入的会计科目的，按其规定处理。

五、维持与恢复义务下预计负债的确认与计量

解释公告 14 号规定，为使 PPP 项目资产保持一定的服务能力或在移交给政府方之前保持一定的使用状态，企业根据 PPP 项目协议而提供的服务不构成单项履约义务的，应当将预计发生的支出，按照或有事项准则的规定进行会计处理。对于该规定，需要注意的是，按照或有事项准则处理的前提是，企业根据 PPP 项目协议而提供的服务不构成单项履约义务。如果构成单项履约义务，不得按或有事项准则处理。

或有事项是指过去的交易或者事项形成的，其结果须由某些未来事项的发生或不发生才能决定的不确定事项。

在金融资产模式下，如果 PPP 项目协议明确约定，企业有义务在未来提供特定服务（如重铺高速公路路面），以维持项目资产的状态，则通常构成单项履约义务，而应适用新收入准则，相应将交易价格分摊至该单项履约义务。以高速公路项目为例，因为高速公路经营权属于政府而非企业，相关维修或恢复义务并非由于企业使用项目资产的经营行为而形成，因此相关维修或恢复义务并非由于企业过去的交易或者事项形成。同时，该等义务的发生是确定事项，而非不确定

事项，因而不符合或有事项的定义。

在无形资产模式下，如果PPP项目协议仅约定，在企业经营项目资产一定时间后，项目资产状态不符合政府方要求的特定标准的，企业需要进行维修或恢复的，通常属于按或有事项准则处理的预计负债。因为在该模式下，高速公路经营权属于企业所有，相关维修或恢复义务是由于企业过去的交易或事项形成的，也即是由于企业使用项目资产的经营行为（如运营高速公路经营权）而形成的，且该等义务是否发生具有不确定性，因而符合或有事项的定义。

同时，需要强调的是，与或有事项相关的义务满足相关条件而应当确认为预计负债时，其金额通常应当等于未来应支付的金额，但未来应支付的金额与其现值相差较大的，应当按照未来应支付金额的现值确定，即通过对相关未来现金流出进行折现后确定最佳估计数。

第二节　案例分析与解读

一、金融资产模式

【案例1】

某市政府拟新建一条高速公路，决定采取PPP方式筹建。社会资本方经确定为A公司。PPP项目协议约定，整个PPP项目期间为10年，其中，高速公路需要在2年内完工，完工后A公司应按政府约定的标准运营并维护高速公路8年。为确保高速公路移交给政府时满足特定的标准，协议明确约定，A公司应当在PPP项目期间的第8年末，将高速公路路面重铺。协议同时约定，政府方在高速公路建成后，也即从第3年至第10年，应当每年支付给A公司200万元。

某B商业银行为本PPP项目提供的融资服务约定如下：B银行将提供一揽子授信协议，确保A公司建设、运营高速公路的所有支出都可以通过B银行贷款解决。同时，如A公司账面存在富余货币资金的，应优先用于偿还B银行贷款本息，直至还清。其中，贷款年利率为6.7%。假设本案例相关现金流入与流出均在期末。A公司决定，优先使用B银行提供的贷款。

A公司预计，为履行PPP项目协议下的义务将发生的成本如表3-1-1所示：

表 3-1-1 金融资产模式下履行各项义务的预计成本

合同约定的事项	所处 PPP 项目期间	预计成本（万元）
高速公路建造	第 1 年（完工 50%）	500
	第 2 年（完工 100%）	500
	前 2 年合计	1000
高速公路运营	第 3 年至第 10 年	10/ 每年
高速公路路面重铺	第 8 年末	100

A 公司按成本加成法估计建造服务、运营服务以及路面重铺服务的预计单独售价分别为 1050 万元、12 万元 / 每年、110 万元。假设政府方在建造施工完毕后统一与 A 公司进行结算。

【案例解析】

（一）案例处理逻辑分析

本案例为金融资产模式 PPP 项目。由于 PPP 项目协议明确约定了 A 公司的合同义务以及政府方的付款义务，因此，A 公司应识别出三项履约义务，分别是建造服务、运营服务以及路面重铺服务。由于本案例下，路面重铺服务构成单项履约义务，因此无须按或有事项准则确认预计负债，而应该作为单项履约义务分摊交易对价。

考虑到政府方将在未来 8 年分期支付 A 公司交易对价，A 公司实际上给政府方提供了重大融资利益，该协议中存在重大融资成分需要进行处理。根据新收入准则的规定，存在重大融资成分时的内含利率，为将合同对价的名义金额折现为商品现销价格的折现率，现销价格与合同对价名义金额的差额，为融资成分。因此，重大融资成分的内含利率计算如下（假设内含利率为 R）：

$$525+525/(1+R)^1+12/(1+R)^2+12/(1+R)^3+12/(1+R)^4+12/(1+R)^5+12/(1+R)^6+12/(1+R)^7+12/(1+R)^8+12/(1+R)^9=200/(1+R)^2+200/(1+R)^3+200/(1+R)^4+200/(1+R)^5+200/(1+R)^6+200/(1+R)^7+200/(1+R)^8+200/(1+R)^9$$

通过 Excel 单变量求解可得，R=6.18%

融资成分 =1600−1256（1050+12×8+110）=344 万元，应当在合同期间采用实际利率法摊销。

（二）具体会计处理

1.第 1 年会计处理

（1）实际发生 PPP 项目协议成本：

借：银行存款 500

　　贷：长期借款 500

借：合同履约成本 500

　　贷：银行存款 500

（2）确认计量当年的收入并结转成本：

计量履约进度（为 50%），并按进度确认收入：1050×50%=525 万元

借：合同结算——收入结转 525

　　　　　　——未实现融资收益 32

　　贷：主营业务收入 525

　　　　未实现融资收益 32

其中，未实现融资收益 =525×6.18%=32.44 万元（为精简数据，将数据取整，下同）

借：主营业务成本 500

　　贷：合同履约成本 500

合同结算借方余额，在报表列示为合同资产（下同）。因此，第 1 年会计处理后，A 公司因该 PPP 项目，确认主营业务收入 525 万元，主营业务成本 500 万元，合同资产 525 万元（未实现融资收益贷方余额在报表中作为合同资产抵减项，下同），长期借款 500 万元。

2.第 2 年会计处理

（1）实际发生 PPP 项目协议成本：

借：银行存款 500

　　贷：长期借款 500

借：合同履约成本 500

　　贷：银行存款 500

（2）确认融资成分影响以及贷款利息：

借：未实现融资收益 32

　　贷：财务费用 32

将上期确认的未实现融资收益在本期转入当期损益，冲减财务费用。

借：财务费用 34

贷：长期借款 34

贷款利息 =500×6.7%=34 万元。根据新金融工具准则规定，基于实际利率法计提的金融工具的利息应包含在相应金融工具的账面余额中，因此计入长期借款，下同。

（3）确认计量当年的收入并结转成本：

计量履约进度（为 100%），并按进度确认收入：1050×100%-525=525 万元

借：合同结算——收入结转 525

——未实现融资收益 67

贷：主营业务收入 525

未实现融资收益 67

其中，未实现融资收益 =（525+525+32）×6.18%=67 万元

借：主营业务成本 500

贷：合同履约成本 500

（4）建造服务完成，PPP 项目资产达到预定可使用状态，政府方结算合同价款（实质是将合同资产转入应收款项）：

借：长期应收款 1082

贷：合同结算——价款结算 1082

长期应收款 =525+32（第 1 年末合同资产）+525+67-67（第 2 年末合同资产）=1082 万元，合同结算科目结平后没有余额。

第 2 年会计处理后，A 公司因该 PPP 项目，确认主营业务收入 525 万元，主营业务成本 500 万元，财务费用 2 万元（34-32），长期应收款 1082 万元（未实现融资收益贷方余额在报表中作为长期应收款抵减项，下同），长期借款 1034 万元（500+34+500）。

3. 第 3 年会计处理

（1）实际发生 PPP 项目协议成本：

借：合同履约成本 10

贷：应付账款、应付员工薪酬等 10

（2）确认融资成分影响以及贷款利息：

借：未实现融资收益 67

贷：财务费用 67

将上期确认的未实现融资收益在本期转入当期损益，冲减财务费用。

借：财务费用 69

　　贷：长期借款 69

贷款利息 =1034×6.7%=69 万元

（3）确认计量当年的收入并结转成本：

当年收入为提供高速公路运营服务的收入：

借：长期应收款 71

　　贷：主营业务收入 12

　　　　未实现融资收益 59

其中，未实现融资收益 =（525+32+525+67+12−200）×6.18%=59 万元

借：主营业务成本 10

　　贷：合同履约成本 10

（4）收到政府方 200 万元回款，结算合同履约成本应支付款项：

借：银行存款 200

　　贷：长期应收款 200

借：应付账款、应付员工薪酬等 10

　　贷：银行存款 10

长期应收款 =525+32+525+67+71−59−200=961 万元

（5）账面货币资金结余 =200−10=190 万元，偿还银行贷款：

借：长期借款 190

　　贷：银行存款 190

第 3 年会计处理后，A 公司因该 PPP 项目，确认主营业务收入 12 万元，主营业务成本 10 万元，财务费用 2 万元（69−67），长期应收款 961 万元，长期借款 913 万元（1034+69−190）。

4. 第 4 年会计处理

（1）实际发生 PPP 项目协议成本：

借：合同履约成本 10

　　贷：应付账款、应付员工薪酬等 10

（2）确认融资成分影响以及贷款利息：

借：未实现融资收益 59

贷：财务费用 59

将上期确认的未实现融资收益在本期转入当期损益，冲减财务费用。

借：财务费用 61

贷：长期借款 61

贷款利息 =913×6.7%=61 万元

（3）确认计量当年的收入并结转成本：

当年收入为提供高速公路运营服务的收入：

借：长期应收款 63

贷：主营业务收入 12

未实现融资收益 51

其中，未实现融资收益 =（961+12+59−200）×6.18%=51 万元

借：主营业务成本 10

贷：合同履约成本 10

（4）收到政府方 200 万元回款，结算合同履约成本应支付款项：

借：银行存款 200

贷：长期应收款 200

借：应付账款、应付员工薪酬等 10

贷：银行存款 10

长期应收款 =525+32+525+67+71−59−200+59+63−51−200=832 万元

（5）账面货币资金结余 =200−10=190 万元，偿还银行贷款：

借：长期借款 190

贷：银行存款 190

第 4 年会计处理后，A 公司因该 PPP 项目，确认主营业务收入 12 万元，主营业务成本 10 万元，财务费用 2 万（61−59），长期应收款 832 万元，长期借款 784 万元（913+61−190）。

第 5 年之后处理类似第 3、4 年，不再赘述。整个 PPP 项目期，A 公司合计收到货币资金 1600 万元，合计确认收入 1256 万元，成本 1180 万元，未实现融资收益 344 万元（冲减财务费用），贷款利息 342 万元（计入财务费用），累计利润 78 万元。偿还所有贷款本息并支付各项成本后，货币资金结余 78 万元（1600−500−500−342−80−100）。

二、无形资产模式

【案例2】

某市政府拟新建一条高速公路，决定采取PPP方式筹建。社会资本方经确定为A公司。PPP项目协议约定，整个PPP项目期间为10年，其中，高速公路需要在2年内完工，完工后A公司应按政府约定的标准运营并维护高速公路8年。协议同时约定，如果高速公路路面因为持续使用老化而无法满足政府方要求的相关标准时，A公司应该重铺路面。A公司根据以往经验预计，很可能在PPP项目期间的第8年末，需要将高速公路路面重铺。协议同时约定，作为A公司修建高速公路的对价，在高速公路建成后，也即从第3年至第10年，允许A公司收取高速公路过路费（享有高速公路经营权），政府方无须再另行支付给A公司任何对价，也无须对将来能够收取的过路费金额兜底。假设A公司预计第3年至第10年，每年可收取200万元过路费（假设每年车流量稳定）。

某B商业银行为本PPP项目提供的融资服务约定如下：B银行将提供一揽子授信协议，确保A公司建设、运营高速公路的所有支出都可以通过B银行贷款解决。同时，如A公司账面存在富余货币资金的，应优先用于偿还B银行贷款本息，直至还清。其中，贷款年利率为6.7%。假设本案例相关现金流入与流出均在期末。A公司决定，优先使用B银行提供的贷款。假定A公司贷款利息支出在建造阶段满足借款费用资本化条件。

A公司预计，为履行PPP项目协议下的义务将发生的成本如表3-1-2所示：

表3-1-2　无形资产模式下履行各项义务的预计成本

合同约定的事项	所处PPP项目期间	预计成本（万元）
高速公路建造	第1年（完工50%）	500
	第2年（完工100%）	500
	前2年合计	1000
高速公路运营	第3年至第10年	10/每年
高速公路路面重铺	第8年末	100

A公司按成本加成法估计建造服务的预计单独售价为1050万元。假设政府方在建造施工完毕后统一与A公司进行结算。

【案例解析】

（一）案例处理逻辑分析

本案例为无形资产模式PPP 项目。根据PPP项目协议约定，A公司在项目运营期间，有权收取过路费，但收费金额不确定，因此该权利不构成一项无条件收取现金的权利，应当在 PPP 项目资产达到预定可使用状态时，将相关 PPP 项目资产的对价金额确认为无形资产（高速公路经营权）。

如前分析，根据新收入准则规定，非现金对价公允价值不能合理估计的，企业应当参照其承诺向客户转让商品的单独售价间接确定交易价格，也即将相关商品的单独售价作为非现金对价的公允价值。在本案例中，A 公司通过建造服务的单独售价间接确定无形资产（高速公路经营权）的公允价值。

如第一节分析，无形资产模式与金融资产模式存在逻辑上的重大差异。就建造服务结果而言，无形资产模式会产生两组收入，包括建造服务收入与无形资产运营收入；而金融资产模式仅会产生一组收入，即建造服务收入。

就 PPP 项目协议约定的 A 公司各项义务而言，提供高速公路建造服务并取得无形资产（高速公路经营权），为独立的一项履约义务，且交易对价即未来的无形资产（高速公路经营权）。高速公路过路费收入属于 A 公司运营自身无形资产而产生的收入，在确认过路费收入的同时，也需要摊销无形资产成本。对于未来很可能发生的路面重铺义务，该义务是由于 A 公司在运营该无形资产期间对公路的使用引起的，该事项不构成单项履约义务而属于或有事项，应当将预计发生的支出按照或有事项准则的规定确认为预计负债，并计入各期损益。

假定 A 公司认为，高速公路路面的损耗与车流量成正比，且考虑到每年车流量基本稳定，每年平摊预计未来将发生的重铺支出（虽然重铺支出发生在第 8 年末，但该义务产生的原因是前期每年对公路的使用，因此应当将第 8 年末的支出，平摊至运营期每一年）。同时，由于 PPP 项目周期跨度较长，预计负债的确认时点距离实际支付有较长的时间跨度，货币时间价值的影响重大，在确定预计负债的金额时，应考虑货币时间价值的影响，假设折现利率为 6%，计算如下：

将第 8 年末的 100 万元预计重铺支出平摊至每年：100/6=16.66 万元，取整后按 17 万元处理。折现后：

第 3 年末确认 12 万元（$17/(1+6\%)^5=12$ 万元，取整，下同）预计负债；

第 4 年末确认 13 万元（$17/(1+6\%)^4=13$ 万元）预计负债，同时计提第 3 年末预计负债的货币时间价值影响额 1 万元（12×6%=1 万元）；

第 5 年末确认 14 万元（$17/(1+6\%)^3=14$ 万元）预计负债，同时计提第 4 年末预计负债的货币时间价值影响额 1 万元（26×6%=1 万元，其中 26=12+13+1）；

第6年末确认15万元（$17/(1+6\%)^2=15$万元）预计负债，同时计提第5年末预计负债的货币时间价值影响额2万元（41×6%=2万元，其中41=12+13+14+1+1）；

第7年末确认16万元（$17/(1+6\%)^1=16$万元）预计负债，同时计提第6年末预计负债的货币时间价值影响额4万元（58×6%=4万元，其中58=12+13+14+15+1+1+2）；

第8年末确认17万元预计负债（无须折现），同时计提第7年末预计负债的货币时间价值影响额5万元（78×6%=5万元，其中78=12+13+14+15+16+1+1+2+4）。

经过前述处理，6年合计确认预计负债100万元（12+13+14+15+16+17+1+1+2+4+5）。前述计算的逻辑为，通过折现并考虑货币时间价值的影响，使每年末确认的预计负债，在第8年末的终值均是17万元，实现平摊。

（二）具体会计处理

1. 第1年会计处理

（1）实际发生PPP项目协议成本：

借：银行存款 500

　　贷：长期借款 500

借：合同履约成本 500

　　贷：银行存款 500

（2）确认计量当年的收入并结转成本：

计量履约进度（为50%），并按进度确认收入：1050×50%=525万元

借：合同结算——收入结转（无形资产）525

　　贷：主营业务收入 525

借：主营业务成本 500

　　贷：合同履约成本 500

第1年会计处理后，A公司因该PPP项目，确认主营业务收入525万元，主营业务成本500万元，合同资产525万元（建造服务阶段，无形资产表现为合同资产）。长期借款500万元。

2. 第2年会计处理

（1）实际发生PPP项目协议成本：

借：银行存款 500

　　贷：长期借款 500

借：合同履约成本 500

　　贷：银行存款 500

（2）确认贷款利息资本化：

借：合同资产——利息资本化 34

　　贷：长期借款 34

将贷款利息 =500×6.7%=34 万元资本化。无形资产在建造服务阶段体现为合同资产，为体现利息资本化部分的金额，并与正常建造服务核算区分，资本化部分的金额不计入“合同结算”科目，而直接计入“合同资产”。

（3）确认计量当年的收入并结转成本：

计量履约进度（为 100%），并按进度确认收入：1050×100%-525=525 万元

借：合同结算——收入结转（无形资产）525

　　贷：主营业务收入 525

借：主营业务成本 500

　　贷：合同履约成本 500

（4）建造服务完成，PPP 项目资产达到预定可使用状态，政府方结算合同价款（实质是将合同资产转入无形资产）：

借：无形资产 1084

　　贷：合同结算——价款结算 1050

　　　　合同资产——利息资本化 34

无形资产 =525+525+34=1084 万元，合同结算科目结平后没有余额。

第 2 年会计处理后，A 公司因该 PPP 项目，确认主营业务收入 525 万元，主营业务成本 500 万元，无形资产 1084 万元，长期借款 1034 万元（500+34+500）。

3. 第 3 年会计处理

（1）运营无形资产收取过路费收入，并确认主营业务成本：

借：银行存款 200

　　贷：主营业务收入 200

借：主营业务成本 135

贷：累计摊销 135

无形资产账面价值 1084 万元，假设按车流量法摊销。由于预计每年车流量保持稳定，每年摊销 1084/8=135 万元。同时，除无形资产摊销成本外，还需要确认每年运营成本：

借：合同履约成本 10

贷：银行存款 10

借：主营业务成本 10

贷：合同履约成本 10

（2）确认贷款利息：

借：财务费用 69

贷：长期借款 69

贷款利息 =1034×6.7%=69 万元

（3）确认重铺路面预计负债：

借：主营业务成本 12

贷：预计负债 12

笔者认为，该项预计负债与企业日常经营活动密切相关，属于履行 PPP 项目协议的正常合同履约行为，不属于营业外支出，可计入主营业务成本（如后续准则制定部门明确计入其他科目的，如管理费用，以其规定为准）。

（4）账面货币资金结余 =200-10=190 万元，偿还银行贷款：

借：长期借款 190

贷：银行存款 190

第 3 年会计处理后，A 公司因该 PPP 项目，确认主营业务收入 200 万元，主营业务成本 157 万元（135+10+12），财务费用 69 万元，无形资产 949 万元（1084-135），长期借款 913 万元（1034+69-190），预计负债 12 万元。

4. 第 4 年会计处理

（1）运营无形资产收取过路费收入，并确认主营业务成本：

借：银行存款 200

贷：主营业务收入 200

借：主营业务成本 135

贷：累计摊销 135

借：合同履约成本 10

贷：银行存款 10

借：主营业务成本 10

贷：合同履约成本 10

（2）确认贷款利息：

借：财务费用 61

贷：长期借款 61

贷款利息 =913×6.7%=61 万元

（3）确认重铺路面预计负债：

借：主营业务成本 13

财务费用 1

贷：预计负债 14

计提上一年预计负债货币时间价值影响金额 1 万元，可计入财务费用（如后续准则制定部门明确计入其他损益类科目的，以其规定为准）

（4）账面货币资金结余 =200-10=190 万元，偿还银行贷款：

借：长期借款 190

贷：银行存款 190

第 4 年会计处理后，A 公司因该 PPP 项目，确认主营业务收入 200 万元，主营业务成本 158 万元（135+10+13），财务费用 62 万元（61+1），无形资产 814 万元（949-135），长期借款 784 万元（913+61-190），预计负债 26 万元（12+14）。

第 5 年之后处理类似第 3、4 年，不再赘述。整个 PPP 项目期，A 公司合计收到货币资金 1600 万元，合计确认收入 2650 万元收入，成本 2251 万元，财务费用 321 万元（贷款利息 308 万元，预计负债货币时间价值影响 13 万元），累计利润 78 万元。偿还所有贷款本息并支付各项成本后，货币资金结余 78 万元（1600-500-500-342-80-100）。

三、混合模式

【案例3】

某市政府拟新建一条高速公路，决定采取PPP方式筹建。社会资本方经确定为A公司。PPP项目协议约定，整个PPP项目期间为10年，其中，高速公路需要在2年内完工，完工后A公司应按政府约定的标准运营并维护高速公路8年。协议同时约定，如果高速公路路面因为持续使用老化而无法满足政府方要求的相关标准时，A公司应该重铺路面。A公司根据以往经验预计，很可能在PPP项目期间的第8年末，需要将高速公路路面重铺。协议同时约定，作为A公司修建高速公路的对价，在高速公路建成后，也即从第3年至第10年，允许A公司收取高速公路过路费（享有高速公路经营权），同时政府方确保A公司每年收取的高速公路过路费不低于117万元，如低于117万元政府方将通过货币资金进行差额补足。假设A公司预计第3年至第10年，每年可收取200万元过路费（假设每年车流量稳定）。

某B商业银行为本PPP项目提供的融资服务约定如下：B银行将提供一揽子授信协议，确保A公司建设、运营高速公路的所有支出都可以通过B银行贷款解决。同时，如A公司账面存在富余货币资金的，应优先用于偿还B银行贷款本息，直至还清。其中，贷款年利率为6.7%。假设本案例相关现金流入与流出均在期末。A公司决定，优先使用B银行提供的贷款。假定A公司贷款利息支出在建造阶段满足借款费用资本化条件。

A公司预计，为履行PPP项目协议下的义务将发生的成本如表3-1-3所示：

表3-1-3　混合模式下履行各项义务的预计成本

合同约定的事项	所处PPP项目期间	预计成本（万元）
高速公路建造	第1年（完工50%）	500
	第2年（完工100%）	500
	前2年合计	1000
高速公路运营	第3年至第10年	10/每年
高速公路路面重铺	第8年末	100

公司按成本加成法估计建造服务的预计单独售价为1050万元，PPP项目协议内含报酬率为6.18%。假设政府方在建造施工完毕后统一与A公司进行结算。

【案例解析】

（一）案例处理逻辑分析

本案例为混合模式PPP项目。根据PPP项目协议约定，A公司在项目运营期间，有权收取过路费，虽然收费金额不确定，但政府方兜底承诺了每年不低于 117 万元的收费。因此，在本案例背景下，A 公司提供建造服务收取的对价包括两类不同的资产：确定金额的现金（金融资产）和高速公路经营权（无形资产）。根据解释公告 14 号的规定，应该先确定金融资产部分的金额，再将超出金融资产的差额部分确认为无形资产。

同时，本案例背景下，政府方仍然是按案例 2 无形资产模式的主体协议运行，仅是增加了每年过路费的兜底保证条款，由此形成了金融资产部分。因此，就履约义务识别、非现金对价公允价值的确定、收入与成本的确认、预计负债的确认与计量等分析，可参见案例 2，不再赘述。本案例重点分析如何分拆混合模式下的金融资产与无形资产。

政府方支付的对价金额包括两部分：一部分是建造服务完成之日支付的无形资产，另一部分是后续 8 年分期支付的现金（每年 117 万元），分期支付的现金部分存在重大融资成分。考虑到建造服务在前两年履约时，每年完成履约进度的 50%，按单独售价分配的交易价格为 1050 万元，因此前两年每年确认的合同资产与收入均为 525 万元。假设其中 F 部分属于后续分期支付的现金对价，1050-F 部分属于无形资产对价。将后续每年的付款金额 117 万元折现至第 1 年的现值为 679 万元，同时将金融资产部分对价对应的收入金额也折现至第 1 年，二者应当相等。根据该关系，可以计算出金融资产部分对价：

$$F/2+(F/2)/(1+6.18\%)^1=117/(1+6.18\%)^2+117/(1+6.18\%)^3+117/(1+6.18\%)^4+117/(1+6.18\%)^5+117/(1+6.18\%)^6+117/(1+6.18\%)^7+117/(1+6.18\%)^8+117/(1+6.18\%)^9=679$$

万元

通过 Excel 单变量求解，F=700 万元，即对价中金融资产部分为 700 万元，相应无形资产部分对价为 350 万元。

此外，由于预计的每年高速公路过路费收入中，有 117 万元被拆分为金融资产部分回款，剩余 83 万元即作为运营无形资产（高速公路经营权）产生的收入。

（二）具体会计处理

拆分完成后，后续会计处理即是综合了案例 1 与案例 2 的处理，具体如下：

1. 第 1 年会计处理

（1）实际发生 PPP 项目协议成本：

借：银行存款 500

贷：长期借款 500

借：合同履约成本 500

贷：银行存款 500

（2）确认计量当年的收入并结转成本：

计量履约进度（为 50%），并按进度确认收入：1050×50%=525 万元

借：合同结算——收入结转（金融资产）350

——收入结转（无形资产）175

——未实现融资收益 22

贷：主营业务收入 525

未实现融资收益 22

其中，未实现融资收益 =350×6.18%=22 万元

借：主营业务成本 500

贷：合同履约成本 500

因此，第 1 年会计处理后，A 公司因该 PPP 项目，确认主营业务收入 525 万元，主营业务成本 500 万元，合同资产 525 万元（未实现融资收益贷方余额在报表中作为合同资产抵减项，其中后续将转为金融资产部分 350 万元，转为无形资产部分 175 万元），长期借款 500 万元。

2. 第 2 年会计处理

（1）实际发生 PPP 项目协议成本：

借：银行存款 500

贷：长期借款 500

借：合同履约成本 500

贷：银行存款 500

（2）确认融资成分影响以及贷款利息：

借：未实现融资收益 22

贷：财务费用 22

将上期确认的未实现融资收益在本期转入当期损益，冲减财务费用。

借：财务费用 23

合同资产——利息资本化 11

贷：长期借款 34

贷款利息 =500×6.7%=34 万元，其中无形资产占比部分资本化，后续计入无形资产 =34×350/1050=11 万元

（3）确认计量当年的收入并结转成本：

计量履约进度（为 100%），并按进度确认收入：1050×100%-525=525 万元

借：合同结算——收入结转（金融资产）350

——收入结转（无形资产）175

——未实现融资收益 45

贷：主营业务收入 525

未实现融资收益 45

其中，未实现融资收益 =（350+350+22）×6.18%=45 万元

借：主营业务成本 500

贷：合同履约成本 500

（4）建造服务完成，PPP 项目资产达到预定可使用状态，政府方结算合同价款（实质是将合同资产转入应收款项与无形资产）：

借：长期应收款 722

无形资产 361

贷：合同结算——价款结算 1072

合同资产——利息资本化 11

长期应收款 =325+325+22+45-45=722 万元；无形资产 =175+175+11=361 万元。合同结算借方合计 =525+525+22=1072 万元，合同结算科目结平后没有余额。

第 2 年会计处理后，A 公司因该 PPP 项目，确认主营业务收入 525 万元，主营业务成本 500 万元，财务费用 1（23-22）万元，长期应收款 722 万元，无形资产 361 万元，长期借款 1034（500+34+500）万元。

3. 第 3 年会计处理

（1）取得并拆分过路费，确认主营业务成本：

借：银行存款 200

长期应收款 40

贷：主营业务收入 83

长期应收款 117

未实现融资收益 40

将其中 83 万元作为无形资产运营收入，117 万元作为金融资产部分回款。

其中，未实现融资收益 =（350+22+350+45−117）×6.18%=40 万元

长期应收款 =350+22+350+45−117+40−40=650 万元

借：主营业务成本 45

贷：累计摊销 45

无形资产账面价值 361 万元，假设按车流量法摊销。由于预计每年车流量保持稳定，每年摊销 361/8=45 万元。同时，除无形资产摊销成本外，还需要确认每年运营成本：

借：合同履约成本 10

贷：银行存款 10

借：主营业务成本 10

贷：合同履约成本 10

（2）确认融资成分影响以及贷款利息：

借：未实现融资收益 45

贷：财务费用 45

将上期确认的未实现融资收益在本期转入当期损益，冲减财务费用。

借：财务费用 69

贷：长期借款 69

贷款利息 =1034×6.7%=69 万元

（3）确认重铺路面预计负债：

借：主营业务成本 12

贷：预计负债 12

（4）账面货币资金结余 =200−10=190 万元，偿还银行贷款：

借：长期借款 190

贷：银行存款 190

第 3 年会计处理后，A 公司因该 PPP 项目，确认主营业务收入 83 万元，主营业务成本 67 万元（45+12+10），财务费用 24 万元（69−45），长期应收款 650 万元，无形资产 316 万元（361−45），长期借款 913 万元（1034+69−190），预计负债 12 万元。

4. 第 4 年会计处理

（1）取得并拆分过路费，确认主营业务成本：

借：银行存款 200

长期应收款 35

贷：主营业务收入 83

长期应收款 117

未实现融资收益 35

将其中 83 万元作为无形资产运营收入，117 万元作为金融资产部分回款。

其中，未实现融资收益 =（650+40−117）×6.18%=35 万元

长期应收款 =650+40+35−35−117=573 万元

借：主营业务成本 45

贷：累计摊销 45

借：合同履约成本 10

贷：银行存款 10

借：主营业务成本 10

贷：合同履约成本 10

（2）确认融资成分影响以及贷款利息：

借：未实现融资收益 40

贷：财务费用 40

将上期确认的未实现融资收益在本期转入当期损益，冲减财务费用。

借：财务费用 61

贷：长期借款 61

贷款利息 =913×6.7%=61 万元

（3）确认重铺路面预计负债：

借：主营业务成本 13

财务费用 1

贷：预计负债 14

（4）账面货币资金结余 =200−10=190 万元，偿还银行贷款：

借：长期借款 190

贷：银行存款 190

第 4 年会计处理后，A 公司因该 PPP 项目，确认主营业务收入 83 万元，主营业务成本 68（45+13+10）万元，财务费用 22（61−40+1）万元，长期应收款 573 万元，无形资产 271（316−45）万元，长期借款 784（913+61−190）万元，预计负债 26（12+14）万元。

第 5 年之后处理类似第 3、4 年，不再赘述。整个 PPP 项目期，A 公司合计收到货币资金 1600 万元，合计确认收入 1713 万元收入，成本 1528 万元，财务费用 107 万元（贷款利息 331 万元，预计负债货币时间价值影响 13 万元，未实现融资收益 237 万元冲减财务费用），累计利润 78 万元。偿还所有贷款本息并支付各项成本后，货币资金结余 78（1600−500−500−342−80−100）万元。

2021 年 8 月 10 日，在本书已经定稿即将印制之际，准则制定部门发布了 PPP 项目合同社会资本方会计处理实施问答和应用案例，对实务中可能存在争议的相关问题进行了澄清。准则制定部门明确，在无形资产模式下，相关借款费用满足资本化条件的，社会资本方应当将其予以资本化，计入“PPP 借款支出”科目（该科目系准则制定部门为解决无形资产模式下借款费用资本化核算问题而新创设的会计科目），从而解决了将借款费用资本化部分计入“合同资产”科目可能存在的争议（具体争议请参见本章第一节的分析）。同时，准则制定部门强调，建造期间确认的合同资产以及“PPP 借款支出”科目的借方余额，均应当在资产负债表“无形资产”项目中列报（如本章第一节所分析，在该阶段无形资产暂时体现为合同资产）。而对于金融资产模式下存在的重大融资成分，准则制定部门并未使用“未实现融资收益”科目进行滚动核算，而是在当期确认重大融资成分时直接计入“合同资产”科目，该处理方式与本章处理方式不存在实质差异，不会影响核算结果，特此说明。

第二章
新收入准则下售后回购交易疑难问题

对于售后回购交易，新收入准则及其应用指南的规定与讲解相对较为原则，没有对具体会计处理方式通过案例详细展开讲解，实务中理解与运用准则存在一定难度。本章通过理论分析与案例分析相结合的方式，对新收入准则下售后回购交易的疑难问题进行详细阐释。

第一节　现行准则规定及其逻辑基础

一、相关规定

准则规定，售后回购，是指企业销售商品的同时承诺或有权选择日后再将该商品（包括相同或几乎相同的商品，或以该商品作为组成部分的商品）购回的销售方式。对于售后回购交易，企业应当区分下列两种情形分别进行会计处理：

1. 企业因存在与客户的远期安排而负有回购义务或企业享有回购权利的，表明客户在销售时点并未取得相关商品控制权，企业应当作为租赁交易或融资交易进行相应的会计处理。其中，回购价格低于原售价的，应当视为租赁交易，按照《企业会计准则第21号——租赁》（2018年）（以下简称新租赁准则）的相关规定进行会计处理；回购价格不低于原售价的，应当视为融资交易，在收到客户款项时确认金融负债，并将该款项和回购价格的差额在回购期间内确认为利息费用等。企业到期未行使回购权利的，应当在该回购权利到期时终止确认金融负债，同时确认收入。

2. 企业负有应客户要求回购商品义务的，应当在合同开始日评估客户是否具有行使该要求权的重大经济动因。客户具有行使该要求权重大经济动因的，企业应当将售后回购作为租赁交易或融资交易，按照前述 1 的规定进行会计处理；否则，企业应当将其作为附有销售退回条款的销售交易进行会计处理。

二、对准则规定内在逻辑的理解

结合国际准则制定机构制定售后回购交易相关处理规定时所考虑的因素，对售后回购交易相关规定的内在逻辑梳理如下：

（一）对售后回购协议的理解

国际准则制定机构指出，此处的售后回购协议，是指企业在销售商品的同时约定，企业承诺或有权选择日后再将该商品购回。如果不是同时约定，例如，企业在向客户转移商品的控制权后再另行签订回购该商品的协议，则不构成此处所述的售后回购协议。因为此时，企业回购商品的后续决定与之前存在的合同权利无关，并不影响客户在初始转让时主导该商品的使用并从中获得几乎全部经济利益的能力。也可以认为，在签订商品转让合同时，并未导致客户有向企业回售该商品的义务。国际准则制定机构认为，对此类安排，应该视同两份协议分别适用相关准则进行分析与处理，包括对控制权是否转移的判断、企业是主要责任人还是代理人等。

（二）对售后回购协议中商品控制权是否转移的理解

1. 企业因存在与客户的远期安排而负有回购义务或企业享有回购权利时

国际准则制定机构认为，企业因存在与客户的远期安排而负有回购义务或企业享有回购权利时，之所以认为客户在销售时点并未取得相关商品控制权，应当作为租赁交易或融资交易进行会计处理是因为尽管客户可能已经持有了商品实物，但是由于企业承诺回购或者有权回购该商品，导致客户主导该商品的使用并从中获取几乎全部经济利益的能力受到限制。因此，客户有义务向企业返还或随时准备向企业返还相关商品，客户无法用尽、消耗或者自由处置该商品。

同时，需要说明的是，国际准则制定机构认为，企业无须考虑回购权利被行使的可能性，因为该回购权利存在本身就有效地限制了客户控制资产的能力。但是，如果该回购权利不是一项实质性权利，则在评估客户是否及何时获得对商品的控制权时，不应考虑该回购权利的影响。

2. 企业负有应客户要求回购商品的义务时

国际准则制定机构认为，企业负有应客户要求回购商品的义务时（也即客户拥有回售选择权），如果客户具有行使该要求权的重大经济动因，则仍然认为客户在销售时点并未取得相关商品控制权，应当作为租赁交易或融资交易进行会计处理是因为虽然客户并没有行使回售选择权的义务而是具有行使的权利，但是如果客户具有行使回售选择权的重大经济动因，通常表明如果客户不行使回售选择权则会遭受损失。因为此处重大经济动因通常为，协议约定的回购价格明显高于该资产回购时的市场价值（当然也需要考虑其他因素），基于理性经济假设，客户通常会选择行使回售选择权。因此，客户具有重大经济动因行使回售选择权的情况下，类似于前述“企业因存在与客户的远期安排而负有回购义务或企业享有回购权利”的情形，实质导致客户主导该商品的使用并从中获取几乎全部经济利益的能力受到限制，客户也不能用尽、消耗或者自由处置该商品。

3. 企业可以按回购时资产的市场价值向客户回购商品时

如果回购协议约定，在回购商品时，企业可以按回购时资产的市场价值向客户回购实质上相同且易于从市场获得的商品，则客户主导该商品的使用并从中获取几乎全部经济利益的能力并没有受到限制。根据准则的原则与理念，在该情形下，企业应该可以按正常商品销售行为适用收入准则相关规定进行会计处理，而不需要作为租赁交易或融资交易进行会计处理。但是，国际准则制定机构认为，在实务中，企业不大可能与其他方签订具有前述安排的协议，并未在现行准则中对此类协议给出例外规定。

因此，我们在分析售后回购协议时，只需要关注回购价格与原售价的关系，并根据情况作为租赁交易或融资交易进行会计处理即可，并不需要再去考虑回购价格是否相当于回购时资产的市场价值（在分析客户是否具有行使回售选择权的重大经济动因时，要关注回购价格是否明显高于该资产回购时的市场价值）。如果后续准则制定部门就此类“按回购时市场价值回购商品”的安排给出例外规定的，按其规定执行。

（三）对回购商品与回购价格的理解

准则明确规定，在售后回购协议中，被回购的商品既可以是原销售给客户的商品，也可以是与该商品几乎相同的商品，或者以该商品作为组成部分的其他商品。企业在比较回购价格和原销售价格时，应当考虑货币时间价值。

（四）相关权利未行使时的处理

在企业有权要求回购或者客户有权要求企业回购的情况下，企业或者客户到期未行使权利的，应在该权利到期时终止确认相关负债，同时确认收入，并相应结转成本。

第二节　案例分析与解读

一、企业因存在与客户的远期安排而负有回购义务或企业享有回购权利，且回购价格低于原售价

【案例1】

假定A公司是一家半导体行业特种设备制造企业。2018年6月向半导体行业某知名代工企业B公司销售一批特种设备，销售价格为110亿元，该特种设备的成本为80亿元。同时双方约定，两年之后即2020年6月，A公司将以80亿元的价格回购该批特种设备。2020年6月，A公司按约定回购了设备并支付了80亿元回购价款。假设该批设备使用寿命为8年，预计净残值率10%，按直线法计提折旧。不考虑税费等其他因素。

【案例解析】

（一）分析与解读

在本案例中，根据合同约定，A公司负有在两年后回购该特种设备的义务，因此，B公司并未取得该设备的控制权。基于精简计算过程考虑，在比较回购价格和原销售价格时，假定不考虑货币时间价值。该交易的实质是B公司支付了30（110-80）亿元的对价取得了该特种设备2年的使用权。A公司应当将该交易作为租赁交易进行会计处理。

此处需要进一步考虑的问题是，在此类交易中，A公司按新租赁准则进行处理时，是否有可能构成融资租赁（新租赁准则取消了承租人经营租赁和融资租赁的区分，

但是保留了出租人经营租赁和融资租赁的区分）。在售后回购协议下，如果由于回购价格低于商品原售价而按租赁交易进行处理的，一般均为经营租赁安排，通常不会构成融资租赁。理由如下：

1.从融资租赁的商业实质考虑

融资租赁通常是，承租人由于资金紧张等原因，无力直接购买相关设备或者虽有能力购买，但基于现金流管理需要等原因，与出租人签订协议，要求出租人先行出资向供货商购买承租人选定的设备。同时，出租人与承租人订立一项租赁合同，将设备出租给承租人，承租人通过分期支付租金的形式，取得相关设备绝大部分有效使用寿命，达到“以租代购”的效果，既不影响生产经营，又缓减现金流压力。此外，还存在工业生产企业直接通过融资租赁方式销售产品的情形，多见于大型或特种专业设备生产企业。

因此，在融资租赁中，出租人除了提供设备以外，实质还给承租人提供了一项融资服务，即先行垫付了设备价款，并在后续以收取租金的形式实现提供融资服务的收益。在售后回购协议安排构成的租赁交易中，不仅不存在出租人垫付资金，承租人分期支付租金的情况，承租人反而一次性支付全款先行购入了设备，租赁期结束，出租人再返还承租人超过租金而多支付的款项。从交易方向分析，反而可能是承租人向出租人提供了融资服务。例如，在本案例中，B公司实质上将80亿元资金无偿提供给A公司使用了2年。因此，从融资租赁的商业实质考虑，此类安排对出租人不构成融资租赁。

2.从会计准则融资租赁判断条件考虑

根据新租赁准则，一项租赁存在下列一种或多种情形的，通常分类为融资租赁：（1）在租赁期届满时，租赁资产的所有权转移给承租人。（2）承租人有购买租赁资产的选择权，所订立的购买价款与预计行使选择权时租赁资产的公允价值相比足够低，因而在租赁开始日就可以合理确定承租人将行使该选择权。（3）资产的所有权虽然不转移，但租赁期占租赁资产使用寿命的大部分。（4）在租赁开始日，租赁收款额的现值几乎相当于租赁资产的公允价值。（5）租赁资产性质特殊，如果不作较大改造，只有承租人才能使用。

根据前述条件，结合售后回购协议安排构成的租赁交易，可以发现通常难以满足上述条件，或者不具有商业合理性。具体而言，由于售后回购协议构成租赁的情况下，均是约定由出租人回购设备而不是承租人有购买选择权，因此前述条件（1）

和条件（2）显然无法满足。对于条件（3）与条件（4），如果租赁期占租赁资产使用寿命的大部分，或者租赁收款额的现值几乎相当于租赁资产的公允价值，在B公司期初一次性支付租金（且同时提供一笔额外资金给出租人）的情况下，租赁收款额与租赁收款额现值一致，而如果租赁期又占租赁资产使用寿命的大部分，那么B公司期初一次性支付的款项扣除A公司后续将返还的款项的差额，就几乎相当于该设备的公允价值，即B公司在期初一次性支付对价购买了相关设备几乎所有的使用权，还额外给出租人提供了一笔资金免费使用。在该情形下，B公司完全可以直接购买相关设备，而不存在通过融资租赁方式租赁设备，再给出租人提供额外资金的商业合理性。对于条件（5），如果资产性质特殊只有承租人才能使用，出租人完全不具有跟承租人签订售后回购协议的商业动机，因此也不具备商业合理性。

综上所述，在售后回购协议下，如果由于回购价格低于商品原售价而按租赁交易进行处理的，通常不符合融资租赁的条件，应按经营租赁进行会计处理。

（二）具体会计处理

1. A公司会计处理过程

A公司并非租赁企业，而是工业生产企业，其将自身生产的产品出租给B公司，且租赁期较长，A公司应将设备在租赁期间作为固定资产核算并计提折旧，收到的租金收入确认为其他业务收入，计提的折旧计入其他业务成本（如果为租赁企业，应使用“租赁收入”和“主营业务成本”科目）（单位：亿元）。

（1）2018年6月30日收到B公司支付的款项：

借：银行存款 110

　　贷：预收账款 30

　　　　长期应付款 80

根据新收入准则规定，企业因转让商品收到的预收款适用收入准则进行会计处理时，不再使用“预收账款”科目及“递延收益”科目，而应使用“合同负债”科目。但是租赁交易明确适用新租赁准则，不适用新收入准则，因此不使用“合同负债”科目，而使用“预收账款”科目。同时，对于两年后需要返还的款项，与租赁交易无关，按额外融资进行处理，计入“长期应付款”。

（2）将库存商品转入固定资产核算：

借：固定资产 80

　　贷：库存商品 80

（3）2018年6月至12月确认租赁收入：

假定按直线法分配，则2018年应确认收入=（110-80）/4=7.5亿元。

借：预收账款 7.5

　　贷：其他业务收入——租赁收入 7.5

此后，2019年度应确认租赁收入15亿元，2020年度应确认租赁收入7.5亿元，会计分录不再赘述。

（4）2018年6月至12月计提特种设备折旧：

2018年折旧额=80×（1-10%）/（8×2）=4.5亿元

借：其他业务成本——租赁成本 4.5

　　贷：累计折旧 4.5

此后，2019年度应确认租赁成本及固定资产折旧9亿元，2020年度应确认租赁成本和固定资产折旧4.5亿元，会计分录不再赘述。

（5）2020年6月回购特种设备：

借：长期应付款 80

　　贷：银行存款 80

对于回购回来的特种设备，如果A公司拟继续用于出租，则无须额外作会计处理，将其继续保留在“固定资产”即可。如果A公司拟对外出售该批特种设备，且A公司能够证明其常规业务模式是以出售为最终目的，则可以将特种设备从固定资产再转为库存商品，相关处置收入确认为营业收入，可以作为经常性损益列报；否则，不能将特种设备转为存货，应直接作为处置固定资产处理，相关处置损益作为非经常性损益列报。

2. B公司会计处理过程

（1）2018年6月30日支付款项，取得特种设备使用权：

借：使用权资产 30

　　贷：银行存款 30

根据新租赁准则，使用权资产包括租赁负债的初始计量金额和在租赁期开始日或之前支付的租赁付款额等。租赁负债应当按照租赁期开始日尚未支付的租赁付款额的现值进行初始计量。租赁付款额，是指承租人向出租人支付的与在租赁期内使用租赁资产的权利相关的款项。本案例中，不存在尚未支付的租赁付款额，使用权资产按租赁期开始日支付的租赁付款额计量。

支付的款项超过租金的部分按额外融资进行会计处理，计入长期应收款：

借：长期应收款 80

　　贷：银行存款 80

（2）2018 年 6 月至 12 月计提使用权资产折旧：

按直线法对使用权资产计提折旧，则 2018 年 6 月至 12 月应计提折旧 =（110-80）/4=7.5 亿元。

借：生产成本、制造费用等 7.5

　　贷：使用权资产累计折旧 7.5

此后，2019 年度应计提使用权资产累计折旧 15 亿元，2020 年度应计提使用权资产累计折旧 7.5 亿元，会计分录不再赘述。

根据新租赁准则规定，承租人应当参照《企业会计准则第 4 号——固定资产》有关折旧规定，对使用权资产计提折旧。承租人能够合理确定租赁期届满时取得租赁资产所有权的，应当在租赁资产剩余使用寿命内计提折旧。无法合理确定租赁期届满时能够取得租赁资产所有权的，应当在租赁期与租赁资产剩余使用寿命两者孰短的期间内计提折旧。

（3）2020 年 6 月回购特种设备：

借：银行存款 80

　　贷：长期应收款 80

二、企业因存在与客户的远期安排而负有回购义务或企业享有回购权利，且回购价格不低于原售价

【案例2】

A 公司在 2020 年 5 月 1 日与 B 公司签订一项销售合同，根据合同向 B 公司销售一批设备，销售价格为 100 亿元，设备没有发出，款项已收到。同时双方约定 5 个月之后，即 2020 年 9 月 30 日，A 公司将以 110 亿元的价格回购该设备。不考虑税费等其他因素。

【案例解析】

（一）分析与解读

本案例中，假定同样不考虑货币时间价值，该交易的实质是 A 公司以该设备作

为质押取得了100亿元的借款，5个月后归还本息合计110亿元。A公司应当将该交易视为融资交易，不应当终止确认该设备，而应当在收到客户款项时确认金融负债，并将该款项和回购价格的差额在回购期间内确认为利息费用等。

（二）具体会计处理

1. A公司会计处理过程

（1）2020年5月1日，收到B公司支付的款项：

借：银行存款100

　　贷：其他应付款100

此处款项在1年以内偿还，计入其他应付款，如果期限超过1年，应计入长期应付款。

（2）回购价格大于原售价的差额，应在回购期间内确认为利息费用：

由于回购期间为5个月，为简化计算，不考虑货币时间价值影响和实际利率问题，采用直线法计提利息费用。每月计提利息费用为2亿元（10/5）。2020年5月计提利息费用如下：

借：财务费用——利息费用2

　　贷：其他应付款2

此后，2020年6月至8月，每月应计提利息费用2亿元，会计分录不再赘述。

（3）2020年9月30日回购设备时，支付110亿元：

借：财务费用2

　　其他应付款108

　　贷：银行存款110

2. B公司会计处理过程

（1）2020年5月1日支付款项：

借：其他应收款100

　　贷：银行存款100

此处款项在1年以内偿还，计入其他应收款，如果期限超过1年，应计入长期应收款。

（2）回购价格大于原售价的差额，应在回购期间内分摊确认为利息收入：

由于回购期间为5个月，为简化计算，不考虑货币时间价值影响和实际利率问题，采用直线法分摊利息收入。每月分摊利息收入为2亿元（10/5）。2020年5月分摊利息收入如下：

借：其他应收款 2

贷：财务费用——利息收入 2

此后，2020 年 6 月至 8 月，每月确认利息收入 2 亿元，会计分录不再赘述。

（3）2020 年 9 月 30 日回购设备时，收到 110 亿元：

借：银行存款 110

贷：其他应收款 108

财务费用——利息收入 2

三、企业负有应客户要求回购商品的义务，经评估客户不具有行使该要求权的重大经济动因

【案例3】

假定 A 公司是一家半导体行业特种设备制造企业。2020 年 5 月 1 日向半导体行业某知名代工企业 B 公司销售一批特种设备，销售价格为 110 亿元，当日收到款项，该特种设备的成本为 80 亿元。同时双方约定，在 2020 年 9 月 30 日之前，B 公司有权要求 A 公司回购该特种设备。发出特种设备时，A 公司根据过去的经验，估计 B 公司可能会要求 A 公司回购 20% 的特种设备，回购价格按回购时设备的市场价值进行（假设售价反映了市场价值，即按原售价回购）。假定特种设备发出时控制权转移给 B 公司，该批设备使用寿命为 8 年，预计净残值率 10%，按直线法计提折旧。不考虑税费等其他因素。

【案例解析】

（一）分析与解读

在本案例中，A 公司经过综合考虑各种相关因素，包括回购价格与预计回购时市场价格之间的比较以及权利的到期日等，认为回购价格没有明显高于该设备回购时的市场价值，该客户回售选择权 5 个月即到期，与 A 公司正常销售下允许的退换货周期基本一致。同时，B 公司作为半导体行业代工企业，在技术升级情况下，采购该批设备是基于生产需要的正常商业采购，没有其他目的。因此，A 公司认为，B 公司不具有行使回售选择权的重大经济动因，应当将该售后回购交易作为附有销售退回条款的销售交易进行相应的会计处理。

（二）具体会计处理

1. A公司会计处理过程

（1）2020年5月1日发出特种设备，将控制权转移给B公司：

A公司根据过去的经验，估计B可能会要求A公司回购20%的特种设备，即估计该特种设备的退货率为20%。

借：银行存款 110

　　贷：主营业务收入 88

　　　　预计负债——应付退货款 22

借：主营业务成本 64

　　应收退货成本 16

　　贷：库存商品 80

（2）2020年9月30日，B公司要求A公司回购10%特种设备，与预估20%不一致，回购设备的款项A公司已经支付。A公司将实际未回购的部分设备，重新调整预计负债，确认收入并结转成本：

借：预计负债——应付退货款 11

　　贷：主营业务收入 11

借：主营业务成本 8

　　贷：应收退货成本 8

实际支付回购价款，完成设备回购：

借：库存商品 8

　　贷：应收退货成本 8

借：预计负债——应付退货款 11

　　贷：银行存款 11

新收入准则规定，对于附有销售退回条款的销售，企业应当在客户取得相关商品控制权时，按照因向客户转让商品而预期有权收取的对价金额（不包含预期因销售退回将退还的金额）确认收入，按照预期因销售退回将退还的金额确认负债；同时，按照预期将退回商品转让时的账面价值，扣除收回该商品预计发生的成本（包括退回商品的价值减损）后的余额，确认为一项资产，按照所转让商品转让时的账面价值，扣除上述资产成本的净额结转成本。

2. B公司会计处理过程

（1）2020年5月1日取得特种设备，作为固定资产入账：

借：固定资产 110

　　贷：银行存款 110

（2）2020年5月计提固定资产折旧：

假定购买的固定资产经过安装调试后，达到预定可使用状态，投入正常生产运行中开始计提折旧：

每月应计提折旧=110×（1−10%）/（8×12）=1.03（亿元）（保留小数点后两位，下同）

借：生产成本或制造费用 1.03

　　贷：累计折旧 1.03

2020年5月至9月，累计计提折旧5.15亿元。

（3）2020年9月30日，B公司发现，由于市场情况变化，其只需90%设备即可满足自身生产需要，剩余10%设备如果全部投入使用，生产的产品将形成库存积压，暂时难以对外销售。根据协议约定，B公司要求A公司回购10%的特种设备，回购设备的款项A公司已经支付：

借：固定资产清理 10.49

　　累计折旧 0.51

　　贷：固定资产 11

借：银行存款 11

　　贷：固定资产清理 11

借：固定资产清理 0.51

　　贷：资产处置损益 0.51

购入后已经计提折旧的固定资产，之后发生销售退回的，视同固定资产处置，处置收到的价款与固定资产账面价值的差额计入资产处置损益。因为企业正常使用相关固定资产进行生产，相关折旧计入生产成本而进入存货之后，再冲回前期计提的折旧，将不能恰当反映企业前期耗用固定资产利益的客观情况，也影响了所生产产品成本的准确性。因此，在发生固定资产销售退回的情况下，不应直接冲回前期已经计提的折旧，而应视同固定资产处置进行处理。

四、企业负有应客户要求回购商品的义务，经评估客户具有行使该要求权的重大经济动因，且回购价格低于原售价

【案例4】

假定A公司是一家半导体行业特种设备制造企业。2018年6月向半导体行业某知名代工企业B公司销售一批特种设备，销售价格为110亿元，该特种设备的成本为80亿元。同时双方约定，2年之后即2020年6月末，B公司有权要求A公司以80亿元的价格回购该批特种设备。A公司预计，该设备在回购时的市场价值为60亿元。

2020年6月，A公司按约定回购了设备并支付了80亿元回购价款。假设该批设备使用寿命为8年，预计净残值率10%，按直线法计提折旧。不考虑税费等其他因素。

【案例解析】

本例中，假定不考虑货币时间价值的影响，A公司的回购价格80亿元低于原售价110亿元，但远高于该设备在回购时的市场价值60亿元，A公司判断B公司有重大经济动因行使其权利要求A公司回购该设备。因此，A公司应当将该交易作为租赁交易进行会计处理，视同B公司支付30亿元取得了相关设备2年使用权。具体会计处理过程可参见案例1，此处不赘述。

五、企业负有应客户要求回购商品的义务，经评估客户具有行使该要求权的重大经济动因，且回购价格不低于原售价

【案例5】

A公司在2020年5月1日与B公司签订一项销售合同，根据合同向B公司销售一批设备，销售价格为100亿元，该批设备的成本为80亿元。同时双方约定5个月之后，即2020年9月30日，B公司有权要求A公司以110亿元的价格回购该设备。A公司预计，该设备在回购时的市场价值为60亿元。不考虑税费等其他因素。

【案例解析】

本例中，假定不考虑货币时间价值的影响，A公司的回购价格110亿元高于原售价100亿元，同时远高于该设备在回购时的市场价值60亿元，A公司判断B公司

有重大经济动因行使其权利要求A公司回购该设备。因此，A公司应当将该交易作为融资交易进行会计处理，视同B公司给A公司提供了融资服务。具体会计处理过程可参见案例2，此处不赘述。

第三章
新收入准则下完工百分比法运用疑难问题

新收入准则明确，对于在某一时段内履行的履约义务，企业应当考虑商品的性质，采用产出法或投入法确定恰当的履约进度，在该段时间内按照履约进度确认收入。新收入准则下所谓确定履约进度，与原建造合同准则确定完工百分比（或完工进度）的理念非常类似。但是，在新收入准则下，完工百分比法具体运用时存在部分变化需要引起注意，包括核算方式、未使用商品处理、亏损合同处理与报表列报。本章结合相关规定与案例，对前述重大变化进行详细阐释。

第一节　新旧准则下按进度确认收入相关规定的差异

一、核算方式

（一）原建造合同准则核算方式

在原建造合同准则下，通过“工程施工—合同成本”归集发生的各种料工费，记录实际发生的合同成本。通过“工程结算”记录已结算的合同价款，通过“工程施工—合同毛利”，在确认计量当期的收入和费用的同时，记录当期的合同毛利。工程全部完工后，将“工程施工”科目的余额与“工程结算”科目的余额相对冲。

（二）新收入准则核算方式

新收入准则规定，通常情况下，企业对其已向客户转让商品而有权收取的对价金额应当确认为合同资产或应收账款；对于其已收或应收客户对价而应向客户转让商品的义务，应当按照已收或应收的金额确认合同负债。由于同一合同下的合同资产和合同负债应当以净额列示，企业也可以设置“合同结算”科目（或其他类似科目），以核算同一合同下属于在某一时段内履行履约义务涉及与客户结算对价的合同资产或合同负债，并在此科目下设置“合同结算—价款结算”科目反映定期与客户进行结算的金额，设置“合同结算—收入结转”科目反映按履约进度结转的收入金额。

同时，通过“合同履约成本”科目归集发生的各种料工费，记录实际发生的合同成本，不再单独反映合同毛利。

二、未使用商品处理方式

（一）原建造合同准则未使用商品处理方式

原告建造合同准则规定，企业在采用成本法确定合同完工进度时，会根据累计实际发生的合同成本占合同预计总成本的比例确定，其中累计实际发生的合同成本是指形成工程完工进度的工程实体和工作量所耗用的直接成本和间接成本，不包括与合同未来活动相关的合同成本。例如，施工中尚未安装、使用或耗用的材料成本。材料从仓库运抵施工现场，如果尚未安装、使用或耗用，则没有形成工程实体。因此，为保证完工进度的可靠性，不应将这部分成本计入累计实际发生的合同成本中来确定完工进度。

（二）新收入准则未使用商品处理方式

新收入准则规定，企业在采用成本法确定履约进度时，如果企业已发生的成本与履约进度不成比例，企业需要进行适当调整，通常仅以其已发生的成本为限确认收入。对于施工中尚未安装、使用或耗用的商品或材料成本等，当企业在合同开始日就预期将能够满足下列所有条件时，应在采用成本法确定履约进度时不包括这些成本：第一，该商品或材料不可明确区分，即不构成单项履约义务；第二，客户先取得该商品或材料的控制权，之后才接受与之相关的服务；第三，该商品或材料的成本相对于预计总成本而言是重大的；第四，企业自第三方采购该商品或材料，且未深入参与其设计和制造，对于包含该商品的履约义务而言，企业是主要责任人。

由此可以发现，在确定履约进度时，新收入准则对于未使用商品的调整要求与原建造合同准则类似，即在确定履约进度时不包括此类未使用商品的成本，该调整要求其实并非新旧准则实质性差异。真正的差异在于，新收入准则要求，如果此类未使用商品不构成单项履约义务，其成本相对于预计总成本而言是重大的，企业虽然是该工程项目的主要责任人，但是未参与该未使用商品的设计和制造，客户先取得了工程施工中未使用商品的控制权，随后才接受与之相关的安装服务的，企业需要在客户取得该未使用商品控制权时，按照未使用商品采购成本的金额确认转让商品产生的收入。也即企业不仅需要在计量履约进度时剔除此类未使用商品的成本，还需要以此类未使用商品已发生的成本为限确认相应的收入。原建造合同准则下，并不需要就此类未使用商品，按其已发生的成本为限确认相应的收入。

根据对国际准则制定机构起草新收入准则时所考虑因素的梳理，新收入准则之所以作出如此规定，是基于以下考虑：如果在企业使用商品进行安装施工之前，客户先取得了相关商品的控制权，则企业继续将该商品确认为自身存货并不恰当。企业应当根据新收入准则的核心原则就已转让的商品确认收入（企业应当在履行了合同中的履约义务，即客户取得相关商品控制权时确认收入）。同时，在企业使用成本法计量履约进度时，如果准则不对未使用商品如何进行处理作出明确规定，企业可能将相关未使用商品的成本作为累计实际发生的成本纳入履约进度的计算，可能会高估企业的实际履约进度，并导致收入被高估。由此也导致在商品安装之前就确认了该未使用商品合同层面的毛利。如果要求企业估计一个与合同层面毛利不同的毛利，一方面较为复杂，另一方面实际上创造出一项针对不可明确区分商品的履约义务，从而违反了履约义务的定义（履约义务是指合同中企业向客户转让可明确区分商品的承诺）。

因此，在满足特定情况时，企业应当就商品的转让确认收入，但仅应以此类未使用商品已发生的成本为限确认相应的收入。国际准则制定机构明确，以此类未使用商品已发生的成本为限确认相应的收入，将确保所反映的企业合同毛利类似于，若客户自行提供此类商品供企业安装使用时企业将获得的合同毛利。也就是说，在该情况下，企业通过对成本法计算进行调整，将未使用商品的成本排除在成本法计量履约进度之外，以使成本法如实反映企业的合同履约情况。

三、亏损合同处理方式

（一）原建造合同准则亏损合同处理方式

建造承包商正在建造的资产，类似于工业企业的在产品，性质上属于建造承包商的存货，期末应当对其进行减值测试。如果建造合同的预计总成本超过合同总收入，则形成合同预计损失，应计提“存货跌价准备”，并确认为“资产减值损失”。

（二）新收入准则亏损合同处理方式

合同预计总成本超过合同总收入，应按照亏损合同的一般原则进行会计处理。根据或有事项准则的相关规定，亏损合同产生的义务满足相关条件的，则应当对亏损合同确认预计负债，并计入主营业务成本（此处并不是计入营业外支出）。

四、报表列报

（一）原建造合同准则报表列报

“工程施工”余额大于“工程结算”余额，其差额在资产负债表“存货”项目反映；“工程施工”余额小于“工程结算”余额，其差额在资产负债表“预收款项”项目反映。

（二）新收入准则报表列报

“合同结算—收入结转”余额小于“合同结算—价款结算”，体现为“合同结算”科目的贷方余额，表明企业已经与客户结算但尚未履行履约义务的金额，应在资产负债表中根据其流动性，作为“合同负债”或“其他非流动负债”列示。

“合同结算—收入结转”余额大于“合同结算—价款结算”，体现为“合同结算”科目的借方余额，表明企业已经履行履约义务但尚未与客户结算的金额，应在资产负债表中根据其流动性，作为“合同资产”或“其他非流动资产”列示。

对于合同履约成本，初始确认时摊销期限不超过一年或一个正常营业周期的，在资产负债表中计入“存货”项目；初始确认时摊销期限在一年或一个正常营业周期以上的，在资产负债表中记入“其他非流动资产”项目。

第二节 案例分析与解读

参考准则制定部门发布的应用案例背景材料，结合本章涉及的重点问题对案例改编后，分析如下：

【案例】

甲公司与其客户签订一项总金额为580万元的固定造价合同，该合同不可撤销。甲公司负责工程的施工及全面管理，客户按照第三方工程监理公司确认的工程完工量，每年与甲公司结算一次；该工程已于2018年2月开工，预计2021年6月完工；预计可能发生的工程总成本为550万元。

到2019年年底，由于材料价格上涨等因素，甲公司将预计工程总成本调整为600万元。2020年年末根据工程最新情况将预计工程总成本调整为610万元。该合同的其他有关资料如表3-3-1所示：

表3-3-1 工程成本与价款结算表

单位：万元

项目	2018年	2019年	2020年	2021年	2022年
期末累计实际发生成本	154	300	488	610	
期末预计完成合同尚需发生成本	396	300	122		
本期结算合同价款	174	196	180	30	
本期实际收到价款	170	190	190		30

其中，2019年工程累计实际发生成本300万元，新增的146万元成本中，建设施工成本26万元，设备成本120万元。设备已经运抵项目现场交客户验收，存放在现场仓库中，2019年年底尚未进行安装调试（2020年完成安装调试）。假定该建造工程整体构成单项履约义务，并属于在某一时段内履行的履约义务，甲公司是主要责任人，但不参与施工中所使用设备的设计和制造。甲公司采用成本法确定履约进度，不考虑税费等其他相关因素。

按照合同约定，工程质保金30万元需等到2022年年底质保期结束且未发生重大质量问题方能收款。上述价款均为不含税价款。

【案例解析】

一、2018年会计处理情况对比

（一）新收入准则下会计处理

1.实际发生合同成本：

借：合同履约成本 154

　　贷：原材料、应付职工薪酬、银行存款等 154

2.确认计量当年的收入并结转成本：

履约进度 =154/（154+396）=28%

合同收入 =580×28%=162.4 万元

借：合同结算——收入结转 162.4

　　贷：主营业务收入 162.4

借：主营业务成本 154

　　贷：合同履约成本 154

3.结算合同价款：

借：应收账款 174

　　贷：合同结算——价款结算 174

4.实际收到合同价款：

借：银行存款 170

　　贷：应收账款 170

2018年12月31日，“合同结算”科目的余额为贷方11.6万元（174−162.4），表明甲公司已经与客户结算但尚未履行履约义务的金额为11.6万元，由于甲公司预计该部分履约义务将在2019年内完成，因此，应在资产负债表中作为“合同负债”列示。

（二）原建造合同准则下会计处理

1.登记实际发生的合同成本：

借：工程施工——合同成本 154

　　贷：原材料、应付职工薪酬、银行存款等 154

2.登记已结算的合同价款：

借：应收账款 174

　　贷：工程结算 174

3. 登记实际收到的合同价款：

借：银行存款 170

　　贷：应收账款 170

4. 确认计量当年的收入和费用，并登记入账：

完工进度 =154/（154+396）=28%

合同收入 =580×28%=162.4 万元

合同费用 =（154+396）×28%=154 万元

毛利 =162.4-154=8.4 万元

借：工程施工——合同毛利 8.4

　　主营业务成本 154

　　贷：主营业务收入 162.4

"工程施工"借方余额 162.4 万元（工程施工——合同成本 154 万元 + 工程施工——合同毛利 8.4 万元），小于"工程结算"贷方余额 174 万元，其差额 11.6 万元在资产负债表"预收款项"项目反映。

（三）新收入准则与原建造合同准则处理结果对比

表 3-3-2 新收入准则与原建造合同准则处理结果对比表

单位：万元

2018 年相关报表项目	新收入准则处理结果	原建造合同准则处理结果
营业收入	162.4	162.4
营业成本	154	154
合同资产	0	0
预收款项	0	11.6
合同负债	11.6	0

二、2019 年会计处理情况对比

（一）新收入准则下会计处理

1. 实际发生合同成本：

借：合同履约成本 26

贷：原材料、应付职工薪酬等 26

借：合同履约成本——存货 120

贷：银行存款 120

2. 确认计量当年的收入并结转成本，同时确认合同预计损失

截至2019年12月末，甲公司发生成本300万元（包括设备采购成本120万元），甲公司认为其已发生的成本和履约进度不成比例，因此需要对履约进度的计算作出调整，将设备的采购成本排除在已发生成本和预计总成本之外。在合同中，该设备不构成单项履约义务，其成本相对于预计总成本而言是重大的（20%），甲公司是主要责任人，但是未参与该设备的设计和制造，客户先取得了设备的控制权，随后才接受与之相关的安装服务，因此，甲公司在客户取得该设备控制权时，按照该设备采购成本的金额确认转让设备产生的收入。

此处需要说明的另一个问题是，相关未使用商品的成本相对于预计总成本是否构成“重大”，准则中并未给出明确的定量标准，基于新收入准则的原则（之所以需要对成本法计量的履约进度进行调整，是为了使成本法如实反映企业的合同履约情况），此处的“重大”应该理解为，除非相关未使用商品的成本相对于预计总成本明显较小（如不足5%），基于重要性和会计核算的成本效益原则，可以不对未使用商品的成本进行调整外，应理解为构成“重大”的标准。

履约进度 =（300−120）/（300+300−120）=37.5%

合同收入 =（580−120）×37.5%+120−162.4=130.1 万元

借：合同结算——收入结转 10.1

贷：主营业务收入 10.1

借：合同结算——收入结转 120

贷：主营业务收入 120

借：主营业务成本 26

贷：合同履约成本 26

借：主营业务成本 120

贷：合同履约成本——存货 120

借：主营业务成本 12.5

贷：预计负债 12.5

合同预计损失 =（300+300−580）×（1−37.5%）=12.5 万元

2019 年年底，由于该合同预计总成本 600 万元大于合同总收入 580 万元，预计发生损失总额为 20 万元，由于其中 7.5 万元已经反映在前期与当期损益中（162.4−154+10.1−26=−7.5 万元，计算方式下同），因此应将剩余的、为完成工程将发生的预计损失 12.5 万元确认为当期损失，计入主营业务成本。

根据或有事项准则的相关规定，待执行合同变成亏损合同的，该亏损合同产生的义务满足相关条件的，则应当对亏损合同确认预计负债。因此，为完成工程将发生的预计损失 12.5 万元应当确认为预计负债。

3. 结算合同价款：

借：应收账款 196

　　贷：合同结算——价款结算 196

4. 实际收到合同价款：

借：银行存款 190

　　贷：应收账款 190

2019 年 12 月 31 日，“合同结算”科目的余额为贷方 77.5 万元（11.6+196−130.1），表明甲公司已经与客户结算但尚未履行履约义务的金额为 77.5 万元，由于甲公司预计该部分履约义务将在 2020 年内完成，因此，应在资产负债表中作为“合同负债”列示。

（二）原建造合同准则下会计处理

1. 登记实际发生的合同成本：

借：工程施工——合同成本 26

　　贷：原材料、应付职工薪酬、银行存款等 26

借：工程施工——合同成本（存货）120

　　贷：银行存款 120

2. 登记结算的合同价款：

借：应收账款 196

　　贷：工程结算 196

3. 登记实际收到的合同价款：

借：银行存款 190

　　贷：应收账款 190

4. 确认计量当年的收入和费用，并登记入账：

根据原建造合同准则规定，已经运抵现场尚未安装的设备，不能作为累计已经发生的成本参与工程完工进度（履约进度）的计算，也不能就该设备确认转让收入，当然也不存在结转该设备成本的问题。

完工进度 =（300−120）/（300+300）=30%

合同收入 =580×30%−162.4=11.6 万元

合同费用 =（300+300）×30%−154=26 万元

毛利 =11.6−26=−14.4 万元

合同预计损失 =（300+300−580）×（1−30%）=14 万元

2019 年年底，由于该合同预计总成本（600 万元）大于合同总收入（580 万元），预计发生损失总额为 20 万元，由于已在“工程施工—合同毛利”中反映了 6 万元（8.4−14.4）的亏损，因此应将剩余的、为完成工程将发生的预计损失 14 万元确认为当期费用。

借：主营业务成本 26

　　贷：主营业务收入 11.6

　　　　工程施工——合同毛利 14.4

借：资产减值损失 14

　　贷：存货跌价准备 14

“工程施工”借方余额 294 万元［工程施工——合同成本 300 万元（154+146）+ 工程施工——合同毛利 −6 万元（8.4−14.4）］，小于“工程结算”贷方余额 370 万元（174+196），其差额 76 万元在资产负债表“预收款项”项目反映。

（三）新收入准则与原建造合同准则处理结果对比

表 3-3-3　新收入准则与原建造合同准则处理结果对比表

单位：万元

2019 年相关报表项目	新收入准则处理结果	原建造合同准则处理结果
营业收入	130.1	11.6
营业成本	158.5（26+120+12.5）	26
资产减值损失	0	14
预收款项	0	76
合同负债	77.5	0
预计负债	12.5	0

可以发现，存在未使用商品需要对履约进度进行调整时，新收入准则较原建造合同准则会提前确认尚未安装使用但控制权已经转移给客户的设备收入和成本，新旧准则处理结果产生较大差异。

三、2020年会计处理情况对比

（一）新收入准则下会计处理

1. 实际发生的合同成本：

借：合同履约成本 188

贷：原材料、应付职工薪酬、银行存款等 188

2. 确认计量当年的收入并结转成本，同时调整合同预计损失：

履约进度 =（154+26+120+188）/（488+122）=80%

合同收入 =580×80%-162.4-130.1=171.5 万元

合同预计损失 =（488+122-580）×（1-80%）-12.5=-6.5 万元

借：合同结算——收入结转 171.5

贷：主营业务收入 171.5

借：主营业务成本 188

贷：合同履约成本 188

借：预计负债 6.5

贷：主营业务成本 6.5

2020年年底，由于该合同预计总成本（610万元）大于合同总收入（580万元），预计发生损失总额为30万元，由于其中24万元已经反映在前期与当期损益中，因此预计负债的余额为30万元-24万元=6万元，反映剩余的、为完成工程将发生的预计损失，因此，本期应转回合同预计损失6.5万元。

3. 结算合同价款：

借：应收账款 180

贷：合同结算——价款结算 180

4. 实际收到合同价款：

借：银行存款 190

贷：应收账款 190

2020年12月31日，“合同结算”科目的余额为贷方86万元（77.5+180-171.5），表明甲公司已经与客户结算但尚未履行履约义务的金额为86万元，由于该部分履约义务将在2021年6月底前完成，因此，应在资产负债表中作为“合同负债”列示。

（二）原建造合同准则下会计处理

1.登记实际发生的合同成本：

借：工程施工——合同成本188

贷：原材料、应付职工薪酬、银行存款等188

2.登记结算的合同价款：

借：应收账款180

贷：工程结算180

3.登记实际收到的合同价款：

借：银行存款190

贷：应收账款190

4.确认计量当年的收入和费用，并登记入账：

完工进度＝（154+26+120+188）/（488+122）=80%

合同收入=580×80%−162.4−11.6=290万元

合同费用＝（488+122）×80%−154−26=308万元

毛利=290−308=−18万元

合同预计损失＝（488+122−580）×（1−80%）−14=−8万元

2020年年底，由于该合同预计总成本（610万元）大于合同总收入（580万元），预计发生损失总额为30万元，由于已在“工程施工—合同毛利”中反映了24万元（8.4−14.4−18）的亏损，剩余的、为完成工程将发生的预计损失为6万元。因此，本期应转回合同预计损失8万元。

借：主营业务成本308

贷：主营业务收入290

工程施工——合同毛利18

借：存货跌价准备8

贷：资产减值损失8

也有观点认为，此时不应转回合同预计损失，而应在合同完工时，冲减“主营业务成本”。还有观点认为此时可以转回，但也应冲减“主营业务成本”。考虑到新收入准则已经全面实施，此处不再对该争议问题展开分析。

“工程施工”借方余额464万元［工程施工——合同成本488万元（154+146+188）+工程施工——合同毛利-24万元（8.4-14.4-18）］，小于“工程结算”贷方余额550万元（174+196+180），其差额86万元在资产负债表“预收款项”项目反映。

（三）新收入准则与原建造合同准则处理结果对比

表3-3-4 新收入准则与原建造合同准则处理结果对比表

单位：万元

2020年相关报表项目	新收入准则处理结果	原建造合同准则处理结果
营业收入	171.5	290
营业成本	181.5（188-6.5）	308
资产减值损失	0	-8
预收款项	0	86
合同负债	86	0
预计负债	6	0

四、2021年1—6月会计处理情况对比

（一）新收入准则下会计处理

1.实际发生合同成本：

借：合同履约成本122

贷：原材料、应付职工薪酬、银行存款等122

2.确认计量当期的收入并结转成本，同时调整合同预计损失：

履约进度=（154+26+120+188+122）/610=100%

合同收入=580×100%-162.4-130.1-171.5=116万元

合同预计损失=（488+122-580）×（1-100%）-12.5-（-6.5）=-6万元

借：合同结算——收入结转116

贷：主营业务收入116

借：主营业务成本122

贷：合同履约成本122

借：预计负债6

贷：主营业务成本6

2021 年 6 月末，由于该合同总成本（610 万元）大于合同总收入（580 万元），预计发生损失总额为 30 万元，由于其中 30 万元已经全部反映在前期与当期损益中，因此预计负债的余额为 30 万元 -30 万元 =0 万元，反映剩余的、为完成工程将发生的预计损失，因此，本期应转回合同预计损失 6 万元。

3. 结算合同价款：

2021 年 6 月 30 日，“合同结算”科目余额为借方 30（86-116）万元，是工程质保金。新收入准则下引入了“合同资产”的概念，并对应收账款和合同资产进行了区分，二者的区别在于，应收账款代表的是无条件收取合同对价的权利，即企业仅仅随着时间的流逝即可收款，而合同资产并不是一项无条件收款权，该权利除了时间流逝之外，还取决于其他条件（例如，履行合同中的其他履约义务）才能收取相应的合同对价。因此，与合同资产和应收账款相关的风险是不同的，应收账款仅承担客户信用风险，而合同资产除信用风险之外，还可能承担其他风险，如企业自身的履约风险等。

在该案例中，工程质保金需等到 2022 年质保期结束且未发生重大质量问题后，方能收款，因此其不是一项仅取决于时间流逝的无条件收款权，故虽然客户已经与甲公司履行了结算程序，但是甲公司仍然不能将“合同结算”30 万元转入应收账款。同时，由于企业对同一合同下的合同资产和合同负债以净额列示，设置了“合同结算”科目，也无须将合同结算另行转入“合同资产”科目，将相关余额保留在“合同结算”借方，在资产负债表作为“合同资产”列示即可。

（二）原建造合同准则下会计处理

1. 登记实际发生的合同成本：

借：工程施工——合同成本 122

贷：原材料、应付职工薪酬、银行存款等 122

2. 登记结算的合同价款：

借：应收账款 30

贷：工程结算 30

对于应收质保金，在原建造合同准则下，质保金与其他合同价款一样，在结算时确认为应收款项。

3. 确认计量当年的收入和费用，并登记入账：

完工进度 =（154+26+120+188+122）/610=100%

合同收入 =580×100%-162.4-11.6-290=116 万元

合同费用 =610×100%-154-26-308=122 万元

毛利 =116-122=-6 万元

合同预计损失 =（610-580）×（1-100%）-14-（-8）=-6 万元

2021 年 6 月末，工程全部完工，将“存货跌价准备”相关余额（6 万元）冲减“主营业务成本”，转销合同预计损失。同时，将“工程施工”科目余额与“工程结算”科目余额相对冲。

借：主营业务成本 122

　　贷：主营业务收入 116

　　　　工程施工——合同毛利 6

借：存货跌价准备 6

　　贷：主营业务成本 6

借：工程结算 580（174+196+180+30）

　　工程施工——合同毛利 30（8.4-14.4-18-6）

　　贷：工程施工——合同成本 610（154+146+188+122）

（三）新收入准则与原建造合同准则处理结果对比

表 3-3-5　新收入准则与原建造合同准则处理结果对比表

单位：万元

2021 年相关报表项目	新收入准则处理结果	原建造合同处理结果
营业收入	116	116
营业成本	116（122-6）	116（122-6）
应收账款	0	30
合同资产	30	0

五、2022 年会计处理情况对比

（一）新收入准则下会计处理

1. 质保期结束且未发生重大质量问题：

借：应收账款 30

　　贷：合同结算 30

2. 实际收到合同价款：

借：银行存款 30

　　贷：应收账款 30

（二）原建造合同准则下会计处理

质保期结束且未发生重大质量问题，收到价款：

借：银行存款 30

　　贷：应收账款 30

（三）新收入准则与原建造合同准则处理结果对比

表 3-3-6　新收入准则与原建造合同准则处理结果对比表

单位：万元

2022 年相关报表项目	新收入准则处理结果	原建造合同准则处理结果
银行存款	30	30
应收账款	0	0
合同资产	0	0

第四章

新收入准则下续约选择权疑难问题

在企业销售实务中，存在通过各类形式授予客户额外购买选择权的情况，包括销售激励、客户奖励积分、未来购买商品的折扣券以及合同续约选择权（以下简称续约选择权）等。

根据新收入准则规定，对于附有客户额外购买选择权的销售，企业应当评估该选择权是否向客户提供了一项重大权利。企业提供重大权利的，应当作为单项履约义务，将交易价格分摊至该履约义务，在客户未来行使购买选择权取得相关商品控制权时，或者该选择权失效时，确认相应的收入。客户额外购买选择权的单独售价无法直接观察的，企业应当综合考虑客户行使和不行使该选择权所能获得的折扣差异、客户行使该选择权的可能性等全部相关信息后，予以合理估计。

在客户额外购买选择权中，奖励积分、折扣券等会计处理比较清晰，相对复杂的为续约选择权的会计处理，实务中疑问较多，本章对该问题进行系统阐述。

第一节　准则提出简化处理模式的原因

一、完整处理模式及其遇到的挑战

根据新收入准则确定的处理原则，理论层面，应该将续约选择权作为单项履约义务，先确定续约选择权的单独售价（公允价值），然后将交易价格在“合同下原本购买的商品”与“续约选择权”之间进行分摊，其中，分摊至后者的交易价格与未来的商品相关，应当在客户未来行使该选择权取得相关商品的控制权时，或者在该选择权失效时确认为收入。

但是，落地到具体实务层面，确定续约选择权的单独售价（公允价值）较为复杂，需要企业考虑各续约期内商品或服务的单独售价以及客户在后续期间续约的可能性。国际准则制定机构认为，从实物期权角度，续约选择权等于企业给客户授予了一项未来可以行使的期权，对此类期权的估值困难较大。为简化实务操作难度，准则就续约选择权给出了简化处理模式。

二、简化处理模式

基于实务操作困难，准则规定，满足特定标准的续约选择权可以适用简化处理模式。具体而言，标准有两条：一是客户行使该权利购买的额外商品与原合同下购买的商品类似；二是企业将按照原合同条款提供该额外商品。同时满足前述两个条件的，企业可以无须估计该续约选择权的单独售价，而是直接把其预计将提供的额外商品的数量以及预计将收取的相应对价金额纳入原合同，并进行相应的会计处理。

第二节　案例分析与解读

一、履约义务在某一时点履行时

【案例1】

A公司与10位客户签订了出售设备的合同，对每个客户以500元单价销售某设备10台（每份合同交易金额为5000元），10份合同合计交易金额50,000元。同时，客户可以选择在未来一年内，再以同等价格购买同型号设备一台。A公司的这款产品通常每年提价10%，并预计下一个月进行调价。根据历史经验，A公司预计有80%的客户可能会行使续约选择权。该续约选择权是重大权利。

（一）完整模式下会计处理

1. 确定续约选择权的单独售价

客户每份合同获得的额外折扣金额为50元（500×10%）；

客户行使续约选择权的可能性为 80%；

该续约选择权的单独售价估计为 40 元（50×80%）。

2. 分摊交易价格

销售设备确认收入 =46,296 元（500/540×500×10×10）（取整）

续约选择权应递延收入 =3704 元（40/540×500×10×10）（取整）

3. A 公司在设备控制权转让时确认收入 46,296 元；续约选择权于客户未来购买设备或到期时确认收入 3704 元。具体会计处理为：

借：银行存款 50,000

贷：主营业务收入 46,296

合同负债——续约选择权 3704

（二）简化模式下会计处理

由于行使续约选择权的客户可以按原合同价格 5000 元（低于当年的市场价格）购买 10 台同型号设备，A 公司认为该续约选择权向客户提供了重大权利，且符合简化处理条件，因此，A 公司可以无须将原合同的交易价格分摊至该续约选择权，也无须估计该续约选择权的单独售价，而是直接把其预计将提供的额外商品的数量以及预计将收取的相应对价金额纳入原合同，并进行相应的会计处理：

A 公司预计将提供的额外商品为 80 台，预计将收取的总交易价格为 40,000 元。纳入原合同后，预计出售设备数量为 180 台，总交易价格 90,000 元。将交易价格分摊至具体的设备，每台设备 500 元，在相关设备控制权转移时确认收入。

对于时点转移控制权的交易而言，前述处理的效果等同于，企业直接按照每件 500 元的价格确认原合同和续约后合同的设备销售收入，即无须考虑续约选择权。

二、履约义务在某一时段履行时

【案例 2】

2018 年 1 月 1 日，甲公司与 100 位客户签订为期一年的服务合同，每份合同的价格均为 10,000 元，并在当日全额支付了款项。该项服务是甲公司推出的一项新业务。为推广该业务，该合同约定，客户有权在 2018 年年末选择以同样的价格续约一年并立即支付 10,000 元；选择在 2018 年年末续约的客户还有权在 2019 年年末选择以同样的价格再续约一年并立即支付 10,000 元。甲公司在 2019 年和 2020 年将对该项服务的价格分别提高至每年 30,000 元和 50,000 元。2018 年年末及其后，没有续约但之后又向甲公司购买该项服务的客户以及新客户都将适用当年涨价后的价格。假定甲公司提供该服务属于在一段时间内履行的履约义务，并按照成本法确定履约进度。上述金额均不包含增值税。合同开始日即2018年1月1日，甲公司估计有90%的客户（90位客户）会在2018年年末选择续约，其中又有90%的客户（81位客户）会在2019年年末再次选择续约。2018年至2020年的合同预计成本分别为6000元、7500元和10,000元。

该案例背景材料来自新收入准则应用指南（国际财务报告准则中案例背景材料相同），应用指南对该案例的后续会计处理没有完整展开讲解，此处引用该案例背景材料，对其完整会计处理过程以及我国准则和国际财务报告准则存在的差异进行说明。

（一）判断是否适用简化处理模式

在本例中，只有签订了该合同的客户才有权选择续约，且客户行使该权利续约时所能够享受的价格远低于该项服务当时的市场价格，因此，A公司认为该续约选择权向客户提供了重大权利，且符合简化处理条件，即A公司无须估计该续约选择权的单独售价，而是直接把其预计将提供的额外服务以及预计将收取的相应对价金额纳入原合同，进行会计处理。

（二）具体会计处理过程

具体而言，预计额外提供的是2年的服务，预计将收取的对价为1,710,000元（10,000×100×90%+10,000×100×81%），纳入原合同后，可以将原合同理解为给客户提供3年服务，总服务对价为2,710,000元。由于合同履约义务为在一段时间内履行的履约义务，并按照成本法确定履约进度，因此需要按履约进度确认收入。

在合同开始日，A公司根据其对客户续约选择权的估计，确定合同的交易价格为2,710,000元（10,000×100×100%+10,000×100×90%+10,000×100×81%）。考虑续约可能性调整后，预计合同成本2,085,000元（6000×100×100%+7500×100×90%+10,000×100×81%），其中2018年合同成本600,000元，2019年合同成本675,000元，2020年合同成本810,000元。预计各年应分摊的交易价格如表3-4-1所示：

表 3-4-1　交易价格分摊表

单位：元

年度	预计成本	考虑续约可能性调整后的成本	履约进度	按进度确认每年收入（百位取整）
2018年	600,000	600,000（600,000×100%）	28.78%（600,000/2,085,000）	779,900（2,710,000×28.78%）
2019年	750,000	675,000（750,000×90%）	61.15% [（600,000+675,000）/2,085,000]	877,300（2,710,000×61.15%-779,900）
2020年	1,000,000	810,000（1,000,000×81%）	100% [（600,000+675,000+810,000）/2,085,000]	1,052,800（2,710,000×100%-779,900-877,300）
合计	2,350,000	2,085,000	—	2,710,000

其中，考虑续约可能性调整后的成本按客户续约比例调整，收入按成本法确定的履约进度进行确认。需要说明的是，国际财务报告准则明确提及将第一年收取对价中的220,100元分摊至第一年年末的续约选择权，我国准则并没有类似表述。按简化处理模式的精神，我国准则更加合适。我国准则和国际财务报告准则下，与本案例收入确认相关的具体会计处理过程如下（单位：元）：

1. 我国准则处理方式：不单独分摊续约选择权

（1）2018年1月1日：

借：银行存款 1,000,000

　　贷：合同负债——服务劳务 1,000,000

（2）2018年12月31日：

借：合同负债——服务劳务 779,900

　　贷：主营业务收入 779,900

借：银行存款 900,000

　　贷：合同负债——服务劳务 900,000

2018年合同负债余额：

1,000,000-779,900+900,000=1,120,100元

（3）2019年12月31日：

借：合同负债——服务劳务 877,300

贷：主营业务收入 877,300

借：银行存款 810,000

贷：合同负债——服务劳务 810,000

2019 年合同负债余额：

1,120,100-877,300+810,000=1,052,800 元

（4）2020 年 12 月 31 日：

借：合同负债——服务劳务 1,052,800

贷：主营业务收入 1,052,800

2. 国际财务报告准则处理方式：单独分摊续约选择权

（1）2018 年 1 月 1 日：

借：银行存款 1,000,000

贷：合同负债——服务劳务 779,900

合同负债——续约选择权 220,100

（2）2018 年 12 月 31 日：

借：合同负债——服务劳务 779,900

贷：主营业务收入 779,900

借：银行存款 900,000

合同负债——续约选择权 220,100

贷：合同负债——服务劳务 877,300

合同负债——续约选择权 242,800

（3）2019 年 12 月 31 日：

借：合同负债——服务劳务 877,300

贷：主营业务收入 877,300

借：银行存款 810,000

贷：合同负债——服务劳务 810,000

（4）2020 年 12 月 31 日：

借：合同负债——服务劳务 810,000

合同负债——续约选择权 242,800

贷：主营业务收入 1,052,800

第五章

新收入准则实施对财务报表的重大影响

本章基于房地产企业执行新收入准则的相关情况，从商品控制权转移、重大融资成分引入、销售佣金处理以及报表列报项目变化四个维度，分析新收入准则实施对财务报表的重大影响。

第一节　商品控制权转移模式判断

一、新收入准则相关规定分析

新收入准则下，企业只有在客户取得相关商品（或服务）的控制权时才能确认收入，即所谓“控制权转移模型”，改变了传统“风险报酬转移模型”。同时，风险报酬是否转移，仍然被纳入了控制权转移的迹象之一。

企业将商品的控制权转移给客户，该转移可能在某一时段内（履行履约义务的过程中）发生，也可能在某一时点（履约义务完成时）发生。准则要求，企业应当根据实际情况，首先判断履约义务是否满足在某一时段内履行的条件，如不满足，则该履约义务属于在某一时点履行的履约义务。对于在某一时段内履行的履约义务，则需要选取恰当的方法来确定履约进度，并按进度确认收入；对于在某一时点履行的履约义务，则需要综合分析控制权转移的迹象，判断具体的控制权转移时点，并在转移时点确认收入。

二、新收入准则实施情况分析

在原收入准则下，房地产企业不存在按进度确认收入的可能，均是在某个具体时点确认收入，不同房地产企业确定的具体时点有所差异，有基于实质重于形式原则，在商品房完工并验收合格时确认收入的，也有基于谨慎性原则，在商品房实际交付时确认收入的，但无论如何，该差异仅是具体确认时点的差异。

新收入准则给予了房地产企业按进度确认收入的可能，如果房地产企业执行按进度确认收入，那么相比原收入准则而言，将导致收入提前确认，当然相应的成本也需要提前结转。从盈余管理角度而言，由于可以相对提前确认收入，企业是有较强动机尽力选择按进度确认收入的，然而，实际情况是，我国房地产企业几乎难以执行按进度确认收入，特别是针对我国境内的房地产销售业务，因此该变化对房地产企业财务报表几乎不会产生较大影响。之所以未能按进度确认收入，是因为在我国境内的房地产销售业务，难以满足新收入准则按进度确认收入的条件。但也有个别房地产企业的个别业务，执行了按进度确认收入，下面将具体分析。

三、控制权转移模式问题分析

新收入准则规定，满足下列三个条件之一的，就属于在某一时段内履行的履约义务，相关收入应当在该履约义务履行的期间内确认（按进度确认）：（1）客户在企业履约的同时即取得并消耗企业履约所带来的经济利益；（2）客户能够控制企业履约过程中在建的商品；（3）企业履约过程中所产出的商品具有不可替代用途，且该企业在整个合同期间内有权就累计至今已完成的履约部分收取款项。

（一）第一个条件适用性分析

第一个条件主要针对各类持续向客户提供的服务，如运输、安保、保洁等。该类服务的特点是，企业在履行履约义务（提供服务）的同时，客户即取得并消耗了企业履约所带来的经济利益（取得并立即消耗使用完成，商品的取得与消耗具有即时性）。房地产企业在销售商品房时，其履约所建造的商品房住宅，并不是立即可消耗的资产，商品房在交付给客户以前，客观上也无法立即被客户消耗，因此不满足“客户在企业履约的同时即取得并消耗企业履约所带来的经济利益”这一条件。

（二）第二个条件适用性分析

第二个条件需要判断客户是否能够控制相关在建的商品房。虽然从直观角度而言，在商品房交付以前，客户明显难以控制，但是，此处的“控制”为新收入准则中的特定概念，指客户是否能够主导相关商品的使用并从中获得几乎全部的经济利益。结合该概念的定义以及我国商品房销售实务情况也可以发现，商品房还在建时，客户是无法控制该商品房的。具体而言，商品房在建时，客户无法主导该商品房的使用，也无法通过出售、抵押等方式处置在建中的商品房（商品房买卖合同上的合同权利可以转让，但是在建商品房本身无法转让）。同时，在商品房完工前，相应的土地使用权也不属于客户（不是在客户所拥有的土地上建造房屋），客户通常也无法改变相关商品房的户型结构、容积率、外立面等特点。因此，不满足“客户能够控制企业履约过程中在建的商品”这一条件。

（三）第三个条件适用性分析

第三个条件是房地产企业能否适用按进度确认收入的关键条款。在第三个条件中，“商品具有不可替代用途”和“企业在整个合同期间内有权就累计至今已完成的履约部分收取款项”（以下简称合格收款权）这两个要素，在判断是否满足在某一时段履行的履约义务，从而可以按进度确认收入时缺一不可。

就房地产企业销售的商品房是否具有不可替代用途而言，实务中有观点认为，商品房可转卖他人，因此并非具有不可替代用途，该观点其实并不准确。准则中强调的具有不可替代用途，是指因合同限制或实际可行性限制，企业不能轻易地将商品用于其他用途。当企业产出的商品只能提供给某特定客户，而不能被轻易地用于其他用途时（如销售给其他客户），该商品就具有不可替代用途。在判断商品是否具有不可替代用途时，企业既应当考虑合同限制，也应当考虑实际可行性限制，但无须考虑合同被终止的可能性。就我国商品房销售实务而言，客户选择商品房时会挑选商品房的朝向、楼层、面积、户型等，并最终确定具体的房号并在合同中明确锁定，已经出售的具体商品房实质具有合同限制，企业不能轻易地将已经预售的商品房转让给其他方（该行为构成严重违约，需要承担违约责任），除非原销售合同终止，而准则明确规定无须考虑合同被终止的可能性。因此已经销售的商品房具有不可替代用途。

问题的关键在于房地产企业是否具有合格收款权。准则规定，企业在判断是否具有合格收款权时，不仅要考虑合同条款的约定，还应当充分考虑适用的法律法规、补充或者凌驾于合同条款之上的以往司法实践以及类似案例的结果等。例如，即使在合同没有明确约定的情况下，相关的法律法规等是否支持企业主张相关的收款权利；以往的司法实践是否表明合同中的某些条款没有法律约束力；在以往的类似合同中，企业虽然拥有此类权利，却在考虑了各种因素之后没有行使该权利，这是否会导致企业主张该权利的要求在当前的法律环境下不被支持等。

就我国商品房销售实务与司法实践而言，通常并不支持房地产企业的合格收款权，即在完成商品房交付之前，房地产企业并不具备法律意义上的进度收款权（也即并不会当期商品房建成50%时，就拥有50%的进度收款权）。就算客户违约，实务中通常的处理方式是，客户退还商品房并按合同约定缴纳违约金，而准则要求进度收款的金额必须能够补偿已发生成本和合理利润，相关违约金几乎不可能补偿商品房已发生成本和合理利润，因此，我国的房地产销售业务难以满足合格收款权的条件。

之所以在个别房地产企业的报表中出现了按进度确认收入的商品房销售收入，也是因为相关房地产项目所在地并非我国，而境外国家或地区的法律环境可能支持房地产企业的合格收款权，因此可以按进度确认收入。例如，新收入准则规定，当客户只有在某些特定时点才有权终止合同，或者根本无权终止合同时，客户终止了合同（包括客户没有按照合同约定履行其义务），但是，合同条款或法律法规要求，企业应继续向客户转移合同中承诺的商品并因此有权要求客户支付对价，此种情况也符合合格收款权的要求。

第二节　重大融资成分引入

一、新收入准则相关规定分析

原收入准则中分期收款销售商品的规定即是重大融资成分的一种类型，而新收入准则正式引入了“重大融资成分”的概念，并扩大了重大融资成分的适用范围，企业无论是以赊销的方式销售商品（分期收款销售商品），还是以预收款的方式销售商品（要求客户支付预付款），只要企业将商品的控制权转移给客户的时间与客户实际付款的时间不一致，即需要考虑是否存在重大融资成分。

具体而言，如果各方以在合同中明确（或者以隐含的方式）约定的付款时间为客户或企业就转让商品的交易提供了重大融资利益，则合同中包含重大融资成分，企业在确定交易价格时，应当对已承诺的对价金额作出调整，以剔除货币时间价值的影响。

准则规定，合同中存在重大融资成分的，企业应当按照假定客户在取得商品控制权时即以现金支付的应付金额（现销价格）确定交易价格。在评估合同中是否存在融资成分以及该融资成分对于该合同而言是否重大时，企业应当考虑所有相关的事实和情况，包括：一是已承诺的对价金额与已承诺商品的现销价格之间的差额，如果企业（或其他企业）在销售相同商品时，不同的付款时间会导致销售价格有所差别，则通常表明各方知晓合同中包含融资成分。二是企业将承诺的商品转让给客户与客户支付相关款项之间的预计时间间隔和相应的市场现行利率的共同影响，尽管向客户转让商品与客户支付相关款项之间的时间间隔并非决定性因素，但是该时间间隔与现行利率两者的共同影响可能提供了是否存在重大融资利益的明显迹象。经分析，合同中确实存在重大融资成分的，企业在确定该重大融资成分的金额时，应使用将合同对价的名义金额折现为商品现销价格的折现率。该折现率一经确定，不得因后续市场利率或客户信用风险等情况的变化而变更。企业确定的交易价格与合同承诺的对价金额之间的差额，应当在合同期间内采用实际利率法摊销。

新收入准则之所以引入重大融资成分，是基于交易重构理论。例如，当企业给客户定制一台大型设备时，企业可能要求客户预付设备款项，企业可以使用收到的设备款项购买原材料、设备以及投入人力来履行合同。但是，如果企业未收取客户预付的设备款，为了筹集生产设备所需的资金，企业可能会从银行等金融机构直接贷款。与此同时，企业销售给客户的设备定价将会提升，以覆盖企业从金融机构融资所发生的财务费用。对于该重构交易与直接收取客户预付设备款的交易，企业实质上均进行了融资，最终给客户交付的设备也相同，仅融资对象存在差异（重构交易中企业从金融机构处融资，直接收取客户预付设备款的交易中，企业从客户处融资），也即两项交易的商业实质相同。此时，如果不考虑重大融资成分影响，将导致对相同的交易确认了不同的收入与财务费用，其中从金融机构处融资时确认的收入更高且确认了财务费用；从客户处融资时确认的收入更低且没有确认财务费用，从而未能恰当反映该类交易的商业实质。

二、新收入准则实施情况分析

执行新收入准则的房地产企业，由于商品房预售中存在较大额的预收款项，而准则在预收款方式销售中又引入了重大融资成分的规定，会导致收入增加。因为需要考虑融资成本的影响而将融资成本（实质为利息费用，会计处理上先计入“未确认融资费用”科目）计入预收款项中（新收入准则计入“合同负债”科目），由于合同负债金额的增加，后续合同负债结转至主营业务收入时相应也会增加收入的金额。

同时，一般而言，后续需要按照实际利率法对未确认融资费用进行摊销计入财务费用。房地产企业的特殊性在于，根据借款费用准则的规定，其开发的存货（商品房）通常属于符合资本化条件的资产，即需要经过相当长时间的购建或者生产活动才能达到预定可使用或者可销售状态，因此相关未确认融资费用可以在资本化期间内资本化计入存货（商品房）的成本，后续确认收入时再将存货结转至主营业务成本。不满足资本化条件的，未确认融资费用则在后续期间摊销计入财务费用。

需要特别说明的是，如前分析，在新收入准则下，我国房地产销售业务，难以满足按进度确认收入的条件，通常只能继续按时点确认收入。如果某房地产企业认为其房产销售满足按进度确认收入的条件，则其开发的存货（商品房）将不属于符合资本化条件的资产。因为对于按进度确认收入的商品房销售而言，在商品房修建过程中就向客户逐步转移了控制权，已经处于随时转让的可销售状态，不再是需要经过相当长时间的购建或者生产活动才能达到可销售状态。如果正常按时点确认收入，则商品房在修建过程中并未处于随时转让的可销售状态，而是需要在商品房修建完成并向客户转移控制权的时点才能达到可销售状态，因此，此种情况下的商品房属于符合资本化条件的资产。

如果满足资本化条件，由于在收入增加的同时，结转的主营业务成本一般也同步增加，重大融资成分通常不会对房地产企业的净利润产生重大影响，仅会同时扩大其收入与成本规模。

如果不满足资本化条件，也需要将未确认融资费用分期摊销计入财务费用，最终对净利润的影响也较为有限。

三、重大融资成分问题案例分析

为了更进一步分析重大融资成分的影响，以案例形式进行具体说明（为了更清晰展现重大融资成分的影响，假设该商品房销售预收了全款，且从预收款到交付的周期为5年）：

【案例】

某房地产企业甲公司，采用预售方式销售商品房。甲公司与自然人乙约定，乙提前5年于2015年1月1日向甲公司支付房款1600万元，而甲公司应于2019年12月31日向乙交付商品房。该商品房开发成本预计为1500万元。在现销方式下，该商品房的销售价格预计为2000万元。假定该商品房的开发进度在5年内均匀推进，成本也均匀发生。按照甲公司收入确认政策，甲公司在商品房竣工验收且交付乙后确认收入，假设不考虑税费等其他因素影响。

【案例解析】

（一）新收入准则重大融资成分分析

甲公司考虑了已承诺的对价金额与已承诺商品的现销价格之间的差额、企业将承诺的商品转让给客户与客户支付相关款项之间的预计时间间隔以及市场的现行利率等因素，认为该合同包含重大融资成分，应按重大融资成分处理。

（二）确定实际利率

准则要求，对交易价格与合同对价之间的差额，在合同期间内按实际利率法摊销。

此案例中现销价格 =2000 万元，合同对价 =1600 万元

设甲公司的实际利率为R，则有：

$1600(1+R)^5=2000$ 万元，R=4.56%

原准则对于实际利率的定义为：①具有类似等级的企业发行类似工具的现时利率；或②将应收的合同对价折现为商品现销价格时的折现率。新收入准则要求，应当使用将合同对价折现为商品现销价格时的折现率，该折现率一经确定不得因为后

续市场利率或者企业、客户信用风险而改变。

根据前述交易重构理论，其实应当使用企业与客户在合同开始时进行单独融资交易的利率作为折现率，该折现率反映了接受融资方的信用特征，一般实务中为增量借款利率。但是，我们通常假定企业设定的合同对价能够反映企业的增量借款利率。因为如果合同对价反映的利率比企业增量借款利率高，企业基于经济动因会选择外部借款而不会选择预收款折价销售。如果合同对价反映的利率比企业增量借款利率低，交易对方（客户）基于经济动因不会接受。因此，综合考虑到我国市场环境和历史惯例，我国准则中直接要求使用将合同对价折现为商品现销价格时的折现率，不再考虑增量借款利率问题，该处与国际财务报告准则存在略微差异。

（三）按实际利率分摊计算表

表 3-5-1　实际利率分摊计算表

单位：万元

日期	合同负债余额①＝①＋②＋③	融资费用②＝①×④	收现金额③	实际利率④
2015 年 1 月 1 日			1600	4.56%
2015 年 12 月 31 日	1600	73.02	0	
2016 年 12 月 31 日	1673.02	76.36	0	
2017 年 12 月 31 日	1749.38	79.84	0	
2018 年 12 月 31 日	1829.22	83.48	0	
2019 年 12 月 31 日	1912.70	87.30	0	
合计	2000	400	1600	

（四）具体会计处理

2015 年 1 月 1 日：

借：银行存款 1600

　　未确认融资费用 400

　　贷：合同负债 2000

2015 年 12 月 31 日，应确认第 1 年的融资费用，假设满足资本化条件：

借：开发成本 73.02

　　贷：未确认融资费用 73.02

借：开发成本 300

贷：银行存款、应付账款、应付员工薪酬等 300

根据前述分摊表，甲公司 2016 年至 2019 年各年应资本化计入开发成本的未确认融资费用分别为 76.36 万元、79.84 万元、83.48 万元、87.30 万元；此外，每年还应归集 300 万元的开发成本。

2019 年 12 月 31 日，甲公司向乙交付了商品房，履行了履约义务，应确认收入并结转成本：

借：合同负债 2000

贷：主营业务收入 2000（确认的营收大于收取的款项 1600 万元，包括 400 万元融资成本）

商品房完成开发建设并验收合格后，将开发成本结转进入开发产品：

借：开发产品 1900

贷：开发成本 1900

同时，结转主营业务成本：

借：主营业务成本 1900

贷：开发产品 1900

考虑重大融资成分后，收入为 2000 万元，成本为 1900 万元，不考虑重大融资成分的收入为 1600 万元，成本为 1500 万元，对净利润没有影响。

第三节 销售佣金处理

一、新收入准则相关规定分析

新收入准则引入了“合同取得成本”这一概念。企业为取得合同发生的增量成本预期能够收回的，应当作为合同取得成本确认为一项资产。增量成本，是指企业不取得合同就不会发生的成本，如销售佣金等。根据前述规定确认的与合同取得成本有关的企业资产，应当采用与该资产相关的商品收入确认相同的基础（在履约义务履行的时点或按照履约义务的履约进度）进行摊销，计入当期损益。

二、新收入准则实施情况分析

执行新收入准则的房地产公司，将商品房预售时为签订商品房预售合同而发生的佣金和印花税等增量成本资本化为合同取得成本，计入其他流动资产或者其他非流动资产；在相关商品房确认销售收入时，由其他流动资产或其他非流动资产结转至当期损益。

由于将销售佣金先资本化计入其他流动资产或者其他非流动资产，无须费用化直接计入利润表，从而可以增加当期净利润，并增加当期资产，对财务报表具有一定的正向作用。

三、销售佣金问题分析

就具体会计处理而言，房地产企业发生佣金等支出时，符合增量成本概念且预期能够收回的，借记“合同取得成本”科目，贷记“银行存款”等科目。根据准则规定确认为资产的合同取得成本，初始确认时摊销期限不超过一年或一个正常营业周期的，在资产负债表中计入“其他流动资产”项目；初始确认时摊销期限在一年或一个正常营业周期以上的，在资产负债表中计入“其他非流动资产”项目。对合同取得成本进行摊销时，按照其相关性借记“销售费用”等科目，贷记“合同取得成本”科目。

当然，房地产企业也可以选择简化操作，对于摊销期限不超过一年的合同取得成本，准则允许在发生时直接计入当期损益。但是，企业采用该简化操作后，应当对所有类似合同一致采用，不得随意变更。

第四节　报表列报项目变化

一、新收入准则相关规定分析

新收入准则引入了合同资产与合同负债概念。本编第一章、第三章已经对合同资产的概念以及与应收款项的区分进行了详细介绍与分析，此处不再赘述。新收入准则规定，合同负债，是指企业已收或应收客户对价而应向客户转让商品的义务。企业在向客户转让商品之前，如果客户已经支付了合同对价或企业已经取得了无条件收取合同对价的权利，则企业应当在客户实际支付款项与到期应支付款项孰早时点，将该已收或应收的款项列示为合同负债。如本编第三章所述，在新收入准则下，允许企业设置“合同结算”科目，以核算同一合同下属于在某一时段内履行履约义务涉及与客户结算对价的合同资产或合同负债。

二、新收入准则实施情况分析

执行新收入准则的房地产企业，存货中“建造合同形成的已完工未结算资产”明细项目，属于“合同结算”的借方余额，需要全部重分类至“合同资产”或“其他非流动资产”；相关预收款项（如预收的商品房销售款），需要被重分类至“合同负债”或“其他非流动负债”。需要说明的是，尚未向客户履行转让商品的义务而已收或应收客户对价中的增值税部分，因不符合合同负债的定义，不应确认为合同负债。

第四编

新金融工具准则

第一章

新金融工具准则下或有对价疑难问题

在并购重组交易中，交易双方会基于标的公司的盈利情况，对交易价格进行相应调整，调整的方式包括收购方通过发行额外证券、支付额外现金等方式追加合并对价，或者要求交易对方返还之前已经支付的对价。这种根据标的公司后续盈利情况对交易价格进行的调整，即会计准则所称的或有对价安排。

对此类安排的会计处理，由于会计准则规定较为分散和原则，且其会计处理过程中涉及较多专业判断，在实务中历来问题较多，理解难度也较大。

本章对并购重组交易中与或有对价相关的问题进行梳理和分析，并结合会计准则相关规定，对或有对价安排的规范会计处理方式进行系统阐述。

第一节　并购重组中或有对价会计处理常见误区

一、未及时按规定确认或有对价

针对附有业绩补偿条款的并购交易，部分公司在确定企业合并成本时未恰当考虑或有对价的影响，在购买日及后续会计期间将或有对价的公允价值简单计量为零，或在后续结算年度将实际支付或收到的补偿直接一次性计入当期损益。特别是当标的公司业绩已经出现明显下滑，甚至已经触发业绩补偿条件时，仍没有及时确认或有对价形成的金融资产，而是在最终收到补偿后一次性计入当期损益，此种处理方式，将本应平滑计入各期的收益，一次性计入某一会计期间，对财务报表造成扭曲。

二、或有对价会计计量不合规

在实务中，部分业绩补偿款由于交易对方的信用风险和偿付能力变化，实际能收取的金额已经发生较大变化，甚至可能发生完全无法收回的风险，但公司并没有及时根据情况的变化，对或有对价形成的金融资产公允价值进行调整。在计量或有对价公允价值时，未充分考虑支付方的信用风险及偿付能力，将虚增报表的当期利润。

三、或有对价会计确认不准确

部分公司将与业绩承诺实现情况关联的股份补偿，计入了权益工具，调整了股本、资本公积等项目，未将其确认为金融资产。但此类股份补偿在初始通常不满足权益工具“固定换固定”的确认条件，不得确认为权益工具。如误将或有对价计入权益工具，或有对价后续的公允价值变动，将无法体现在报表之中。

四、或有对价收益确认与商誉减值计提不配比

在实务中，部分公司在确认或有对价形成的收益的同时，并未同步计提商誉减值；或者计提的商誉减值金额远小于确认的业绩补偿收益。如或有对价收益确认与商誉减值计提不配比，将导致公司虽然实施了一笔“失败”的收购，但却确认了正向的收益，会对报表使用者形成误导。

第二节　现行准则规定梳理与归纳

一、非同一控制下企业合并涉及或有对价的会计处理规定

对于非同一控制下企业合并涉及的或有对价，购买方应当将合并协议约定的

或有对价作为企业合并转移对价的一部分，按照其在购买日的公允价值计入企业合并成本。根据新金融工具准则以及其他相关准则的规定，或有对价符合权益工具和金融负债定义的，购买方应当将支付或有对价的义务确认为一项权益或负债；符合资产定义并满足资产确认条件的，购买方应当将符合合并协议约定条件的、可收回部分已支付合并对价的权利确认为一项资产。

购买日后12个月内出现对购买日已存在情况的新的或者进一步证据而需要调整或有对价的，应当予以确认并对原计入合并商誉的金额进行调整；其他情况下发生的或有对价变化或调整，应当区分以下情况进行会计处理：或有对价为权益性质的，不进行会计处理。或有对价为资产或负债性质的，如果属于新金融工具准则中的金融工具的，该金融资产或金融负债应当分类为以公允价值计量且其变动计入当期损益的金融资产或金融负债（新金融工具准则明确，或有对价形成金融资产或金融负债的，只允许以公允价值计量且其变动计入当期损益）。

同时，根据新金融工具准则要求，对于金融资产与金融负债前期公允价值变动损益，不需要再转入投资收益。由此可以发现，如果一项金融工具在当年确认后，当年即终止确认的，将相关公允价值变动损益转入投资收益更能反映当年相关金融工具的真实投资收益情况。因为如果不转入投资收益，则当年的投资收益仅反映了终止确认环节处置对价与金融工具账面价值差额的部分，对于金融工具前期的公允价值变动损益形成的投资收益没有进行反映。但如果一项金融工具在当年确认后，在以后年度才终止确认，此时由于公允价值变动损益项目作为损益类项目已经在以前年度利润表结平，如后续年度再将以前年度公允价值变动损益转入投资收益，则后续年度公允价值变动损益可能出现负数，且将一项金融工具的同一部分收益在不同年度报表的不同项目反映两次（以前年度体现在公允价值变动损益，终止确认当年体现在投资收益），不利于报表使用者理解相关财务信息。因此，也有观点认为，可以区分相关金融工具是否在当年终止确认分别处理，如当年终止确认的，则将公允价值变动损益转入投资收益；以后年度才终止确认的，则不再将公允价值变动损益转入投资收益。但对于上市公司而言，其季报、半年报也需要公开披露，如果相关金融工具在当季取得，下季度终止确认，在季度报告中同样会面临上述跨年终止确认的问题，且导致此处会计处理复杂程度上升。综合考虑后，新金融工具准则明确，对于金融资产与金融负债前期公允价值变动损益，统一不再转入投资收益。

如果不属于新金融工具准则中的金融工具，应按照或有事项准则或其他相应的准则处理。

需要说明的是，《1号指引》对我国实务中或有对价后续计量问题进行了明确。《1号指引》规定，在非同一控制下企业合并形成的或有对价中，若购买方根据标的公司的业绩情况确定收回自身股份的数量，该或有对价在购买日不满足“固定换固定”的条件，不属于一项权益工具，而是属于一项金融资产。因此，购买方应当在购买日将该或有对价分类为以公允价值计量且其变动计入损益的金融资产。随着标的公司实际业绩的确定，购买方能够确定当期应收回的自身股份的具体数量，则在当期资产负债表日，该或有对价满足“固定换固定”的条件，应将其重分类为权益工具（其他权益工具），以重分类日相关股份的公允价值计量，并不再核算相关股份的后续公允价值变动。在实际收到并注销股份时，终止确认上述其他权益工具，并相应调整股本和资本公积等。

二、同一控制下企业合并涉及或有对价的会计处理规定

同一控制下企业合并形成的长期股权投资，初始投资时，应按照或有事项准则的规定，判断是否应就或有对价确认预计负债或者资产，以及应确认的金额；确认预计负债或资产的，该预计负债或资产金额与后续或有对价结算金额的差额不影响当期损益，而应当调整资本公积，资本公积不足冲减的，调整留存收益。

第三节　或有对价具体会计处理方式

如前分析，由于现行准则对或有对价的处理规定较为原则，在实务中，部分公司对或有对价的处理存在一定误区。本章后续根据或有对价原则化的规定，明确各类情形下具体如何进行会计处理，并以实务中常见的“1元回购股份注销”为例，详细说明处理过程。

一、非同一控制下企业合并涉及或有对价的会计处理方式

（一）合并财务报表层面

1. 或有对价初始确认

购买方于购买日应当将合并协议约定的或有对价作为合并对价的一部分，按照其在购买日的公允价值计入企业合并成本。具体会计处理为：

借：长期股权投资

交易性金融资产（或有对价形成金融资产）

贷：银行存款

交易性金融负债（或有对价形成金融负债）

其他权益工具（或有对价形成权益工具，有可能在借方）

2. 或有对价后续处理

（1）购买日后 12 个月内出现对购买日已存在情况的新的或者进一步证据而需要调整或有对价的，应当予以确认并对原计入合并商誉的金额进行调整（在母公司个别财务报表中，体现为长期股权投资账面价值的调整）。

（2）其他情况下发生的或有对价变化或调整：

①或有对价为权益性质的，后续不需要重新计量及确认其公允价值变动，不进行会计处理。

②或有对价为资产或负债性质的，如果属于金融工具，应以公允价值计量且其变动计入当期损益进行会计处理。具体会计处理为：

借：交易性金融资产（有可能在贷方）

贷：公允价值变动损益

交易性金融负债（有可能在借方）

如果或有对价形成的金融资产后续是通过股份补偿的，补偿股份的公允价值应根据购买日以及后续资产负债表日股票的公允价值（如果是上市公司，即为当天收盘价）以及回购股份的概率确定，而不应按照并购重组协议（包括业绩补偿协议，下同）中约定的股票发行价格确定。发行价格只是并购重组协议中用以确定所需补偿股票数量的参数，不能用来计量补偿股份的公允价值，后续将详细分析该问题。

同时，如果后续标的公司实际业绩确定，购买方能够确定当期应收回的自身

股份的具体数量，则在当期资产负债表日，该或有对价满足“固定换固定”的条件，应将相关金融资产与金融负债重分类为权益工具（其他权益工具），以重分类日相关股份的公允价值计量（重分类日一般即为资产负债表日），不能按重分类日补偿股票的数量与原股票发行价格计量，也不再核算相关股份的后续公允价值变动。后续将详细分析该问题。具体会计处理为：

借：其他权益工具

　　贷：交易性金融资产

或者借：交易性金融负债

　　　　贷：其他权益工具

3. 或有对价结算

业绩承诺期结束后，无论将或有对价确认为金融资产、金融负债还是权益工具，均会涉及结算问题。根据标的公司最终实现的业绩情况，购买方可能会要求返还之前已支付对价或额外支付合并对价。具体会计分录为：

（1）或有对价为权益性质（通常出现在股份补偿中）

借：库存股（有可能在贷方）

　　贷：其他权益工具（有可能在借方）

　　　　银行存款（通常名义价格为 1 元，可以忽略）

借：股本（有可能在贷方）

　　资本公积（有可能在贷方）

　　贷：库存股（有可能在借方）

如前所述，如果后续标的公司实际业绩确定，购买方能够确定当期应收回（或应发行，下同）的自身股份数量，或有对价将重分类为权益工具，则在实际收到并注销股份时（或发行股份时，下同），应终止确认上述其他权益工具，并相应调整股本和资本公积等。如根据协议约定后续，无须结算，则将其他权益工具转入资本公积。

（2）或有对价属于金融资产或者金融负债（以现金补偿为例）：

借：银行存款等

　　贷：交易性金融资产

或者借：交易性金融负债

贷：银行存款等

需要说明的是，以下两类业绩补偿需要按权益性交易处理：

如果业绩补偿款直接由交易对方（卖方）支付给标的公司，在标的公司个别财务报表层面，按权益性交易处理，计入资本公积；收购方（上市公司）合并财务报表层面，继续按或有对价进行会计处理，不得按权益性交易处理。

如果在并购重组交易中，购买方控股股东既不属于购买方也不属于出售方，但由购买方控股股东对购入标的资产作出业绩承诺的，需按权益性交易处理。

4. 返还股份结算或有对价处理方式的争议与回应

在返还股份结算或有对价时，其他权益工具不能按重分类日补偿股票的数量与原股票发行价格计量，必须按重分类日股票的公允价值入账。在具体处理中，每年年末，需要按应收补偿股份在计量日的公允价值重新计量或有对价，在标的公司实际业绩确定时，购买方将能够确定当期应收回的自身股份的具体数量，则在当期资产负债表日，该或有对价满足“固定换固定”的条件，应将其重分类为权益工具（其他权益工具），以重分类日相关股份的公允价值计量。

实务中对此处理存在一定争议。如果按目前口径处理，当重分类日公司股价相比发行价格上涨或下跌幅度较大时，会出现较难理解的财务后果。

（1）规范处理方式的理论基础

此处会计处理规范的理论基础为交易分解理论。先假设购买方收到现金补偿，所需现金补偿金额为根据约定计算的应补偿股票数量乘以重分类日股票市价。上市公司取得该现金补偿款后，立即以收到现金补偿，按股票市价回购交易对方持有的公司股份。根据交易分解理论，此处的股票只是现金补偿的替代形式，不能因为补偿形式的变化改变会计处理原则。因此，分解后处理分录如下：

借：银行存款（根据约定计算的应补偿股票数量乘以重分类日股票市价）

　　贷：交易性金融资产

借：其他权益工具（之后转入库存股）

　　贷：银行存款（按市价回购股票）

（2）规范处理方式的财务后果分析

按此处理方式，如果后续上市公司股价相比收购标的公司时股票发行价格上涨或下跌幅度较大时，可能导致确认的补偿收益过高（甚至超过原购买标的资产的价格）或者过低。因此，实务中有一种观点认为，应该按发行股份购买资产时的股票发行价格，计算其他权益工具入账价值，以避免上市公司股价的波动影响业绩补偿收益。但是，从财务后果角度，无论是按股票发行价格计算还是按市价计算，对净资产影响金额均一致，不会虚增或者虚减上市公司净资产，差别仅在于利润表和净资产内部结构是否反映应返还股份股价波动的影响。可以简化案例具体说明：

【案例1】

2020年A上市公司发行股票收购甲公司持有的B公司100%股份。B公司净资产作价10亿元，A上市公司发行1亿股作为对价，发行价格为10元/股，A上市公司确认9亿元商誉。甲公司作为交易对方承诺，收购完成后B公司一年内应实现税后利润累计不低于5亿元，若未能实现业绩承诺，则以业绩承诺未实现比例与交易对价为基础计算应补偿金额，即应补偿金额=（截至当期期末累积承诺净利润数－截至当期期末累积实际净利润数）/盈利承诺期内累积承诺净利润数 × 标的资产交易价格。按股票发行价格10元/股计算应返还股票数量，即应补偿的股票数量=应补偿金额/股票发行价格，由A上市公司以1元回购。

2020年B公司累计实现税后利润2亿元，完成40%业绩承诺。根据约定，甲公司应补偿金额为6亿元，需要补偿的股票数量为0.6亿股，假设不考虑税费等其他因素。

情形一：假设A上市公司2020年年底股票市价为20元/股，会计处理如下：

借：交易性金融资产 12

　　贷：公允价值变动损益 12

借：其他权益工具 12

　　贷：交易性金融资产 12

借：库存股 12

　　贷：其他权益工具 12

　　　　银行存款 1元（此处忽略不计）

借：股本 0.6

　　资本公积——股本溢价 11.4

　　贷：库存股 12

由于业绩承诺未达标，需要计提商誉减值损失。假设经过评估，计提5亿元商誉减值损失。处理后，A上市公司利润表公允价值变动损益增加12亿元，资产减值损失增加5亿元，净利润增加7亿元，留存收益增加7亿元。由于库存股注销，股本和资本公积合计减少12亿元，净资产整体影响为减少5亿元。

情形二：假设A上市公司2020年年底股票市价为5元/股，会计处理如下：

借：交易性金融资产3

　　贷：公允价值变动损益3

借：其他权益工具3

　　贷：交易性金融资产3

借：库存股3

　　贷：其他权益工具3

　　　　银行存款1元（此处忽略不计）

借：股本0.6

　　资本公积——股本溢价2.4

　　贷：库存股3

由于业绩承诺未达标，需要计提商誉减值损失。假设经过评估，计提5亿元商誉减值损失。处理后，A上市公司利润表公允价值变动损益增加3亿元，资产减值损失增加5亿元，净利润减少2亿元，留存收益减少2亿元。由于库存股注销，股本和资本公积合计减少3亿元，净资产整体影响为减少5亿元。

可以发现，两种情形下对A上市公司净资产影响均相同，差异仅在于利润表与净资产内部结构。

（3）确认应返还股份股价波动的理由

①符合现行相关准则的规定

根据新金融工具准则，在标的公司业绩确定前，由于不满足“固定换固定”的原则，该等或有对价不得确认为权益工具，只能确认为金融资产，并以公允价值计量且其变动计入当期损益。

有观点认为，在并购重组交易中，交易对方所取得股票通常为限售股，因此发行价格才是计量相关补偿股票公允价值的恰当基础。但《企业会计准则第39号——公允价值计量》明确规定，企业以公允价值计量自身权益工具时，应当遵循下列原则：存在相同或类似企业自身权益工具可观察市场报价的，应当以该报价为基础确定企业自身权益工具的公允价值。不存在相同或类似企业自身权益工具可观察市场报价，但其他方将其作为资产持有的，企业应当在计量日从持有该资产的市场参与者角度，以该资产的公允价值为基础确定自身权益工具的公允价值。当该资产的某些特征不适用于所计量的企业自身权益工具时，企业应当根据该资产的公允价值进行调整，以调整后的价值确定企业自身权益工具的公允价值，这些特征包括资产出售受到限制等。企业以公允价值计量相关资产，应当考虑出售或使用该资产所存在的限制因素。企业为合理确定相关资产的公允价值，应当区分该限制是针对资产持有者的，还是针对该资产本身的。如果该限制是针对相关资产本身的，那么此类限制是该资产具有的一项特征，任何持有该资产的企业都会受到影响，市场参与者在计量日对该资产进行定价时会考虑这一特征。因此，企业以公允价值计量该资产，应当考虑该限制特征。如果该限制是针对资产持有者的，那么此类限制并不是该资产的特征，只会影响当前持有该资产的企业，而其他企业可能不会受到该限制的影响，市场参与者在计量日对该资产进行定价时不会考虑该限制因素。因此，企业以公允价值计量该资产时，也不应考虑针对该资产持有者的限制因素。

在并购重组交易中，通常难以直接取得回购自身权益工具的可观察市场报价，但上市公司的权益工具被交易对方作为资产持有。同时，虽然交易对方持有的上市公司股票存在受限的情况，但该限制是针对资产持有者而非资产本身。对于上市公司而言，其自身权益工具并不存在受限的情况，因此上市公司在计量自身权益工具公允价值时，不需要考虑交易对方作为资产持有者所受到的限制，应直接以购买日以及后续资产负债表日股票的公允价值计量补偿股份的公允价值。

②一致的处理标准并不妨碍报表的可比性

实务中考虑的另一个问题在于，对于此类返还股份形式的或有对价，不同公司在计量其公允价值时，采用的价格基础不一致，部分采用资产负债表日市价，部分采用发行时价格，容易导致报表不可比。同时，采用市价时，利润表可能会确认巨额的业绩补偿收益，容易误导投资者。

对于该问题，一方面，监管部门已经明确需要采用资产负债表日市价计量应返还股份的公允价值，由于部分公司未严格执行，导致报表不可比；另一方面，关于业绩补偿确认的收益，也已经明确属于非经常性损益，无论金额大小，均不影响“扣除非经常性损益后的归属母公司所有者的净利润”这一重要会计指标。

③应该如实反映公司作为交易一方所取得的补偿收益

虽然从对净资产影响而言，无论何种处理均不会造成虚增或者虚减净资产。但是，从交易角度分析，如果上市公司股价巨幅上涨，且严格按照应补偿金额和重分类日股价计算，交易对方其实只需要补偿较少的股份即可达到补偿金额标准，而由于计算应补偿股票数量时固定了价格（按发行价格计算），交易对方由此需要付出更多股份。公司作为交易一方，确实享受了股价上升带来的收益，通过利润表和净资产结构调整以恰当反映这种收益是有必要的。特殊之处在于，用于补偿的股票为公司自身股票且最终需要注销，所以无论其股价如何变化，最终对上市公司净资产没有实质影响。

（二）个别财务报表层面

在个别财务报表层面，根据长期股权投资准则的规定，与非同一控制下企业合并形成的长期股权投资相关的或有对价，参照企业合并准则的有关规定进行会计处理，即在购买日确定合并所形成的长期股权投资成本以后，后续因为标的公司实际实现利润等情况对或有对价及其公允价值的调整，应计入当期损益。

二、同一控制下企业合并涉及或有对价的会计处理方式

（一）或有对价初始确认

借：长期股权投资

　　其他应收款

　　资本公积（可能在贷方，不足冲减的，冲减留存收益）

　　贷：银行存款

　　　　预计负债

需要说明的是，同一控制下企业合并涉及或有对价的，初始确认时即调整资本公积，不得调整长期股权投资入账价值（同一控制下企业合并形成的长期股权投资入账价值，应按被收购方净资产在最终控制方合并财务报表中账面价值的份额确认，包括最终控制方收购时形成的商誉）。同时，或有负债和或有资产不符合负债或资产的定义和确认条件，企业不应当确认为负债和资产，而应当按照或

有事项准则的规定进行相应的披露。当或有负债符合预计负债确认条件时，应当予以确认。如果某一时点企业基本确定能够收到某项或有资产并且其金额能够可靠计量，则应当将其确认为企业的资产（其他应收款等）。

（二）或有对价结算

借：银行存款等

　　预计负债

　　贷：其他应收款

　　　　银行存款等

　　　　资本公积（也可能在借方，不足冲减的，冲减留存收益）

预计负债或其他应收款与结算金额差额计入所有者权益，不影响损益。

第四节　案例分析与解读

【案例2】

2019年，甲公司拟通过发行股份及支付现金购买乙公司100%股权（非同一控制下企业合并）。乙公司股权评估值为1,400,000,000元。甲公司向乙公司股东发行10,000万股股份并支付现金金额600,000,000元，发行价格为8元/股，2019年5月交易实施完毕。乙公司原股东承诺，乙公司在业绩承诺期内各年度的净利润数如下：2019年度100,000,000元；2020年度200,000,000元；2021年度300,000,000元。如乙公司在业绩承诺期内实现的实际净利润数低于承诺净利润数，原股东应按照约定对甲公司予以补偿。补偿条款如下：

业绩承诺期内，标的资产截至当期期末累积实际净利润数低于截至当期期末累积承诺净利润数，原股东应当对上市公司进行补偿。当年应补偿金额＝（截至当期期末累积承诺净利润数－截至当期期末累积实际净利润数）/业绩承诺期内累积承诺净利润数×标的资产交易价格－已补偿金额。对于当年应补偿金额，乙公司原股东应优先使用股票进行补偿，当年应补偿的股份数应按甲公司发行股份时发行价格计算确定，且由甲公司按1元对价回购后注销（商业实质为将股份无偿返还甲公司）。此外，对于当年补偿的股份，无论以后年度乙公司业绩情况如何，均不再退回。

假设乙公司2019年12月31日确定其2019年度净利润（以扣除非经常性损益后归属于母公司股东的净利润数为计算依据）为90,000,000元（假设后续经审计净利润与此一致），较承诺的100,000,000元少了10,000,000元，完成承诺业绩的90%。根据协议约定，原股东应补偿股份数为292万股。2020年5月1日，甲公司以1元对价回购补偿股份。回购的股票于2020年5月12日完成注销手续。

购买日，甲公司管理层预期乙公司能够完成承诺业绩的90%，原股东应补偿股份总数为1750万股。2019年，乙公司虽然完成承诺业绩的90%，但考虑到乙公司所处行业竞争情况的变化，管理层调整预期业绩承诺完成率为80%，预计原股东应补偿股份总数为3500万股。

购买日，甲公司股价为8.5元/股；2019年12月31日，甲公司股价为9元/股；股份回购日，甲公司股价为8.5元/股；注销日，甲公司股价为9.5元/股。不考虑其他因素，对于该案例，具体会计处理如下：

【案例解析】

一、或有对价初始确认

或有对价于购买日的公允价值应考虑标的公司预期未来业绩承诺完成情况、支付方的信用风险及偿付能力等因素予以确定。购买日，甲公司预期补偿股份总数为1750万股，当日甲公司股价为8.5元/股，假设不考虑支付方信用风险与偿付能力等因素，该或有对价于购买日的公允价值为148,750,000元（1750万股×8.5元/股）。甲公司在购买日进行会计处理如下：

借：长期股权投资 1,301,250,000

　　交易性金融资产 148,750,000

　　贷：股本 100,000,000

　　　　资本公积 750,000,000

　　　　（10,000万股×8.5元/股−100,000,000）

　　　　银行存款 600,000,000

此处需要特别说明的是，在发行股份购买资产交易中，合并成本的确定存在一定特殊性。具体而言，企业会计准则明确规定，合并成本为购买方在购买日为取得被购买方的控制权而发行的权益性证券的公允价值。在确定所发行权益性证券的公允价值时，对于购买日存在公开报价的权益性证券，其公开报价提供了确定公允价值的最好依据，除非在非常特殊的情况下，购买方能够证明权益性证券在购买日的公开报价不能可靠地代表其公允价值，并且用其他的证据和估价方法能够更好地计量公允价值时，可以考虑其他证据和估价方法。因此，在本案例中，其合并成本确定以购买日的股价 8.5 元作为依据（或有对价公允价值的也按 8.5 元确定）。

然而，在具体实务中，上市公司一般按董事会决议公告日前 20 个交易日、60 个交易日或 120 个交易日的股票交易均价的 90% 定价，作为股份发行价格并确定所需发行股票数量。由于发行股份购买资产存在一定审核周期，其定价时点和购买日时点存在较长时间间隔，在此期间公司股票价格可能会由于多种因素出现较大波动，造成确定的发行价格与购买日价格明显不同，此时再根据购买日的价格计算合并成本会出现不合理的结果。

因此，监管部门明确，在董事会就企业合并事项的决议公告日到购买日之间时间相隔较长，且在此期间公司股票价格出现大幅度波动的情况下，如果作为合并对价发行的股票同时附有一定限售期和限售条件的，可以采用适当的估值技术确定公司发行股票的价值，并据此计算企业合并成本。在极特殊的情况下，如果上市公司能够证明被购买方的公允价值可以更可靠地确定，亦可以以购买日被购买资产的公允价值为基础计算确定合并成本。基于前述原因，在目前发行股份购买资产交易中，大部分合并成本的确定，是以被购买方在购买日的公允价值为基础计算确定的，即直接采用发行股份购买资产确定的发行价格计算合并成本（该发行价格和对应的发行股数反映了购买日被购买资产的公允价值），并没有采用上市公司购买日当天股票市价计算合并成本。

二、或有对价后续处理

2019 年 12 月 31 日，甲公司预期补偿股份总数为 3500 万股，或有对价的公允价值应调整为 315,000,000 元（3500 万股 ×9 元 / 股）。甲公司会计处理如下：

借：交易性金融资产 166,250,000（315,000,000−148,750,000）

　　贷：公允价值变动损益 166,250,000

同时，由于 2019 年 12 月 31 日已经确定乙公司 2019 年度净利润，从而确定原股东应补偿股份数为 292 万股，满足“固定换固定”的条件，应将上述部分交易性金融资产重分类为其他权益工具：

借：其他权益工具 26,280,000

　　贷：交易性金融资产 26,280,000（292 万股 ×9 元 / 股）

三、或有对价结算

2020 年 5 月 1 日，甲公司以 1 元名义价格向乙公司原股东回购 292 万股份。此部分回购的股份在回购日的公允价值为24,820,000元（292万股 ×8.5元/股），但甲公司已经将该部分金融资产重分类至其他权益工具，因此不应再核算上述292万股的后续公允价值变动。甲公司会计处理如下：

借：库存股 26,280,000

　　贷：其他权益工具 26,280,000

　　　　银行存款 1（1元名义回购价格，此处忽略不计）

四、回购股份注销

2020年5月12日，甲公司注销补偿股份。根据新金融工具准则规定，注销自身权益工具时，甲公司应当作为权益变动处理，不确认权益工具的公允价值变动。甲公司会计处理如下：

借：股本 2,920,000

　　资本公积 23,360,000

　　贷：库存股 26,280,000

五、商誉减值计提

由于收购方甲公司将应收业绩补偿确认为金融资产（在重分类日之前），继而其公允价值变动产生了收益。同时，标的公司乙公司业绩已经出现不达标的情况，表明商誉资产可能发生了减值。因此，甲公司应当进行商誉减值测试，如商誉存在减值的，应进行如下会计处理（商誉减值测试的具体方法可参见第二编第十章）：

借：资产减值损失

　　贷：商誉——商誉减值准备

同时，或有对价形成的损益应作为非经常性损益，商誉减值损失应作为经常性损益。

第二章

新金融工具准则下应收票据疑难问题

本章聚焦新金融工具准则下应收票据系列问题，包括应收票据的初始确认、减值计提（包括衍生的递延所得税问题）、终止确认及列报问题，同时对应收账款和应收票据报表列报变化进行解释。

第一节　应收票据初始确认与列报

金融资产的分类是确认和计量的基础。在新金融工具准则下，企业应当根据其管理金融资产的业务模式和金融资产的合同现金流量特征，将金融资产划分为三类：以摊余成本计量的金融资产；以公允价值计量且其变动计入其他综合收益的金融资产；以公允价值计量且其变动计入当期损益的金融资产。上述分类一经确定，不得随意变更。根据企业管理模式和合同现金流量特征，应收票据在实务中，也可以分为前述三类中的一种。

一、应收票据分类为以摊余成本计量的金融资产

准则规定，金融资产同时符合下列条件的，应当分类为以摊余成本计量的金融资产：（1）企业管理该金融资产的业务模式是以收取合同现

金流量为目标。（2）该金融资产的合同条款规定，在特定日期产生的现金流量，仅为对本金和以未偿付本金金额为基础的利息的支付。

由此可见，根据前述条件，绝大部分企业的应收票据应该分类为以摊余成本计量的金融资产，即以收取合同现金流为目标。因此，在报表上列报为“应收票据”。准则也明确，“应收票据”科目即是核算以摊余成本计量的商业汇票，包括银行承兑汇票和商业承兑汇票。

应收账款和应收票据，应付账款和应付票据在报表列报上分分合合，引起部分实务界人士不解。据笔者了解，2018年我国存托凭证（以下简称CDR）推出后，境外上市公司准备回国实现第二上市，面临国际财务报告准则、美国公认会计原则和我国准则体系下财务报表披露格式的差异问题。国际财务报告准则和美国公认会计原则下的报表项目，没有类似我国的严格报表格式，对应收类和应付类项目披露比较简略。经过相关方沟通，为了协调相关企业CDR发行后财务报表披露问题，我国将应收利息、应收股利合并到其他应收款，应收票据合并到应收账款，相关CDR发行企业也必须遵守我国修订后的报表格式。

该修订发布后，实务界有观点认为，应收票据与应收账款信息对大部分公司都很重要，且票据和账款信用风险存在明显差异，建议继续分开列报，而相关企业CDR发行也没有进一步的进展。准则制定部门在2019年发布一般财务报表格式时，将应收账款和应收票据再次分开。

二、应收票据分类为以公允价值计量且其变动计入其他综合收益的金融资产

准则规定，金融资产同时符合下列条件的，应当分类为以公允价值计量且其变动计入其他综合收益的金融资产：（1）企业管理该金融资产的业务模式既以收取合同现金流量为目标又以出售该金融资产为目标。（2）该金融资产的合同条款规定，在特定日期产生的现金流量，仅为对本金和以未偿付本金金额为基础的利息的支付。

有些企业在其日常经营活动中，会根据情况选择部分商业汇票频繁用于背书或贴现，且涉及的金额较重大。如果相关应收票据背书或贴现满足终止确认条件（终止确认问题后述），由此导致应收票据的业务模式“既以收取合同现金流量为目标又以出售该金融资产为目标”，且应收票据符合本金加利息的合同现金流

量特征，按规定应当分类为以公允价值计量且其变动计入其他综合收益的金融资产。

在报表上，该类应收票据应该列报为“应收款项融资”。该项目为2019年新增报表项目，专门用于反映资产负债表日以公允价值计量且其变动计入其他综合收益的应收票据和应收账款等。

需要特别说明的是，准则制定部门在金融工具准则实施问答中强调，尽管企业持有金融资产是以收取合同现金流量为目标，但是企业无须将所有此类金融资产持有至到期。因此，即使企业出售金融资产或者预计未来出售金融资产，此类金融资产的业务模式仍然可能是以收取合同现金流量为目标。企业在评估金融资产是否属于该业务模式时，应当考虑此前出售此类资产的原因、时间、频率和出售的价值，以及对未来出售的预期。但是，此前出售资产的事实只是为企业提供相关依据，而不能决定业务模式。如果企业能够解释出售的原因并且证明出售并不反映业务模式的改变，出售频率或者出售价值在特定时间内增加不一定与以收取合同现金流量为目标的业务模式相矛盾。即使企业在金融资产的信用风险增加时为减少信用损失而将其出售，金融资产的业务模式仍然可能是以收取合同现金流量为目标的业务模式。如果企业在金融资产到期日前出售金融资产，即使与信用风险管理活动无关，在出售只是偶然发生（即使价值重大），或者单独及汇总而言出售的价值非常小（即使频繁发生）的情况下，金融资产的业务模式仍然可能是以收取合同现金流量为目标。此外，如果出售发生在金融资产临近到期时，且出售所得接近待收取的剩余合同现金流量，金融资产的业务模式仍然可能是以收取合同现金流量为目标。因此，不能仅因存在出售情况或者出售超过一定比例而认为管理该金融资产的业务模式不是以收取合同现金流量为目标。

基于上述规定，我们在判断应收票据是否应分类为以公允价值计量且其变动计入其他综合收益的金融资产时，应该更加审慎。

三、应收票据分类为以公允价值计量且其变动计入当期损益的金融资产

准则规定，企业分类为以摊余成本计量的金融资产和以公允价值计量且其变动计入其他综合收益的金融资产之外的金融资产，应当分类为以公允价值计量且

其变动计入当期损益的金融资产。在初始确认时，如果能够消除或显著减少会计错配，企业可以将金融资产指定为以公允价值计量且其变动计入当期损益的金融资产。该指定一经作出，不得撤销。

在实务中，对于绝大部分企业而言，应收票据不满足划分为以公允价值计量且其变动计入当期损益的金融资产的条件。但是，在非常罕见的情况下，如果个别企业有非常充分的证据表明，其在日常经营活动中，应收票据的业务模式仅为以出售该金融资产为目标，不以收取合同现金流量为目标，其可以将应收票据指定为以公允价值计量且其变动计入当期损益的金融资产。在报表上，对该类应收票据应该列报到“交易性金融资产”项目。

第二节 应收票据减值计提与列报

一、准则规定与分析

企业会计制度曾明确规定，企业持有的应收票据不得计提坏账准备，待到期不能收回的应收票据转入应收账款后，再按规定计提坏账准备。可能受企业会计制度影响，实务中部分企业没有对应收票据计提坏账准备的意识。

但新金融工具准则规定，分类为以摊余成本计量的金融资产和分类为以公允价值计量且其变动计入其他综合收益的金融资产，应当以预期信用损失为基础进行减值会计处理并确认损失准备。对于由新收入准则规范的交易形成的应收款项或合同资产，如果未包含新收入准则所定义的重大融资成分，或企业根据新收入准则规定不考虑不超过一年的合同中的融资成分，或者虽然包含新收入准则所定义的重大融资成分，同时企业作出会计政策选择，按照相当于整个存续期内预期信用损失的金额计量损失准备的，企业应当始终按照相当于整个存续期内预期信用损失的金额计量其损失准备。

同时，准则规定，企业对预期信用损失的估计，是概率加权的结果，应当始终反映发生信用损失的可能性以及不发生信用损失的可能性（即便最可能发生的结果是不存在任何信用损失），而不是仅对最坏或最好的情形作出估计。

因此，在新金融工具准则下，除计入交易性金融资产的票据资产外，无论是分类为以摊余成本计量的金融资产，还是分类为以公允价值计量且其变动计入其他综合收益的金融资产，无论是应收银行承兑汇票还是应收商业承兑汇票，都需要以预期信用损失为基础进行减值会计处理并恰当计提减值。由于企业对预期信用损失的估计，是概率加权的结果，应当始终反映发生信用损失的可能性以及不发生信用损失的可能性，不能直接假定应收票据不会发生信用损失而不计提坏账准备。

二、应收票据减值计提实务问题

（一）减值计提需要考虑的事项

应收票据无论是分类为以摊余成本计量的金融资产，还是分类为以公允价值计量且其变动计入其他综合收益的金融资产，其减值计提均需考虑如下事项，后续不再加以区分。

在计量应收票据预期信用损失时，应当考虑所有合理且有依据的信息，包括前瞻性信息，合理确定相关资产的减值方法和减值参数，并在每个资产负债表日进行重新评估，具体定量测算方法可以参考应收账款预期信用损失法。这里需要重点强调的是，企业在对应收票据计提坏账准备时，应当关注票据承兑人的不同所导致的违约风险差异。

就商业承兑汇票而言，企业一般应视同应收账款正常计提坏账准备。企业在收入确认时按应收账款进行初始确认，后又将该应收账款转为商业承兑汇票的，也应按照持续计算的原则，按预期信用损失法对应收票据计提坏账准备。

就银行承兑汇票而言，通常商业银行承兑的汇票信用风险较低，但是随着银行主体的多元性增强，在具体实务操作过程中，企业也需要充分识别相关银行的信用等级以及风险事件情况。

据统计数据，在近年的银行主体评级中，工商银行、农业银行、中国银行、建设银行、交通银行、邮政储蓄银行这 6 大国有银行以及中信银行、光大银行、招商银行、浦发银行、民生银行、华夏银行、平安银行、兴业银行、浙商银行、广发银行、渤海银行以及恒丰银行这 12 家股份制商业银行主体评级为 AAA 且展望稳定。另外 23 家外资银行中，18 家主体评级为 AAA 且展望稳定。但 134 家城市商业银行中，仅有 32 家主体评级为 AAA 且展望稳定，562 家农村商业银行中，仅有 11 家主体评级为 AAA 且展望稳定，5 家民营银行中仅 2 家主体评级为

AAA且展望稳定。48家农村信用合作社、6家农村合作银行和28家村镇银行中，仅1家主体评级达到了AA，其他主体评级均低于AA。

因此，企业可以根据承兑银行的评级情况对票据资产进行恰当分组，在分组的基础上差异化计量预期信用损失，从而更精确地计提坏账准备。就实务操作而言，较谨慎的处理为，将6大国有银行和12家股份制商业银行承兑的汇票作为一组（称为A组），将其他银行或财务公司承兑的汇票以及商业承兑汇票作为一组（称为B组），对于A组不计提减值准备一般而言是可以接受的。

（二）减值计提会计处理

1. 应收票据分类为以摊余成本计量的金融资产时

企业应当在资产负债表日计算应收票据的预期信用损失。如果该预期信用损失大于应收票据当前减值准备的账面金额，应当将其差额确认为减值损失，借记信用减值损失，贷记坏账准备。如果资产负债表日计算的预期信用损失小于应收票据当前减值准备的账面金额，则应当将差额确认为减值利得，做相反的会计分录。

2. 应收票据分类为以公允价值计量且其变动计入其他综合收益的金融资产时

（1）减值计提会计处理特殊性

当应收票据分类为以公允价值计量且其变动计入其他综合收益的金融资产时，其减值计提会计处理具有一定特殊性。同样，企业应当在资产负债表日计算应收票据预期信用损失。如果该预期信用损失大于应收票据当前减值准备的账面金额，企业应当将其差额确认为减值损失，借记信用减值损失，贷记其他综合收益——信用减值准备，此处贷方为其他综合收益而非通常理解的坏账准备。后续通过案例1详细分析该规定的内在逻辑。

（2）递延所得税会计处理特殊性

对于按照新金融工具准则分类为以公允价值计量且其变动计入其他综合收益的金融资产计提的信用减值损失，不符合所得税准则有关初始确认时不确认递延所得税负债或资产的条件，应确认相应的所得税影响。

因此，对于应收款项融资减值准备的影响，其在会计处理时，可以确认对应的递延所得税资产，但是最后确认的所得税影响净额，应以应收款项融资账面价值与计税基础的差异为限，确定需要确认递延所得税资产还是递延所得税负债，并确定具体金额。前述处理的实质为，如果企业已按应收款项融资账面价值与计税基础的差异确认递延所得税资产或负债的，对于减值部分确认所得税费用影响时，应调整其他综合收益，而不得重复计入递延所得税资产。

具体而言，在应收款项融资账面价值超过计税基础时，最后会计处理结果仅应体现递延所得税负债，不得同时体现减值部分的递延所得税资产和递延所得税负债（应当对同一资产因不同事项产生的递延所得税资产和负债抵销后按净额处理）。在应收款项融资账面价值小于计税基础时，如果先对减值部分确认递延所得税资产的，则在确认应收款项融资账面价值与计税基础差异时，需要剔除减值部分的影响（该部分已经确认了递延所得税资产），以免重复确认递延所得税资产。

综上所述，应收款项融资确认的减值准备是否需要确认递延所得税资产，简言之，会计处理过程可以体现，但最后实质上不对减值部分单独确认递延所得税资产，其所得税影响已经在应收款项融资的账面价值与计税基础差异中体现。由于会计处理过程不同，对于递延所得税的会计处理，实务中存在两种处理方式，但最后结果一致，后续通过案例 2 与案例 3 进行详细分析。

（三）案例分析与解读

【案例 1】

2018 年 12 月 20 日，甲公司因销售商品取得 1000 万元的银行承兑汇票，根据甲公司管理该金融资产的业务模式，将其分类为以公允价值计量且其变动计入其他综合收益的金融资产。2018 年 12 月 31 日，由于市场利率等因素变化，该银行承兑汇票的公允价值跌至 950 万元。甲公司按整个存续期内预期信用损失计量损失准备，损失准备金额为 30 万元。2019 年 1 月 1 日，甲公司以当日的公允价值 950 万元贴现该票据，满足终止确认条件。甲公司相关会计处理如下（不考虑相关税费）：

【案例解析】

1. 取得票据时：

借：应收款项融资——成本 1000

　　贷：营业收入 1000

2. 2018 年 12 月 31 日确认公允价值变动并确认减值损失：

借：其他综合收益——应收款项融资公允价值变动 50

贷：应收款项融资——公允价值变动 50

借：信用减值损失 30

贷：其他综合收益——信用减值准备 30

3. 2019 年 1 月 1 日终止确认应收款项融资：

借：银行存款 950

应收款项融资——公允价值变动 50

贷：应收款项融资——成本 1000

同时，将其他综合收益转投资收益：

借：投资收益 20

其他综合收益——信用减值准备 30

贷：其他综合收益——应收款项融资公允价值变动 50

最终反映在报表上，企业因应收票据产生信用减值损失 30 万元，投资损失 20 万元。

对于该类别的金融资产，为何确认的信用减值损失需要计入其他综合收益呢？对于该类别金融资产，新金融工具准则规定按公允价值计量且其变动计入其他综合收益。由于已经按公允价值对 1000 万元票据的账面价值进行计量（变为 950 万元），因此计提减值时不能再调减票据资产账面价值。

所谓将信用减值损失计入其他综合收益，其实是将不同原因引起的公允价值变动进行分解，将由于信用风险导致的账面价值降低从其他综合收益中调整计入信用减值损失（30 万元部分），仅在其他综合收益中保留除信用风险以外因素引起的公允价值变动（20 万元部分）。因此，该处理其实是“分解式还原”，将公允价值变动分解为应计入其他综合收益的部分和应计入信用减值损失的部分。只是在处理过程上，准则要求，先把公允价值整体变动全部计入其他综合收益，再将因信用风险导致的减值部分从其他综合收益中分解出来计入信用减值损失。

【案例2】

甲公司应收款项融资初始账面价值2000万元，公允价值下降90万元，期末应收款项融资账面价值1910万元。同时，应计提应收款项融资信用减值准备20万元。假设甲公司适用的所得税率为25%，应收款项融资的递延所得税事项处理如下：

【案例解析】

方法一：会计处理中不就减值部分单独确认递延所得税资产

借：其他综合收益 90

　　贷：应收款项融资——公允价值变动 90

借：信用减值损失 20

　　贷：其他综合收益 20

就应收款项融资账面价值（1910）与计税基础（2000）之间的差异，确认递延所得税资产：

借：递延所得税资产 22.5（90×25%）

　　贷：其他综合收益 22.5

做完上述处理，按资产负债表债务法确定的递延所得税资产就完成确认。对于应收款项融资减值准备的所得税影响，应调整其他综合收益，不得再确认递延所得税资产。具体处理如下：

借：其他综合收益 5

　　贷：所得税费用 5（20×25%）

前述两笔分录合并后为：

借：递延所得税资产 22.5

　　贷：所得税费用 5

　　　　其他综合收益 17.5

前述处理方式的逻辑在于，应收款项融资账面价值在调整公允价值这步会计分录中已经确定，此时应确认多少递延所得税资产或负债也相应确定。如果我们就减值部分再次确认递延所得税资产，按资产负债表债务法，隐含着对资产的账面价值又进行了内在调整，不符合金融工具准则对应收款项融资减值的处理原则。再深入分析其内在逻辑可以发现，该处理方法的本质也是遵循“分解式还原”的原理，在将应收款项融资公允价值变动分解为应计入其他综合收益的部分和应计入信用减值损失的部分后，将其中计入信用减值损失部分的所得税影响从其他综合收益中转入所得税费用，也即该部分公允价值变动本质上是减值引起的，而减值计入了信用减值损失，对应的递延所得税影响可以计入所得税费用。

方法二：会计处理中就减值部分单独确认递延所得税资产

因计提减值事项计入信用减值损失影响了当期净利润。此时，企业应确认递延所得税资产并计入所得税费用：

借：递延所得税资产 5（20×25%）

贷：所得税费用 5

如果某项交易或事项按照会计准则规定应计入资本公积或其他综合收益等所有者权益项目的，由该交易或事项产生的递延所得税资产或递延所得税负债及其变化也应计入资本公积或其他综合收益等所有者权益项目，不构成利润表中的递延所得税费用。据此，调整其他部分因素引起的账面价值变动（90−20=70 万元）的递延所得税影响：

借：递延所得税资产 17.5（70×25%）

贷：其他综合收益 17.5

上述两笔分录合并后：

借：递延所得税资产 22.5

贷：所得税费用 5

其他综合收益 17.5

最后结果与方法一相同。

为了更加深入理解上述两种方法的处理逻辑，再通过一个确认递延所得税负债的案例进行说明。

【案例3】

甲公司应收款项融资账面价值 2000 万元，公允价值上升 70 万元，期末应收款项融资账面价值 2070 万元。同时，计提应收款项融资信用减值准备 20 万元。假设甲公司适用的所得税率为 25%，应收款项融资的递延所得税事项处理如下：

【案例解析】

方法一：会计处理中不就减值部分单独确认递延所得税资产

借：应收款项融资——公允价值变动 70

贷：其他综合收益 70

借：信用减值损失 20

　　贷：其他综合收益 20

就应收款项融资账面价值（2070）与计税基础（2000）之间的差异，确认递延所得税负债：

借：其他综合收益 17.5

　　贷：递延所得税负债 17.5（70×25%）

做完上述处理，按资产负债表债务法确定的递延所得税负债就完成确认。对于应收款项融资减值准备的所得税影响，应调整其他综合收益，不得另行确认递延所得税资产。具体处理如下：

借：其他综合收益 5

　　贷：所得税费用 5（20×25%）

前述两笔分录合并后为：

借：其他综合收益 22.5

　　贷：所得税费用 5

　　　　递延所得税负债 17.5

与案例 2 相同，该处理方法的本质也是遵循"分解式还原"的原理，将其中计入信用减值损失部分的所得税影响从其他综合收益中转入所得税费用，也即该部分公允价值变动本质上是减值引起的，而减值计入了信用减值损失，对应的递延所得税影响可以计入所得税费用。

方法二：会计处理中就减值部分单独确认递延所得税资产

因计提减值事项计入信用减值损失影响了当期净利润。此时，企业应确认递延所得税资产并计入所得税费用：

借：递延所得税资产 5（20×25%）

　　贷：所得税费用 5

调整其他部分因素引起的账面价值变动[70-(-20)=90万元]的递延所得税影响：

借：其他综合收益 22.5（90×25%）

　　贷：递延所得税负债 22.5

上述两笔分录合并后：

借：其他综合收益 22.5

　　递延所得税资产 5

贷：所得税费用 5

递延所得税负债 22.5

对于同一资产因不同事项产生的递延所得税资产和递延所得税负债，应抵销后按净额处理，最后结果与方法一相同：

借：其他综合收益 22.5

贷：所得税费用 5

递延所得税负债 17.5

第三节 应收票据终止确认与列报

一、准则规定与分析

新金融工具准则规定，金融资产满足下列条件之一的，应当终止确认：（1）收取该金融资产现金流量的合同权利终止。（2）该金融资产已转移，且该转移满足本准则关于终止确认的规定。

企业在发生金融资产转移时，应当评估其保留金融资产所有权上的风险和报酬的程度，如果企业转移了金融资产所有权上几乎所有风险和报酬的，应当终止确认该金融资产，并将转移中产生或保留的权利和义务单独确认为资产或负债；如果企业保留了被转移金融资产所有权上几乎所有风险和报酬而不满足终止确认条件的，应当继续确认被转移金融资产整体，并将收到的对价确认为一项金融负债。这里所指的"几乎所有风险和报酬"，企业应当根据金融资产的具体特征作出判断。需要考虑的风险类型通常包括利率风险、信用风险、外汇风险、逾期未付风险、提前偿付风险、权益价格风险等。

二、应收票据终止确认实务问题

（一）终止确认需要考虑的事项

《票据法》规定，汇票到期被拒绝付款的，持票人可以对背书人、出票人以及汇票的其他债务人行使追索权。汇票的出票人、背书人、承兑人和保证人对持票人承担连带责任。持票人可以不按照汇票债务人的先后顺序，对其中任何一人、数人或者全体行使追索权。持票人对汇票债务人中的一人或者数人已经进行追索的，对其他汇票债务人仍可以行使追索权。

因此，票据通过背书或者贴现等方式转让后，按照法律规定，票据所有权上几乎所有风险和报酬并未转移给相关银行或者被背书对象。从法律规定角度而言，企业不能因为背书或者贴现票据而对票据资产作终止确认。

虽然法律规定了票据持票人可以对背书人、出票人以及汇票的其他债务人行使追索权，但会计强调实质重于形式，如果经过分析，由于承兑主体信用等级高，实际不存在违约风险，那么该追索行为实际发生的概率将极低。

具体而言，票据上的风险一般包括信用风险、延期付款风险、利率风险（贴现时）等。如前所述，基于谨慎性角度，A组主体承兑的汇票，其票据上的信用风险、延期付款风险几乎没有，利率风险在贴现完成后也已经转移给接受贴现的银行，因此可以认为票据资产所有权上几乎所有风险和报酬已经转移。但如果是B组主体承兑的汇票，其票据上的信用风险和延期付款风险仍然存在（虽然贴现时利率风险也已经转移给接受贴现的银行），一旦承兑人未能兑付或者未能按时兑付，接受贴现的银行或者被背书人均可以对企业进行追索，企业实际仍然要承担相关的信用风险和延期付款风险，此时不应终止确认票据资产。

（二）终止确认会计处理

如果满足终止确认条件，企业应当将被转移票据资产在终止确认日的账面价值，与因转移金融资产而收到的对价的差异计入当期损益，原直接计入其他综合收益的公允价值变动累计额中对应终止确认部分的金额也应该转入当期损益。具体会计处理可以参见案例1。

如果企业保留了被转移金融资产所有权上几乎所有风险和报酬而不满足终止确认条件的，应当继续确认被转移金融资产，并将收到的对价确认为一项金融负债。

（三）案例分析与解读

【案例4】

甲公司因销售一批商品收到商业承兑汇票200万元，该票据的期限为3个月。根据甲公司管理该金融资产的业务模式，将其分类为以摊余成本计量的金融资产。甲公司在该票据到期前向银行贴现，银行拥有追索权。根据前述分析，甲公司应收票据贴现不符合金融资产终止确认条件，应将贴现所得确认为一项金融负债。甲公司相关会计处理如下（不考虑相关税费）：

1.取得票据时：

借：应收票据 200

　　贷：主营业务收入 200

2.假定甲公司贴现获得现金净额 180 万元：

借：银行存款 180

　　短期借款——利息调整 20

　　贷：短期借款——成本 200

贴现利息 20 万元在贴现期间采用实际利率法确认为利息费用计入财务费用。

第三章
新金融工具准则下负债减值疑难问题

对于企业持有的一项资产，无论是存货、应收款项等流动资产，还是固定资产、商誉等非流动资产，如果存在或者预期存在减值情形的，按照相关资产适用的减值计提准则计提减值通常是比较好理解的。但企业持有的一项负债，并非企业拥有或控制的经济资源，为何存在计提减值的问题呢？本章将通过对该问题来龙去脉和内在逻辑的系统分析，详细阐释在新金融工具准则下［如没有特别说明，本章的新金融工具准则特指《企业会计准则第 22 号——金融工具确认和计量》（2017 年），原金融工具准则特指《企业会计准则第 22 号——金融工具确认和计量》（2006 年）］，负债为何需要计提减值、如何计提减值以及如何进行会计处理等系列疑难问题。

第一节　新旧金融工具准则减值适用范围差异

相比原金融工具准则，新金融工具准则减值方法和理念发生了重大变化。新金融工具准则明确要求采用“预期信用损失法”对金融工具计提减值。该方法与原金融工具准则规定的、根据实际已发生减值损失确认减值准备的方法（又称已发生损失法）有着根本性不同。在预期信用损失法下，减值准备的计提不以减值的实际发生为前提，而是以未来可能的违约事件造成的损失的期望值来计量当前（资产负债表日）应当确认的减值准备。由于预期信用损失法需要考虑金融工具未来可能发生的违约而相应产生的损失，逻辑上，新金融工具准则下金融工具减值的综合计提金额会更大，计提时间会更早，总体而言是更加谨慎的方法。

实务界对于新旧金融工具准则在减值方法上的差异已经有相当的认识。但除了减值方法以外，其实新旧金融工具准则在减值适用的范围上也出现了显著差异。

一、原金融工具准则下关于减值适用范围的规定

原金融工具准则规定，企业应当在资产负债表日对以公允价值计量且其变动计入当期损益的金融资产以外的金融资产的账面价值进行检查，有客观证据表明金融资产发生减值的，应当计提减值准备。

由此可见，原金融工具准则需要计提减值的金融工具仅为金融资产，且是“以公允价值计量且其变动计入当期损益的金融资产以外的金融资产”。因此，在原金融工具准则下，金融负债以及以公允价值计量且其变动计入当期损益的金融资产这两类金融工具，无须考虑计提减值的问题。一个可以关注的细节为，在原金融工具准则下，准则该部分内容的小标题为“金融资产减值”。

二、新金融工具准则下关于减值适用范围及减值金额计量的规定

（一）关于减值适用范围的具体规定

新金融工具准则规定，金融工具减值规定的适用范围大于新金融工具准则整体适用范围，不仅包括金融资产（通常为企业持有的债务工具），还包括新金融工具准则范围以外的资产（如合同资产）、某些金融负债或者尚未确认的确定承诺。具体包括以下各项：

1. 分类为以摊余成本计量的金融资产（含应收款项）；

2. 分类为以公允价值计量且其变动计入其他综合收益的金融资产；

3. 租赁应收款；

4. 新收入准则定义的合同资产；

5. 企业作出的贷款承诺，以公允价值计量且其变动计入当期损益的金融负债

（贷款承诺）除外；

6. 财务担保合同，以公允价值计量且其变动计入当期损益的金融负债（财务担保合同）以及属于《企业会计准则第 23 号——金融资产转移》（2017 年）（以下简称金融资产转移准则）规范的金融负债（财务担保合同）除外。

其中，贷款承诺，是指按照预先规定的条款和条件提供信用的确定承诺。财务担保合同，是指当特定债务人（一般为被担保方）到期不能按照最初或修改后的债务工具条款偿付债务时，要求发行方（担保方）向蒙受损失的合同持有人（一般为债权人）赔付特定金额的合同。

由此可见，在新金融工具准则下，对于未计入以公允价值计量且其变动计入当期损益的金融负债（财务担保合同以及贷款承诺），以及不属于金融资产转移准则规范的金融负债（财务担保合同），均应适用预期信用损失法计提减值准备。

同样可以关注的细节为，在新金融工具准则下，准则该部分内容的小标题已经修改为“金融工具的减值”。

（二）关于减值金额计量的具体规定

如前所述，对于贷款承诺和财务担保合同（剔除以公允价值计量且其变动计入当期损益的金融负债，以及属于金融资产转移准则规范的金融负债，下同）两类金融负债，应当适用预期信用损失法计提减值准备。

对于这两类金融负债，准则规定的后续计量方式为，企业作为此类金融负债发行方的，应当在初始确认后，按照依据预期信用损失法所确定的损失准备金额，以及初始确认金额扣除依据新收入准则相关规定所确定的累计摊销额后的余额孰高进行计量。

那么，对于这两类金融负债而言，如何依据预期信用损失法确定损失准备金额呢？根据新金融工具准则规定，预期信用损失是以违约概率为权重的、金融工具现金流缺口（合同现金流量与预期收到的现金流量之间的差额）的现值的加权平均值。这一定义说明了预期信用损失的基本计算方法，但不同金融工具的预期信用损失有着不同的计算基础。

具体而言，对于未提用的贷款承诺，信用损失应为下列两者差额的现值：（1）如果贷款承诺的持有人提用相应贷款，企业应收的合同现金流量；（2）如果持有人提用相应贷款，企业预期收取的现金流量。企业对贷款承诺预期信用损失的估计，应当基于对该贷款承诺提用情况的预期。企业在估计 12 个月的预期信用损失时，应当考虑预计将在资产负债表日后 12 个月内提用的贷款承诺部分；而在估计整个存续期预期信用损失时，应当考虑预计将在贷款承诺整个存续期内提用的贷款承诺部分。

对于财务担保合同，只有当债务人按照所担保的金融工具合同条款发生违约事件时，担保方才需要进行赔付。因此，财务担保合同的信用损失是担保方就合同持有人（一般为债权人）发生的信用损失向其作出赔付的预期付款额，减去担保方预期向该合同持有人、债务人或其他方收取的金额的差额的现值。

第二节　负债减值计提及其会计处理

如前所述，贷款承诺与财务担保合同在计量预期信用损失时，具体计算基础存在一定差异。但考虑到贷款承诺与财务担保合同后续计量方式一致，且从本质而言，无论是贷款承诺还是财务担保合同的信用损失，均是由于债务人可能存在的风险（如出现财务困难），导致相关债务可能无法按约定偿付时，贷款承诺人或者担保方预期需要承受损失的金额，二者在具体应用预期信用损失模型计提减值以及进行会计处理时，总体原则与方式基本一致。为避免内容重复，本章后续将重点以财务担保合同为例，详细分析负债具体如何应用预期信用损失模型计提减值以及如何进行会计处理。对于贷款承诺减值计提相关问题，以一个案例简要说明。

一、财务担保合同会计处理规定变动与内在逻辑

财务担保合同会计处理规定经历了多次变动，为了充分理解新金融工具准则下财务担保合同会计处理规定，有必要对前期规定进行梳理、对比，厘清规则演化的路径。

（一）《担保企业会计核算办法》处理规定

准则制定部门在 2005 年 11 月 9 日正式发布了《担保企业会计核算办法》，要求从 2006 年 1 月 1 日起在所有担保企业施行。根据该办法的规定，企业的担保费收入应当在同时满足以下条件时予以确认：（1）担保合同成立并承担相应

担保责任；（2）与担保合同相关的经济利益能够流入企业；（3）与担保合同相关的收入能够可靠地计量。担保费收入的金额应按委托担保合同规定的应向被担保人收取的金额确定。采取趸收方式向被担保人收取担保费的，应当一次性确认为担保费收入。担保合同成立并开始承担担保责任前，企业收到的被担保人缴纳的担保费，应确认为负债，作为预收担保费处理，在符合上述确认条件时，确认为担保费收入。

由于担保企业存在承担担保责任的风险，需要按国家相关监管规定提取风险准备金（根据现行有效的《融资性担保公司管理暂行办法》规定，融资性担保公司应当按照当年担保费收入的50%提取未到期责任准备金，并按不低于当年年末担保责任余额1%的比例提取担保赔偿准备金）。因此，担保公司在当期全额确认保费收入的同时，需要提取未到期责任准备金，反映担保企业为尚未终止的担保责任提取的准备金。同时，需要提取担保赔偿准备金，反映担保企业为尚未终止的担保合同可能承担的赔偿责任提取的准备金。

《担保企业会计核算办法》规定，担保企业通过“未到期责任准备”科目，核算企业担保责任未解除时，为承担未到期责任而提取的准备金，包括企业为担保期间在1年以内（含1年）的担保合同项下尚未到期的担保责任提取的短期责任准备金和为担保期间在1年以上（不含1年）的担保合同项下尚未到期的担保责任提取的长期责任准备金。按规定比例提取本期未到期责任准备金时，计入“营业费用”。期末，按重新计算确定的应提取未到期责任准备金金额低于已提取未到期责任准备金余额的差额，反向冲回。担保企业提取担保赔偿准备金时，核算方式与前述提取未到期责任准备金类似。

在该规定下，提取的担保赔偿准备金和未到期责任准备金均作为间接成本计入营业费用（期间费用性质），在利润表中没有单独列示为营业成本项目，也没有将提取的未到期责任准备金作为担保费收入的调整当期营业收入。《担保企业会计核算办法》对财务担保合同核算案例如下：

【案例1】

A担保公司为B公司一笔银行贷款提供全额担保并签订了财务担保合同。B公司贷款金额200万元，贷款期限3年，A担保公司收取担保费12万元，担保合同约定担保费在合同签订时一次性收取（趸收）。2019年1月1日，担保合同签订并生效，当日A担保公司收到B公司支付的全部担保费12万元，2019年1月5日，银行向B公司发放贷款。1月31日，A担保公司计提该担保合同未到期责任准备金6万元。当年年末，按相关规定计提担保赔偿准备金2万元。

【案例解析】

A担保公司2019年1月1日收到担保费：

借：银行存款 12

　　贷：预收担保费 12

2019年1月5日确认担保费收入：

借：预收担保费 12

　　贷：担保费收入 12

2019年1月31日计提未到期责任准备金：

借：营业费用 6

　　贷：未到期责任准备 6

2019年年底计提担保赔偿准备金2万元：

借：营业费用 2

　　贷：担保赔偿准备 2

（二）《企业会计准则解释第4号（征求意见稿）》处理规定

在2005年11月9日正式发布《担保企业会计核算办法》后不久，2006年2月15日准则制定部门正式发布了企业会计准则并明确自2007年1月1日起施行。担保公司是继续执行2005年发布的《担保企业会计核算办法》，还是执行2006年新发布的企业会计准则，实务中存在不同理解。2010年5年19日，准则制定部门正式发布《企业会计准则解释第4号（征求意见稿）》，在该征求意见稿中明确规定：担保公司发生的担保业务，应当按照原金融工具准则有关财务担保合同的相关规定进行会计处理，并按照会计准则应用指南有关保险公司财务报表格式和附注等规定，结合担保公司实际情况，进行必要调整和补充后编制财务报表，并对外披露相关信息。担保公司不再执行《担保企业会计核算办法》。

在原金融工具准则中，对于财务担保合同的会计处理规定如下：不属于指定为以公允价值计量且其变动计入当期损益的金融负债的财务担保合同，或没有指定为以公允价值计量且其变动计入当期损益并将以低于市场利率贷款的贷款承诺，应当在初始确认后按照下列两项金额之中的较高者进行后续计量：（1）按照或有事项准则确定的金额；（2）初始确认金额扣除按照原收入准则的原则确定的累计摊销额后的余额。

由此可见，在原金融工具准则下，其规定与新金融工具准则非常类似。新金融工具准则是要求按照下列两项金额之中的较高者进行后续计量：（1）按照依据预期信用损失法所确定的损失准备金额；（2）初始确认金额扣除依据新收入准则相关规定所确定的累计摊销额后的余额。可以发现，其中（2）没有实质区别，仅是（1）存在差异。原金融工具准则的（1）需要按或有事项准则处理，但新金融工具准则要求按照预期信用损失法处理。

当然，原金融工具准则的前述规定表述相对比较原则，下面通过案例对如何应用该规定进行说明：

【案例2】

2019年1月1日，A担保公司为B公司一笔5年期的1000万元的贷款提供全额担保，收取担保费100万元。担保合同于2019年1月1日正式生效，A公司当天收到100万元担保费。财务担保合同按照其公允价值进行初始确认。金融资产转移准则规定，担保合同的公允价值，通常是指提供担保而收取的费用。相应会计处理如下：

【案例解析】

A担保公司2019年1月1日收到担保费：

借：银行存款100

　　贷：递延收益——财务担保合同100

2019年确认当年担保费收入=100/5=20万元

借：递延收益——财务担保合同20

　　贷：主营业务收入——担保费收入20

如果并非担保公司，担保业务非主业的（但符合国家相关规定能够从事收费担保业务），应计入其他业务收入科目。此处按照原收入准则的规定，将收取的担保费计入递延收益，在后续5年担保期中逐年直线法摊销计入当期收入。

2019年年末，该财务担保合同的账面价值为80万元（100−20）。此时A公司发现，

B 公司财务状况严重恶化，很可能到期无法偿还债务，A 公司很可能（超过 50%）需要承担担保责任赔付 1000 万元给债权人。

此时按照或有事项准则的规定，与该或有事项（承担担保责任）相关的义务满足确认预计负债的条件，应当确认为预计负债 1000 万元。初始确认金额扣除按照原收入准则确定的累计摊销额后的余额为 80 万元（递延收益——财务担保合同的余额）。准则规定应该按较高者进行后续计量，因此该财务担保合同应当按 1000 万元进行后续计量，应当确认预计负债 920 万元：

借：营业成本——赔付支出 920

　　贷：预计负债——财务担保合同 920

如果并非担保公司，担保业务非主业的，应计入其他业务成本。

后续年份，在 A 担保公司继续摊销递延收益确认收入的同时，需要同时补提预计负债：

借：递延收益——财务担保合同 20

　　贷：主营业务收入——担保费收入 20

借：营业成本——赔付支出 20

　　贷：预计负债——财务担保合同 20

因为在进一步摊销后，递延收益——财务担保合同的余额为 60 万元，在按或有事项准则的规定确认的预计负债金额仍然为 1000 万元的情况下，差额部分应确认的预计负债应为 940 万元，而前期仅确认 920 万元，因此需要补提 20 万元预计负债。

（三）《企业会计准则解释第 4 号（正式稿）》处理规定

在《企业会计准则解释第 4 号（征求意见稿）》发布后，实务界存在一些不同的观点。例如，有观点认为，原金融工具准则仅从金融负债确认与计量的角度对财务担保合同作出原则性规定，且需要参照或有事项准则，没有担保业务如何进行确认与计量的系统规范。对专业的融资担保公司而言，对担保业务进行确认与计量属于其主营业务，承担担保责任也是与主营业务开展密切相关的一项成本支出，参照原金融工具准则以及或有事项准则的原则处理，没有充分考虑融资担保公司的实际情况。同时，融资担保公司通常面临行业监管部门强制计提相关准备金的要求，原金融工具准则与原收入准则均未能提供相应的会计处理规范，面临着会计处理与监管要求如何协调的问题。

对比保险业务与担保业务可以发现，这两类业务的共同点更多，都以收取一定费用为代价承担未来可能偿付确定金额资产的风险，财务担保合同也类似于购买了一份财产保险，一旦债权人财产受损，担保方则需要赔付。同时，《企业会计准则第25号——原保险合同》《企业会计准则第26号——再保险合同》《保险合同相关会计处理规定》（以下统称保险合同准则）对保险合同如何确认、计量与列报，有明确且系统的规定，且保险合同准则中也有明确的计提相关准备金的会计处理规范。因此，保险合同准则更适合融资担保公司担保业务的会计处理。实务界普遍认为，以保险合同准则作为融资担保公司对财务担保合同的会计处理依据，更具有实务可操作性。

后续，准则制定部门在发布的《企业会计准则解释第4号（正式稿）》中，明确规定融资担保公司对于担保业务应按保险合同准则执行，具体如下：

融资性担保公司应当执行企业会计准则，并按照会计准则应用指南有关保险公司财务报表格式规定，结合公司实际情况，编制财务报表并对外披露相关信息，不再执行《担保企业会计核算办法》。融资性担保公司发生的担保业务，应当按照保险合同准则相关规定进行会计处理。

财务担保合同从业务特征看，与保险业务中的非寿险业务更相似。根据保险合同准则的相关规定，对于非寿险原保险合同，保险人（担保合同中的担保方，下同）应当根据原保险合同约定的保费总额确定保费收入金额。在保险人按原保险合同约定的保费总额确认保费收入的情况下，为了真实地反映保险人当期已赚取的保费收入，保险人有必要在确认保费收入的当期期末，按照保险精算确定的未到期责任准备金金额，提取未到期责任准备金，作为保费收入的调整，并确认未到期责任准备金负债。

未到期责任准备金，是指保险人为尚未终止的非寿险保险责任提取的准备金。从性质上讲，对同一尚未终止的非寿险保险责任而言，保险人在资产负债表日按照保险精算重新计算确定的未到期责任准备金金额应当小于上一资产负债表日已确认的未到期责任准备金余额。保险人应当在资产负债表日，按照保险精算重新计算确定的未到期责任准备金金额与已确认的未到期责任准备金余额的差额，对未到期责任准备金余额进行调整。

同时，担保企业计提的担保赔偿准备金与保险企业的保险责任准备金类似，需要按保险合同准则规定计提保险责任准备金。

【案例3】

A担保公司为B公司一笔银行贷款提供全额担保并签订了财务担保合同。B公司贷款金额200万元，贷款期限为3年，A担保公司收取担保费12万元，担保合同约定担保费在合同签订时一次性收取（趸收）。2019年1月1日，担保合同签订并生效，当日A担保公司收到B公司支付的全部担保费12万元，2019年1月5日，银行向B公司发放贷款。1月31日，A担保公司计提该担保合同未到期责任准备金6万元。当年年末，按相关规定计提担保赔偿准备金2万元。

【案例解析】

A担保公司2019年1月1日收到担保费：

借：银行存款 12

　　贷：预收保费——预收担保费 12

2019年1月5日确认担保费收入：

借：预收保费——预收担保费 12

　　贷：保费收入——担保费收入 12

2019年1月31日计提未到期责任准备金：

借：提取未到期责任准备金 6

　　贷：未到期责任准备金 6

“提取未到期责任准备金”为利润表中营业收入的抵减项。“未到期责任准备金”属于负债类项目。

2019年年底计提担保赔偿准备金2万元：

借：提取保险责任准备金——提取的担保赔偿准备金 2

　　贷：保险责任准备金——担保赔偿准备金 2

“提取保险责任准备金”为利润表中营业成本类项目。“保险责任准备金”属于负债类项目。

保险合同准则对保费收入的前述处理方式，即先一次性确认收入，再提取准备金，实质上是将部分收入递延至期后，与按原收入准则先计入递延收益，后续再逐步摊销确认收入的理念是类似的。

（四）《企业会计准则解释第 5 号（正式稿）》处理规定

2012年11月5日，准则制定部门发布的《企业会计准则解释第5号（正式稿）》进一步明确，属于财务担保合同的信用风险缓释工具，除融资性担保公司根据《企业会计准则解释第 4 号》第八条的规定处理外，信用保护买方和卖方应当按照原金融工具准则中有关财务担保合同的规定进行会计处理。其中，信用保护买方支付的信用保护费用和信用保护卖方取得的信用保护收入，应当在财务担保合同期间内按照合理的基础进行摊销，计入各期损益。

因此，结合《企业会计准则解释第 4 号（正式稿）》的规定可以发现，原金融工具准则中有关财务担保合同的规定，适用于保险公司和融资担保公司以外的其他企业（保险公司和融资担保公司仍然适用保险合同准则）。具体如何运用原金融工具准则中有关财务担保合同的规定，可以参见案例 2。

（五）新金融工具准则处理规定

考虑到财务担保合同（或贷款承诺）预期信用损失类似于贷款等表内风险敞口的预期信用损失，而且在实务中，企业一般使用与贷款等表内项目相同的信用风险管理方法与信息系统来管理相关财务担保合同（或贷款承诺），为了对所有信用风险敞口应用统一的减值模型，消除不同减值模型造成的复杂情况，新金融工具准则明确规定，将财务担保合同（或贷款承诺）纳入预期信用损失减值模型的范围。

由于目前实务中发行方对财务担保合同有两种处理方式，即按照原金融工具准则进行会计处理，或者按照保险合同准则进行会计处理（如融资性担保公司）。因此，从实务角度出发，准则允许财务担保合同的发行方作如下选择：

1. 发行方之前明确表明将此类财务担保合同视作保险合同，并且已按照保险合同准则进行会计处理的，可以选择适用新金融工具准则或保险合同准则。该选择可以基于单项合同，但选择一经作出，不得撤销。

2. 其他情况下，相关财务担保合同适用新金融工具准则。

因此，融资担保、信用证、信用保险等符合“财务担保合同”定义的交易，之前已按照保险合同准则进行会计处理的，在执行新金融工具准则时，可以选择适用新金融工具准则，也可以选择继续适用保险合同准则，且该选择一经作出不得撤销；之前未按照保险合同准则进行会计处理的，必须适用新金融工具准则。

如前所述，按新金融工具准则的相关要求，对于财务担保合同，企业作为此类金融负债发行方的，应当在初始确认后，按照依据预期信用损失法所确定的损失准备金额，以及初始确认金额扣除依据新收入准则相关规定所确定的累计摊销额后的余额孰高进行计量。案例分析如下：

【案例4】

2019年1月1日，A担保公司为B公司一笔5年期的1000万元贷款提供全额担保，收取担保费100万元。担保合同于2019年1月1日正式生效，A公司当天收到100万元担保费。财务担保合同按照其公允价值进行初始确认。如果B公司的贷款违约，根据财务担保合同的约定，A公司需要就债权人发生的信用损失向其赔付（本息全额赔付），A公司预期无法向债权人、债务人或其他方收取其他补偿。A公司运用违约概率法计量预期信用损失。后续A公司预计相关情况如下：

2019年年末：A公司估计，B公司在后续12个月内的违约概率为7.2%。同时，如果B公司违约，将会导致A公司需要赔付该笔贷款账面余额的25%，即违约损失率为25%。

2020年年末：A公司估计，B公司在后续12个月内的违约概率为10%。同时，如果B公司违约，将会导致A公司需要赔付该笔贷款账面余额的25%，即违约损失率为25%。

2021年年末：A公司认为B公司的信用风险显著上升，按照整个存续期的预期信用损失计量损失准备。A公司估计，B公司在整个存续期内的违约概率为50%。同时，如果B公司违约，将会导致A公司需要赔付该笔贷款账面余额的40%，即违约损失率为40%。

2022年年末：A公司估计，B公司在整个存续期内的违约概率为50%。同时，如果B公司违约，将会导致A公司需要赔付该笔贷款账面余额的100%，即违约损失率为100%。

2023年年末：A公司估计，B公司在整个存续期内的违约概率为100%。同时，如果B公司违约，将会导致A公司需要赔付该笔贷款账面余额的100%，即违约损失率为100%。

【案例解析】

A公司从2019年至2023年的会计处理如下：

1. 2019 年会计处理

A 担保公司 2019 年 1 月 1 日收到担保费：

借：银行存款 100

　　贷：合同负债——财务担保合同 100

根据新收入准则，此类交易应计入合同负债。

2019 年确认当年担保费收入 =100/5=20 万元：

借：合同负债——财务担保合同 20

　　贷：主营业务收入——担保费收入 20

违约概率法计量预期信用损失时，预期信用损失 = 违约概率 × 违约风险敞口 × 违约损失率（为简化，不考虑折现问题，下同）=7.2%×1000×25%=18 万元。

因此，财务担保合同依据预期信用损失法所确定的损失准备金额为 18 万元；初始确认金额扣除依据新收入准则相关规定所确定的累计摊销额后的余额为 80 万元（合同负债——财务担保合同的余额），而财务担保合同按孰高计量，即按合同负债的余额 80 万元计量即可，无须额外确认信用减值损失与预计负债。

2. 2020 年会计处理

2020 年确认当年担保费收入 =100/5=20 万元：

借：合同负债——财务担保合同 20

　　贷：主营业务收入——担保费收入 20

违约概率法计量预期信用损失时，预期信用损失 = 违约概率 × 违约风险敞口 × 违约损失率 =10%×1000×25%=25 万元，仍然小于合同负债余额 60 万元，无须额外确认信用减值损失与预计负债。

3. 2021 年会计处理

2021 年确认当年担保费收入 =100/5=20 万元：

借：合同负债——财务担保合同 20

　　贷：主营业务收入——担保费收入 20

违约概率法计量预期信用损失时，预期信用损失 = 违约概率 × 违约风险敞口 × 违约损失率 =50%×1000×40%=200 万元，大于合同负债余额 40 万元，需额外确认信用减值损失与预计负债：

借：信用减值损失——财务担保合同 160

　　贷：预计负债——财务担保合同 160

4. 2022 年会计处理

2022 年确认当年担保费收入 =100/5=20 万元：

借：合同负债——财务担保合同 20

　　贷：主营业务收入——担保费收入 20

违约概率法计量预期信用损失时，预期信用损失 = 违约概率 × 违约风险敞口 × 违约损失率 =50%×1000×100%=500 万元，大于合同负债余额 20 万元，需额外确认信用减值损失与预计负债：

借：信用减值损失——财务担保合同 320

　　贷：预计负债——财务担保合同 320

确认 320 万元预计负债后，财务担保合同负债的账面价值为 20+160+320=500 万元。

5. 2023 年会计处理

2023 年确认当年担保费收入 =100/5=20 万元：

借：合同负债——财务担保合同 20

　　贷：主营业务收入——担保费收入 20

违约概率法计量预期信用损失时，预期信用损失 = 违约概率 × 违约风险敞口 × 违约损失率 =100%×1000×100%=1000 万元，大于合同负债余额 0 万元，需额外确认信用减值损失与预计负债：

借：信用减值损失——财务担保合同 520

　　贷：预计负债——财务担保合同 520

确认 520 万元预计负债后，财务担保合同负债的账面价值为 160+320+520=1000 万元。

二、贷款承诺减值计提会计处理案例解读

上述部分对财务担保合同的会计处理方法进行了系统阐释，厘清了相关规定的变动及其内在逻辑。最后，通过一个简要案例，对贷款承诺减值计提会计处理问题进行说明：

【案例5】

2020 年，A 银行对 B 公司作出一项贷款承诺，具体如下：A 银行承诺未来 2 年将以 4% 的利率（市场利率为 5%）对 B 公司发放银行贷款，同时 B 公司需支付 80 万元对价以换取 A 银行该贷款承诺。A 银行按新收入准则将收到的 80 万元对价计入合同负债，后续期间按履约进度逐步摊销计入当期收入。假设 2020 年年末，A 银行合同负债经过摊销之后的余额为 40 万元，提供给 B 公司的贷款承诺的预期信用损失经测算为 47 万元，具体处理如下：

借：信用减值损失——贷款承诺 7

　　贷：预计负债——贷款承诺 7

第四章

新金融工具准则下可交换债券疑难问题

第一节　可交换债券与可转换债券区分

可交换债券，是指上市公司股东依法发行、在一定期限内依据约定的条件可以交换成该股东所持有的上市公司股份的公司债券品种。目前，该债券品种已经纳入一般公司债券的统一框架之内，根据发行对象区分，可以分为私募可交换债券、小公募可交换债券、大公募可交换债券。可交换债券与可转换债券的一个重要区别在于，可转换债券发行主体为上市公司本身，是上市公司的融资行为。可交换债券发行主体为上市公司股东，是上市公司股东的融资行为，上市公司股票为其融资提供了质押增信。

可转换债券作为既含有负债成分，又含有权益成分的复合非衍生金融工具，现行准则对其处理规范得非常明确，即企业应当在初始确认时将可转换债券的负债成分和权益成分进行分拆，分别进行处理。在进行分拆时，应当先确定负债成分的公允价值并以此作为其初始确认金额，再按照该金融工具整体的发行价格扣除负债成分初始确认金额后的金额，确定权益成分的初始确认金额。

可交换债券如何进行会计处理，特别是发行方与投资方各自如何处理，现行准则并未明确规范，实务中争议较多。本章基于新金融工具准则，对该问题进行探讨与分析，以供实务界参考。

第二节　可交换债券发行方会计处理

一、会计准则规定

新金融工具准则规定，混合合同包含的主合同不属于新金融工具准则规范的资产，且同时符合下列条件的，企业应当从混合合同中分拆嵌入衍生工具，将其作为单独存在的衍生工具处理：（1）嵌入衍生工具的经济特征和风险与主合同的经济特征和风险不紧密相关。（2）与嵌入衍生工具具有相同条款的单独工具符合衍生工具的定义。（3）该混合合同不是以公允价值计量且其变动计入当期损益进行会计处理。嵌入衍生工具从混合合同中分拆的，企业应当按照适用的会计准则规定，对混合合同的主合同进行会计处理。企业无法根据嵌入衍生工具的条款和条件对嵌入衍生工具的公允价值进行可靠计量的，该嵌入衍生工具的公允价值应当根据混合合同公允价值和主合同公允价值之间的差额确定。使用了上述方法后，该嵌入衍生工具在取得日或后续资产负债表日的公允价值仍然无法单独计量的，企业应当将该混合合同整体指定为以公允价值计量且其变动计入当期损益的金融工具。

二、作为混合合同的可交换债券

可交换债券用于交换的标的股票并不是发行人自身的权益工具，而是发行人持有的他人权益工具（在财务报表上可能是一项金融资产或者长期股权投资），并不存在类似可转换债券的权益成分，也无法拆分出权益成分。因此，无论偏股型可交换债券抑或偏债型可交换债券，均不能按可转换债券会计处理方式进行处理。

可交换债券对于发行方而言，实际上是一项包含嵌入衍生工具（看涨期权）的混合工具，应该根据前述会计准则规范，对其嵌入衍生工具进行分拆处理，其主合同为到期本息按照市场利率折现的金额；嵌入衍生工具为授予持有人按照固定价格购买发行人持有的特定金融资产或长期股权投资的一项看涨期权。该期权的初始计量金额，根据混合合同公允价值和主合同公允价值之间的差额确定，具体而言，可以用可交换债券发行总价扣减债务工具合同现金流折现值的方式确定。

三、发行方个别财务报表会计处理

（一）可交换债券发行人发行时会计处理

借：银行存款

　　贷：应付债券——可交换债券（面值）

　　　　应付债券——可交换债券（利息调整）（也可能在借方）

　　　　衍生工具——衍生金融负债（换股权）

在发行方个别财务报表中，由于发行方负有将其持有的子公司或其他被投资方股票交付给债券持有人的义务（而非将发行方自身权益工具交付给债券持有人，实质交付的是一项资产），因此该换股权属于金融负债，而非权益工具。根据会计准则规定，衍生金融负债应计入衍生工具科目核算。

（二）可交换债券发行人在发行后会计处理

对于债券部分，按摊余成本以实际利率法后续计量：

借：财务费用等

　　贷：应付利息——可交换债券利息

　　　　应付债券——可交换债券（利息调整）

对于嵌入衍生工具（换股权）以公允价值进行后续计量：

借：衍生工具——衍生金融负债（换股权）

　　贷：公允价值变动损益（可能在借方）

此处一个实务难点在于如何确定“衍生工具——衍生金融负债（换股权）”的公允价值变动。准则提及，嵌入衍生工具在取得日或后续资产负债表日的公允价值仍然无法单独计量的，企业应当将该混合合同整体指定为以公允价值计量且其变动计入当期损益的金融工具。有观点认为，换股权后续单独计量困难，发行方应当将可交换债券整体指定为以公允价值计量且其变动计入当期损益的金融工具。但需要说明的是，准则此处的规定为“兜底式”条款，并不是支持或者鼓励企业轻易使用。只有当尝试了所有努力，确实难以确定衍生工具的公允价值时，才能运用整体指定的方式。

就我国实务而言，如果可交换债券有市场成交价以及收盘价等外部参考价格，可以按照可交换债券在资产负债表日的收盘价减去主合同公允价值（按正常利率对未来现金流量折现）的差额确定“衍生工具——衍生金融负债（换股权）”的公允价值变动。如果确实没有市场成交价以及收盘价等外部参考价格的，可以考虑运用期权定价模型确定其公允价值。

（三）投资者换股后发行方终止确认可交换债券时会计处理

借：应付债券——可交换债券（面值、利息调整）（账面余额）

　　衍生工具——衍生金融负债（换股权公允价值）

　　贷：长期股权投资、金融资产等

　　　　投资收益（差额）

借：其他综合收益

　　贷：投资收益

　　　　留存收益（未分配利润、盈余公积）

当发行方依据约定的转股价格将所持有的标的股票交付给持有人以结算可交换债券时，发行方应按处置金融资产或长期股权投资进行会计处理，处置价格即为约定的转股价格，转股价格和该标的股票投资的账面价值之间的差额确认为发行方的投资收益。

如果该部分标的股票在发行方账面上有对应的其他综合收益，则其他综合收益也应一并予以转出，计入投资收益。需要强调的是，如果发行方原来将持有的上市公司股票指定为以公允价值计量且其变动计入其他综合收益的非交易性权益工具投资，则将其终止确认后，之前计入其他综合收益的累计利得或损失均应当直接计入留存收益，而不是计入投资收益。

四、个别财务报表会计处理在实务中面临的挑战

准则规定，当企业成为混合合同的一方，而主合同不属于新金融工具准则规范的资产且包含一项或多项嵌入衍生工具时，要求企业识别所有此类嵌入衍生工具、评估其是否需要与主合同分拆、并且对于需与主合同分拆的嵌入衍生工具，应以公允价值进行初始确认和后续计量。与整项金融工具均以公允价值计量且其变动计入当期损益相比，上述要求可能更为复杂或导致可靠性更差。为此，准则

允许企业将整项混合合同指定为以公允价值计量且其变动计入当期损益的金融工具。

在可交换债券实务中，除了拥有换股权外，一般均设置有赎回条款［例如，在本次可交换债券换股期内，如果标的股票连续20个交易日中至少有10个交易日的收盘价格不低于当期换股价格的130%（含130%），公司有权按照本次可交换债券面值加当期应计利息的价格赎回全部未换股的本次可交换债券］和回售条款（例如，在本次可交换债券最后一个计息年度内，如果标的股票收盘价在任何连续30个交易日低于当期换股价格的70%时，本次可交换债券持有人有权将其持有的本次可交换债券全部或部分以面值加上当期应计利息回售给发行人）。那么，该等赎回权和回售权，是否需要视同嵌入了多项衍生工具，进而均需要识别分拆呢？如果需要，那么该等分拆确实过于复杂，且其可靠性更差，那么是否可直接允许企业将整个可交换债券整体指定为以公允价值计量且其变动计入当期损益的金融负债？

五、发行方合并财务报表中特殊调整

（一）认为发行方合并财务报表层面需要进行调整的理由

1. 基于合并财务报表实体理论

发行方用于交换的金融工具可能是其持有的子公司股票，该子公司股票在合并财务报表中作为所有者权益体现。因此，站在企业集团合并财务报表角度，发行方实际上是以合并财务报表中自身权益工具来结算可交换债券换股权。

在发行方合并财务报表层面，子公司的少数股东权益也被视作合并主体自身的权益。因此，可交换债券持有人如果行使换股权，在合并财务报表层面可能导致母公司（发行方）在不丧失控制权的情况下部分处置对子公司投资，增加了少数股东权益，该交易属于一项权益性交易（具体会计处理详见本书第二编第四章），因此其中嵌入的换股权属于“用发行方自身权益工具进行结算的金融工具”。

2. 基于“固定换固定”原则

由于转股价格固定（可交换债券发行前会确定换股价格），符合新金融工具准则所指的“如为衍生工具，企业只能通过以固定数量的自身权益工具交换固定金额的现金或其他金融资产结算该金融工具”这一条件，因此该换股权在发行方合并财务报表层面属于权益工具。

（二）我国可交换债券实务特殊性对前述调整思路的挑战

1. 上修条款与下修条款影响

在实务中，可交换债券均设置有上修条款［例如，标的股票在任意连续 20 个交易日中有 10 个交易日的收盘价高于当期换股价格的 130%（含 130%）时，发行人董事会有权决议换股价格是否向上修正］与下修条款［例如，标的股票在任意连续 10 个交易日中至少 5 个交易日的收盘价低于当期换股价格的 90%（含 90%）时，发行人董事会有权决定换股价格是否向下修正］。上修条款与下修条款的存在，动摇了"固定换固定"的认定。虽然相关条款发行人可自主把控，但基于可交换债券发行实务，上修与下修常有发生且与发行人初始发行目的相关。例如，发行人发行可交换债券目的是基于减持的，通常为偏股型可交换债券，当股价下行时，下修条款虽然作为发行人一种权利但事实上变成一项肯定会被履行的义务。由此，动摇了转股价格的"固定性"。

2. 或有结算条款影响

回售条款作为或有结算条款并非"极端罕见、显著异常且几乎不可能发生"的情形，进而导致发行人不能无条件地避免交付现金、其他金融资产或以其他导致该工具成为金融负债的方式进行结算，根据新金融工具准则的规定，则应当分类为金融负债，从而发行人在合并财务报表层面的处理与个别财务报表相同，不需要在合并财务报表层面进行特殊调整。

第三节　可交换债券投资方会计处理

根据前述分析，可交换债券除按一般债权类投资的特性到期收回本金、获取约定利息或收益外，还嵌入了换股权（可能还包括回售权）等衍生工具。通过嵌入衍生工具，投资方获得的收益在基本借贷安排的基础上，会产生基于其他因素变动的不确定性。根据新金融工具准则规定，合同包含的主合同属于根据新金融工具准则规范的资产的，企业不应从该混合合同中分拆嵌入衍生工具，而应当将该混合合同作为一个整体适用新金融工具准则关于金融资产分类的相关规定。

因此，投资方不需要再将持有的可交换债券中嵌入的换股权等衍生工具进行单独分拆，而是将可交换债券作为一个整体进行评估，由于“含衍生工具的可交换债券”不符合本金加利息的合同现金流量特征（债券本身符合本金加利息的合同现金流量特征，但是含衍生工具的可交换债券由于其内含其他衍生工具因素，具有不确定性，导致整体不再符合本金加利息的合同现金流量特征，也即不满足分类为以公允价值计量且其变动计入其他综合收益的金融资产的条件），投资方需要将持有的可交换债券投资分类为以公允价值计量且其变动计入当期损益的金融资产。

图书在版编目(CIP)数据

会计准则疑难问题的理解与应用:准则阐释/陈文新著. -- 北京:法律出版社,2021(2021.9重印)
ISBN 978-7-5197-5753-3

Ⅰ. ①会… Ⅱ. ①陈… Ⅲ. ①会计准则 Ⅳ. ①F233

中国版本图书馆CIP数据核字(2021)第142604号

会计准则疑难问题的理解与应用:准则阐释 KUAIJI ZHUNZE YI'NAN WENTI DE LIJIE YU YINGYONG:ZHUNZE CHANSHI	陈文新 著	责任编辑 慕雪丹 章 雯 装帧设计 马 帅

出版发行 法律出版社	**开本** 710毫米×1000毫米 1/16
编辑统筹 法商出版分社	**印张** 24.25 **字数** 390千
责任校对 赵明霞	**版本** 2021年8月第1版
责任印制 胡晓雅	**印次** 2021年9月第3次印刷
经 销 新华书店	**印刷** 固安华明印业有限公司

地址:北京市丰台区莲花池西里7号(100073)
网址:www.lawpress.com.cn　　销售电话:010-83938349
投稿邮箱:info@lawpress.com.cn　　客服电话:010-83938350
举报盗版邮箱:jbwq@lawpress.com.cn　　咨询电话:010-63939796

书号:ISBN 978-7-5197-5753-3　　**定价**:98.00元
凡购买本社图书,如有印装错误,我社负责退换。电话:010-83938349